D1831593

आज के प्रश्न

माओवाद, हिंसा और आदिवासी

अरुंधति राय सुनील के.बी. सक्सेना सत्येन्द्र रंजन पुण्य प्रसून वाजपेयी
सच्चिदानन्द सिन्हा सुरेन्द्र मोहन अभय तिवारी प्रेम सिंह
रमेशचन्द्र मीणा बी.डी. शर्मा राजकिशोर

आज के प्रश्न

इस पुस्तक शृंखला का लक्ष्य है समकालीन राजनीतिक, आर्थिक और सामाजिक दृश्यपट की प्रखर, विस्तृत और वस्तुपरक पड़ताल। कम मूल्य पर विचारपूर्ण सामग्री देने की इस योजना के तहत चार महीने के अन्तराल पर दो ऐसी पुस्तकें प्रकाशित की जा रही हैं, जो किसी महत्वपूर्ण घटना, मुद्दे या समस्या से जुड़ी हों। शृंखला सम्पादक हैं प्रसिद्ध लेखक और पत्रकार राजकिशोर।

'आज के प्रश्न' शृंखला में अब तक प्रकाशित पुस्तकें :

1. **अयोध्या और उससे आगे**
2. **भारतीय मुसलमान : मिथक और यथार्थ**
3. **हिन्दू होने का मतलब**
4. **विनाश को निमंत्रण : भारत की नयी अर्थनीति**
5. **कश्मीर का भविष्य**
6. **हरिजन से दलित**
7. **स्त्री के लिए जगह**
8. **भारत का राजनीतिक संकट**
9. **भ्रष्टाचार की चुनौती**
10. **मानव अधिकारों का संघर्ष**
11. **हिन्दुत्व की राजनीति**
12. **अश्लीलता का हमला**
13. **जाति का जहर**
14. **स्त्री, परम्परा और आधुनिकता**
15. **बच्चे और हम**
16. **हिंसा की सभ्यता**
17. **मुस्लिम आतंकवाद बनाम अमेरिका**
18. **दलित राजनीति की समस्याएँ**
19. **नैतिकता के नये सवाल**
20. **माओवाद, हिंसा और आदिवासी**

माओवाद, हिंसा और आदिवासी

सम्पादक

राजकिशोर

वाणी प्रकाशन

4695, 21-ए, दरियागंज, नयी दिल्ली 110 002

शाखा

अशोक राजपथ, पटना 800 004

फ़ोन: +91 11 23273167 फ़ैक्स: +91 11 23275710

www.vaniprakashan.in
vaniprakashan@gmail.com

MAOVAD, HINSA AUR AADIVASI
Edited by Rajkishore

ISBN : 978-93-5000-286-5
Aaj Ke Prashn

© लेखकगण

संस्करण 2018

मूल्य : ₹ 450

इस पुस्तक के किसी भी अंश को किसी भी माध्यम में प्रयोग करने के लिए प्रकाशक से लिखित अनुमति लेना अनिवार्य है।

जी. एस. ऑफ़सेट, दिल्ली-110 032 में मुद्रित

वाणी प्रकाशन का लोगो मक़बूल फ़िदा हुसेन की कूची से

अनुक्रम

भूमकाल : साथियों के साथ सफर/अरुंधति राय 9

दन्तेवाड़ा की जड़ें/सुनील 60

माओवाद, हिंसा और न्याय/के.बी. सक्सेना 68

माओवाद और मानवाधिकार : कुछ सवाल/सत्येन्द्र रंजन 74

अपने गाँव में अपना राज/पुण्य प्रसून वाजपेयी 86

अधिनायकवाद को निमंत्रण/सच्चिदानन्द सिन्हा 94

क्रान्ति और हिंसा/सुरेन्द्र मोहन 97

पूँजीवाद और माओवाद : कुछ नोट्स/अभय तिवारी 102

भारत की अवरुद्ध क्रान्ति/प्रेम सिंह 125

हिंसा बनाम आदिवासी/रमेशचन्द्र मीणा 136

राष्ट्रपति के नाम चिट्ठी/बी.डी. शर्मा 146

मार्क्सवाद और अहिंसा/राजकिशोर 151

लालगढ़ पर एक बहस 155

सम्पादक की बात

भारत में जब 'कम्युनस्ट' शब्द पूँजीपतियों और भूसामन्तों के लिए डरावना नहीं रह गया, तब नक्सलबाड़ी में एक नये आंदोलन ने जन्म लिया। नक्सलवादियों को धीरज नहीं था और वे बिना पर्याप्त तैयारी के अपने सांघातिक कार्यक्रम पर अमल करने लगे। उनकी निष्ठा और तत्परता देखकर लोगों में उनके प्रति आदर का भाव पैदा हुआ। वही विचारधारा आज, थोड़े बदलाव के साथ, अधिक संगठित और आक्रामक रूप में माओवाद के नाम से काम कर रही है। नक्सलवाद दमन और बिखराव का शिकार होकर लगभग अस्त हो गया। माओवाद भारत के शासक वर्ग के लिए दुःस्वप्न बना हुआ है। समाज, खासकर बुद्धिजीवी वर्ग में माओवाद के प्रति एक अबूझ आकर्षण है। दूसरी तरफ भारत सरकार द्वारा माओवादियों को 'आंतरिक सुरक्षा के लिए सबसे बड़ा खतरा' बताकर उनके खिलाफ युद्ध छेड़ देने से बहुत-से भोले लोग माओवादियों को देश का दुश्मन मानने लगे हैं। इस प्रतिक्रिया के पीछे माओवादियों की अनेक ऐसी गतिविधियाँ भी रही हैं, जिनका औचित्य साबित करना आसान नहीं है।

माओवाद ने आंध्र प्रदेश, छत्तीसगढ़, महाराष्ट्र, बिहार, झारखंड और ओड़िसा के जंगलों और सुदूर गाँवों को अपना गढ़ बनाया। इन इलाकों तक राज्य की पहुँच नहीं थी। यह भी कहा जा सकता है कि आदिवासी इलाके 'नो मैन्स लैंड' थे। आदिवासी भारत में सबसे ज्यादा सताया गया वर्ग है। इसलिए इस वर्ग के बीच अपनी पैठ बनाने में माओवाद को मुश्किल नहीं हुई। इस पर भी भारतीय राज्य को कोई आपत्ति नहीं थी, क्योंकि आदिवासी क्षेत्र उसकी चिन्ता का विषय नहीं थे। भारत के नागरिक के बतौर आदिवासियों की कोई हैसियत न थी न है। इसलिए भीतर ही भीतर माओवाद का विस्तार होता चला गया। आज वह एक शक्तिशाली राजनीतिक धारा है। जब आदिवासी क्षेत्रों में मौजूद प्रभूत खनिज संपदा का लाभ उठाने के लिए दर्जनों अनुबंध हुए, तब भारत सरकार ने पाया कि इस इलाके में तो आदिवासियों की समानान्तर सरकार चल रही है। 'ऑपरेशन ग्रीन हंट' के नाम से चलाये जा रहे आतंकवादी अभियान की पृष्ठभूमि यही है।

बहुत-से लोग मानते हैं कि इस आंदोलन का लक्ष्य आदिवासियों के हितों की रक्षा करना है। यह बहुत बड़ा भ्रम है। निःसंदेह माओवादियों में अन्याय का मुकाबला करने और न्याय के लिए संघर्ष करने की प्रेरणा और शक्ति भरी है। आदिवासियों का जीवन बेहतर बनाने के लिए भी कहीं-कहीं कुछ काम हुआ है। लेकिन यह माओवाद का प्राथमिक लक्ष्य नहीं है। आदिवासी तो महज माध्यम हैं, माओवादी भारत की वर्तमान सत्ता को उखाड़ फेंकना और अपनी सत्ता स्थापित करना चाहते हैं। इसके लिए उन्होंने सशस्त्र क्रांति का रास्ता चुना है। फिर भी, आदिवासियों के जीवन से जुड़े सवाल बहुत महत्त्वपूर्ण हैं और इनका जवाब खोजना हमारे राष्ट्रीय कर्तव्यों में एक है।

माओवाद के बृहत्तर परिप्रेक्ष्य को देखते हुए उसे समझने और उसकी मीमांसा करना आवश्यक है। आशा है, यह पुस्तक इसमें मदद करेगी।

भूमकाल : साथियों के साथ सफर

अरुंधति राय

मेरे दरवाजे के नीचे सीलबन्द लिफाफे में उस संक्षिप्त-से टंकित पुर्जे ने हिन्दुस्तान की आन्तरिक सुरक्षा के लिए सबसे बड़े खतरे के साथ मेरी मुलाकात की पुष्टि कर दी। मैं महीनों से उनके सन्देश का इन्तजार कर रही थी।

मुझे दो तयशुदा दिनों में, पहले से निश्चित चार समयों पर दन्तेवाड़ा, छत्तीसगढ़ में माँ दन्तेश्वरी के मन्दिर पर मौजूद रहना था। यह बन्दोबस्त बुरे मौसम, पंचरों, चक्का-जामों, परिवहन हड़तालों और निपट दुर्भाग्य की गुंजाइश रखने के लिए किया गया था। पुर्जे में टंकित था : 'लेखक के पास कैमरा, टीका और नारियल होना चाहिए। मुलाकाती के पास टोपी, हिन्दी 'आउटलुक' पत्रिका और केले होंगे। संकेत शब्द : नमस्कार गुरु जी।'

नमस्कार गुरु जी। मैंने हैरत से सोचा कि क्या मुलाकाती और स्वागतकर्ता किसी पुरुष की उम्मीद रखते होंगे। और क्या मुझे अपने लिए एक मूँछ का जुगाड़ कर लेना चाहिए?

दन्तेवाड़ा का वर्णन करने के कई तरीके हैं। वह विरोधाभास नामक अलंकार है। वह भारत के ठीक बीचो-बीच एक सीमावर्ती कस्बा है। वह एक युद्ध का ऊपरी केन्द्र है। वह एक सिर के बल, अन्दर का बाहर कस्बा है।

दन्तेवाड़ा में पुलिस सामान्य वर्दी पहनती है और विद्रोही वर्दियाँ पहनते हैं। कारागार अधीक्षक कारागार में हैं। कैदी आजाद हैं (तीन सौ कैदी कस्बे की पुरानी जेल से दो साल पहले भाग निकल थे।) औरतें, जिनके साथ बलात्कार हुआ, पुलिस हिरासत में हैं। बलात्कारी बाजार में भाषण देते हैं।

इन्द्रावती नदी के पार, माओवादियों द्वारा नियंत्रित इलाके में, वह जगह है, जिसे पुलिस 'पाकिस्तान' कहती है। वहाँ गाँवों में सन्नाटा है, लेकिन जंगलों में लोगों की भीड़। जिन बच्चों को स्कूल में होना चाहिए था, बेलगाम दौड़ते-फिरते हैं। वन-प्रान्तर के सुन्दर गाँवों में कंक्रीट-निर्मित स्कूली इमारतें या तो उड़ा दी गई हैं

और मलबे का ढेर हैं या फिर पुलिस के सिपाहियों से भरी हैं। जंगल में जो सिर-धड़ की लड़ाई शुरू हो रही है, वह ऐसी जंग है जिसे लेकर भारत सरकार गर्व और शर्म, दोनों महसूस करती है। ऑपरेशन ग्रीनहण्ट का ऐलान भी किया गया है और इससे इनकार भी। भारत के गृह मंत्री (और युद्ध के प्रमुख कार्याधिकारी) पी. चिदम्बरम का कहना है कि उसका कोई वजूद नहीं है, वह मीडियाजनित है। तिस पर भी भारी राशि उसे आवण्टित की गई है और उस जंग के लिए दसियों हजार फौजी तैनात किये जा रहे हैं। हालाँकि युद्ध-क्षेत्र मध्य भारत के जंगल हैं, इस युद्ध के हम सबके लिए गम्भीर परिणाम होंगे।

अगर प्रेत किसी व्यक्ति के पीछे रह गई मँडराती आत्माएँ होते हैं या किसी ऐसी चीज की जिसका अब कोई अस्तित्व नहीं रह गया है, तो शायद जंगल को चीरता—फाड़ता बढ़ा जाता, चार पथोंवाला नया राजमार्ग प्रेत का विलोम है। शायद वह उस सबका हरकारा है, सँदेसिया है, जो आनेवाला है।

वन-प्रान्तर में एक-दूसरे के प्रतिद्वन्द्वी लगभग हर लिहाज से परस्पर भिन्न और असमान हैं। एक तरफ है उभरती हुई महाशक्ति के पैसे, असलहों, समाचार-तन्त्र और अहम्मन्यता से लैस भारी अर्द्ध-सैनिक बल। दूसरी ओर परम्परागत हथियारों से लैस गाँव के आम निवासी, और उनके पीछे हथियारबन्द विद्रोह के असाधारण और हिंसक इतिहास वाला अत्यन्त सुसंगठित, दुर्दान्त प्रेरणा से भरा हुआ, माओवादी छापामार लड़ाकू बल। माओवादी और अर्द्ध-सैनिक पुराने प्रतिद्वन्द्वी हैं और कई बार पहले भी एक-दूसरे के पुराने अवतारों से दो-दो हाथ कर चुके हैं—1950 के दशक में तेलंगाना में, 1960 के दशक के अन्त और 1970 के दशक में पश्चिम बंगाल, बिहार, श्रीकाकुलम (आन्ध्र प्रदेश) में और फिर 1980 के ठीक मौजूदा वक्त तक। वे एक-दूसरे की रणनीतियों से परिचित हैं और उन्होंने एक-दूसरे की लड़ाई की नियमावलियों का अध्ययन बहुत ध्यान से किया है। हर बार यह लगता था कि माओवादी (या उनके पिछले अवतार) न सिर्फ पराजित हुए, बल्कि अक्षरशः भौतिक रूप से उनका सफाया हो गया। हर बार वे पुनर्जीवित हुए हैं, पहले से ज्यादा संगठित, पहले से ज्यादा संकल्पबद्ध और पहले से कहीं अधिक प्रभावशाली। आज एक बार फिर छत्तीसगढ़, झारखण्ड, उड़ीसा और पश्चिम बंगाल के खनिज सम्पन्न जंगलों में सरकार और माओवादियों के बीच लड़ाई है, जो चुनावों को पाखण्ड, संसद को सूअरबाड़ा कहते हैं और खुल्लम-खुल्ला भारतीय राजतन्त्र के तख्ता-पलट का ऐलान कर चुके हैं। यह भूलना भी सुविधाजनक है कि मध्य भारत की जन-जातियों का प्रतिरोध और बगावत का इतिहास माओ से सदियों पुराना है। निश्चय ही यह स्वतः सिद्ध है। अगर ऐसा न होता तो उनका वजूद भी न रहता। हो, ओराँव, कोल, सन्थाल, मुण्डा और गोंड, सब-के-सब कई बार विद्रोह कर चुके हैं, अंग्रेजों के खिलाफ, जमींदारों और साहूकारों के खिलाफ। ये विद्रोह क्रूरता से कुचले गए, हजारों

मौत के घाट उतारे गए, लेकिन लोगों पर कभी विजय हासिल नहीं हो पाई। आजादी के बाद भी आदिवासी लोग ही उस पहले विप्लव के केन्द्र में थे, जिसे माओवादी करार दिया जा सकता है—पश्चिम बंगाल के नक्सलबाड़ी गाँव में (जहाँ से यह शब्द 'नक्सलवादी') जो अब 'माओवादी' के पर्याय के रूप में इस्तेमाल होता है, निकला है। तब से अब तक नक्सलवादी राजनीति के रेशे जन-जातियों के विद्रोह के साथ इस तरह गुँथे रहे हैं कि उन्हें अलग करना सम्भव नहीं है, जो बात जन-जातियों के बारे में उतना ही कहती हैं, जितना नक्सलवादियों के बारे में।

विद्रोह की इस विरासत का नतीजा एक ऐसा क्रुद्ध समुदाय है, जिसे भारत सरकार द्वारा जान-बूझकर अलग-थलग किया गया है, हाशिये पर फेंका गया है। भारतीय संविधान, जो भारतीय लोकतन्त्र की आधार-शिला है, संसद द्वारा 1950 में लागू किया गया। यह जन-जातियों और वनवासियों के लिए एक दुख-भरा दिन था। संविधान ने उपनिवेशवादी नीति का अनुमोदन किया और राज्य को जन-जातियों की आवास-भूमि का संरक्षक बना दिया। रातों-रात उसने पूरी जन-जातीय आबादी को अपनी ही भूमि का अतिक्रमण करने वालों में तब्दील कर दिया। उसने उन्हें वनों से प्राप्त होने वाली उपज के पारम्परिक अधिकार से वंचित कर दिया और एक पूरी जीवन-शैली का अपराधीकरण कर दिया।। मतदान के अधिकार के बदले में संविधान ने उनसे आजीविका और सम्मान के अधिकार छीन लिए।

उन्हें बेदखल कर दैन्य और दरिद्रता के भँवर में धकेलने के बाद सरकार एक क्रूरता-भरी हाथ की सफाई से उनकी अपनी गुरबत को उनके खिलाफ इस्तेमाल करने लगी। हर बार जब उसे भारी आबादी को विस्थापित करने की जरूरत होती—बाँधों के लिए, सिंचाई परियोजनाओं और खदानों के लिए—वह 'जन-जातियों को मुख्यधारा में लाने' या उन्हें 'आधुनिक विकास के फल प्रदान करने' की बात करती। देश के अन्दर ही विस्थापित लाखों-करोड़ों (सिर्फ बड़े बाँधों द्वारा ही तीस लाख से ज्यादा) लोगों में, भारत की 'प्रगति' के इन शरणार्थियों में अधिकतर आदिवासी और जन-जातीय समुदाय हैं। जब-जब सरकार जन-जातियों के कल्याण की बात करना शुरू करती है, चिन्ता होने लगती है।

चिन्ता और सरोकार की ताजातरीन अभिव्यक्ति गृह मंत्री पी. चिदम्बरम की ओर से आई है, जिनका कहना है कि वे नहीं चाहते कि जन-जातियों के लोग ' अजायबघरवाली संस्कृतियों' में रहें। जन-जातियों के कल्याण की चिन्ता उनके लिए तब इतनी प्राथमिक नहीं थी, जब वे बड़े व्यापारिक निगमों के वकील थे और अनेक खनन कम्पनियों के हितों का प्रतिनिधित्व कर रहे थे। इसलिए उनकी इस नई उद्विग्नता के आधार को परखना उचित होगा।

पिछले पाँचेक वर्षों के दौरान छत्तीसगढ़, झारखण्ड, उड़ीसा और पश्चिम बंगाल की सरकारों ने इस्पात कारखानों, कच्चे लोहे के कारखानों, बिजली-घरों, एल्यूमिनियम

संशोधन संयंत्रों, बाँधों और खदानों के लिए कॉरपोरेट घरानों से सैकड़ों करारनामे किए हैं, सब-के-सब गुप-चुप ढंग से। ये करारनामे रुपए-आने-पाई में तब्दील हो सकें, इसलिए जन-जातियों का हटाया जाना जरूरी है।

लिहाजा, यह जंग!

जब कोई देश जो अपने को लोकतंत्र कहता है, खुल्लम-खुल्लम अपनी सीमाओं के अन्दर युद्ध घोषित कर देता है तो यह लड़ाई कैसी नजर आती है? क्या प्रतिरोध के सफल होने की कोई सम्भावना है? क्या उसे सफल होना चाहिए? कौन हैं माओवादी? क्या वे महज खून-खराबे में यकीन करनेवाले अनास्थावादी हैं, जो एक पुरानी पड़ चुकी विचारधारा को आदिवासियों पर थोप रहे हैं, उन्हें कोंच-कोंचकर निराशाजनक विप्लव की ओर धकेलते हुए? क्या हथियारबन्द संघर्ष बुनियादी तौर पर अलोकतांत्रिक है? क्या 'चक्की के पाट का सिद्धान्त'—कि 'आम' आदिवासी राज्य और माओवादियों के बीच गोलीबारी में फँसे हुए हैं—सही और सटीक है? क्या 'माओवादी' और 'आदिवासी' दो बिल्कुल अलग-अलग कोटियाँ हैं जैसा कि बताया जा रहा है? क्या उनके हित परस्पर मिलते हैं? क्या उन्होंने एक-दूसरे से कुछ सीखा है? क्या उन्होंने एक-दूसरे को बदला है?

मेरे रवाना होने से एक दिन पहले मेरी माँ का फोन आया, वे निंदासी जान पड़ती थीं। 'मैं सोचती रही हूँ, उन्होंने माँओ के सहज अन्तर्ज्ञान से कहा, 'इस देश को क्रान्ति की जरूरत है।'

इंटरनेट पर एक लेख में कहा गया है कि इस्रायली संस्था मोसाद तीस उच्चस्तरीय पुलिस अफसरों को चिह्नित हत्याओं की तकनीक में प्रशिक्षित कर रही है, ताकि माओवादी संगठन को 'सिरविहीन' किया जा सके। अखबारों में उस नए असलहे का जिक्र है, जो इस्राइल से खरीदा गया है'—लेजर दूरी मापक, ताप नियंत्रित छवि-निर्माता उपकरण और बिना चालक के वाहन, जो अमेरिकी फौज में बहुत लोकप्रिय हैं। गरीबों के खिलाफ इस्तेमाल करने के लिए बिल्कुल मुफीद हथियार।

रायपुर से दन्तेवाड़ा तक कार का सफर लगभग दस घण्टे लेता है—ऐसे इलाकों से जो 'माओवादियों से संक्रमणग्रस्त' जाने जाते हैं। ये असावधानी से इस्तेमाल किए गए शब्द नहीं हैं। 'संक्रमण/संक्रमित' का अभिप्राय 'बीमारी/कीटाणु' से है। बीमारियों का इलाज किया जाना चाहिए। कीटाणुओं का सफाया होना चाहिए। माओवादियों को साफ कर दिया जाना चाहिए। इन निरीह, रेंगते हुए तरीकों से जनसंहार की भाषा हमारे शब्द-भंडार में दाखिल हुई है।

राजमार्ग की रक्षा के लिए सुरक्षा बलों ने दोनों तरफ वन की एक सँकरी पट्टी 'सुरक्षित' कर दी है। उसके और अन्दर चलकर, 'दादा लोग' का राज है। भाइयों का। साथियों का। कॉमरेडों का।

रायपुर के बाहरी छोर पर वेदान्त (वह कम्पनी जिसके साथ हमारे गृह मंत्री कभी काम किया करते थे) कैंसर हस्पताल का विज्ञापन करने वाला एक विशाल बोर्ड लगा है। उड़ीसा में, जहाँ वेदान्त बॉक्साइट का खनन कर रही है, एक विश्वविद्यालय को वित्तीय सहायता दे रही है। इन सहज, अदृश्य तरीकों से खनन निगम हमारे कल्पनालोक में प्रवेश करते हैं : दीनबन्धु दानव जो सचमुच दयावान हैं। इसे कॉरपोरेट सामाजिक उत्तरदायित्व कहते हैं। इससे खनन कम्पनियों को विख्यात अभिनेता और पूर्व मुख्यमंत्री एन. टी. रामाराव सरीखा बनने की छूट मिल जाती है, जो तेलुगू की पौराणिक फिल्मों में सभी भूमिकाएँ अदा करते थे–नायक भी, खलनायक भी–एक साथ, उसी फिल्म में। कॉरपोरेट सामाजिक उत्तरदायित्व उस बेहूदा और अन्यायपूर्ण अर्थशास्त्र पर पर्दा डालने का काम करता है, जो भारत में खनन उद्योग का आधार है। मिसाल के लिए, कर्नाटक के सम्बन्ध में लोक आयुक्त की एक हाल की रिपोर्ट के अनुसार निजी कम्पनी द्वारा निकाले गए कच्चे लोहे के हर टन पर सरकार को 27 रुपए राजस्व मिलाता है और खदान कम्पनी 5000 रुपए कमाती है। बॉक्साइट और एल्यूमिनियम उद्योगों में आँकड़े और भी खराब हैं। हम अरबों डॉलर के दिन-दहाड़े डाके की बात कर रहे हैं, जो चुनावों, सरकारों, न्यायाधीशों, अखबारों, टीवी चैनलों, गैर सरकारी संस्थाओं और राहत एजेंसियों को खरीदने के लिए काफी हैं। तब एकाध कैंसर हस्पताल यहाँ या वहाँ कोई माने रखता है भला?

मुझे छत्तीसगढ़ सरकार द्वारा किए गए करारनामों की लम्बी फेहरिस्त में वेदान्त का नाम देखने की याद नहीं है। लेकिन मुझमें इतना शक करने लायक पेचीदगी जरूर है कि अगर कैंसर हस्पताल है तो कहीं-न कहीं चपटे शिखरवाला बॉक्साइट का पर्वत भी अवश्य होगा।

हम काँकेर से हो कर गुजरते हैं जो इस युद्ध के ब्रिगेडियर पँवार के 'जंगल युद्ध प्रशिक्षण विद्यालय' के लिए प्रसिद्ध है और जिसका लक्ष्य भ्रष्ट, ढिल्लम-ढील पुलिसवालों (घास-फूस) को जंगल के लड़ाकों (सोने) में बदल देना है। 'युद्ध प्रशिक्षण विद्यालय' का आदर्श-वाक्य–'छापामार से छापामार की तरह लड़ो'–चट्टानों पर लिखा हुआ है। यहाँ सिपाहियों को दौड़ना, सरकना, हवा में उड़ रहे हेलीकॉप्टरों पर कूदकर चढ़ना-उतरना, घुड़सवारी (किसी कारण से), साँप खाना और जंगल की उपज पर जीना सिखाया जाता है। ब्रिगेडियर को गर्व है कि वे सड़क के कुत्तों को 'आतंकवादियों' से लड़ने के लिए प्रशिक्षित कर रहे हैं। हर छह हफ्तों पर पुलिस के आठ सौ सिपाही 'युद्ध प्रशिक्षण विद्यालय' से उत्तीर्ण होकर निकलते हैं। भारत भर में ऐसे बीस विद्यालयों की योजना है। पुलिस को धीरे-धीरे फौज में तब्दील किया जा रहा है। (कश्मीर में इसका उलटा है। फौज को एक मुटाए हुए प्रशासनिक, पुलिस बल में परिवर्तन किया जा रहा है।) सिर के बल। अन्दर का बाहर। किसी

भी नजरिए से दुश्मन जनता है।

रात हो चुकी है। जगदलपुर सोया हुआ है, सिवा राहुल गांधी की उन बहुत-सी होर्डिगों के, जिनमें लोगों से युवा कांग्रेस में शामिल होने कि लिए कहा जा रहा है। वे हाल के महीनों में दो बार बस्तर आ चुके हैं, लेकिन युद्ध के बारे में उन्होंने कुछ ज्यादा नहीं कहा है। शायद इस मुकाम पर जनता के राजकुमार के लिए दखल देना कुछ अधिक कण्टकाकीर्ण है। उनके मीडिया प्रबन्धकों ने जरूर पेशबन्दी कर ली होगी। राहुल गांधी के इर्द-गिर्द सावधानी से नियोजित प्रचार में इस बात का ज्यादा उल्लेख नहीं होता कि सलावा जुडुम (पावनकारी आखेट) वह खौफनाक, सरकार-समर्थित शान्ति-व्यवस्थापक गश्ती जत्था जो बलात्कारों, हत्याओं, गाँवों को जलाने और हजारों-लाखों लोगों को उनके घरों से भगाने के लिए जिम्मेदार है—एक कांग्रेसी विधायक महेन्द्र कर्मा के नेतृत्व में काम कर रहा है।

मैं अपनी मुलाकात के लिए सही वक्त पर माँ दन्तेश्वरी के मन्दिर पर पहुँच गई (पहला दिन, पहला शो।) मेरे पास मेरा कैमरा था, मेरा छोट-सा नारियल और माथे पर लाल, झरता हुआ टीका। मैंने सोचा कहीं कोई मुझे देख कर हँस तो नहीं रहा होगा। कुछ ही मिनटों में एक लड़का प्रकट हुआ। उसके पास एक टोपी और पीठ पर लादने वाला स्कूली बस्ता था। उँगलियों के नाखूनों पर उखड़ा-उखड़ा लाल नेलपॉलिश था। कोई हिन्दी 'आउटलुक' नहीं, न केले ही। 'क्या तुम हो, जो अन्दर जा रही हो?' उसने मुझसे पूछा। कोई 'नमस्कार गुरु जी' नहीं। मुझे समझ में नहीं आया क्या कहूँ। उसने एक सीला-सा पुर्जा अपनी जेब से निकालकर मुझे दिया। उसमें लिखा था 'आउटलुक नहीं मिला।'

'और केला?'

'मैं खा गया, उसने कहा, 'मुझे भूख लगी थी।'

वह सचमुच सुरक्षा को खतरा था।

उसके बस्ते पर छपा था, 'चार्ली ब्राउन—नॉट योर ऑर्किनरी ब्लॉक हेड' (चार्ली ब्राउन—तुम्हारा नाम घोंघावसंत नहीं.) उसने बताया, उसका नाम मँगतू था। मुझे जल्दी ही पता चल गया कि दण्डकारण्य, वह जंगल जिसमें मैं दाखिल होने वाली थी, ऐसे लोगों से भरा हुआ था, जिनके कई नाम थे और पानी पर लिखी पहचानें। मेरे लिए यह मलहम सरीखा था, यह विचार। कितना उम्दा है हर वक्त अपने साथ चिपके न रहना, कुछ देर के लिए कोई और बन जाता।

हम पैदल ही बस अड्डे की तरफ चले जो मन्दिर से कुछ मिनट की दूरी पर था। वहाँ पहले ही भीड़-भाड़ थी। चीजें बड़ी तेजी से घटित हुईं। मोटरसाइकिलों पर दो लोग थे। कोई बातचीत नहीं हुई। महज पहचान लेनेवाली एक निगाह शरीर के वजन का सरकना, इंजनों की रफ्तार का बढ़ना। मुझे कुछ पता नहीं था कि हम जा कहाँ रहे थे। हम पुलिस अधीक्षक के घर के सामने से गुजरे, जिसे मैंने अपनी पिछली

यात्रा की याद से पहचाना। पुलिस अधीक्षक एक साफगो आदमी था : 'देखिए मैडम, साफ-साफ कहें तो यह समस्या पुलिस या फौज से हल होनेवाली नहीं है। इन आदिवासियों के साथ समस्या यह है कि वे लालच नहीं समझते हैं। जब तक कि वे लालची नहीं बनते, हमारे लिए कोई उम्मीद नहीं है। मैंने अपने बॉस से कहा है, पुलिस बल को हटा लीजिए और इसके बजाय हर घर में टीवी लगा दीजिए। सारी चीजें आप-से-आप ठीक हो जाएँगी।'

देखते ही देखते हमारी मोटरसाइकिलें कस्बे के बाहर चली आईं। किसी ने पीछा नहीं किया। लम्बा सफर था। मेरी घड़ी के मुताबिक तीन घण्टे। अचानक ही वह खत्म हो गया, सुनसान वीराने में, खाली सड़क पर, जिसके दोनों तरफ जंगल था। मँगतू उतरा। मैं भी। मोटरसाइकिलें चलती बनीं और मैंने अपना पीठ पर लादनेवाला बस्ता उठाया और उस छोटे-से आन्तरिक सुरक्षा के खतरे के पीछे-पीछे जंगल में हो ली। बेहद खूबसूरत दिन था। जंगल की जमीन सुनहरी गालीचा बनी हुई थी।

थोड़ी ही देर में हम एक चौड़ी सपाट नदी के सफेद, रेतीले तट पर पहुँच गए। जाहिर तौर पर वह बरसाती नदी थी, इसलिए अब वह कमो-बेश एक रेतीला तल थी, बीचों-बीच टखनों तक आता पानी, आसानी से हेल कर दूसरी तरफ जाने के काबिल। उस पार 'पाकिस्तान' था। 'वहाँ पर मैडम' साफगो पुलिस अधीक्षक ने मुझसे कहा था, 'मेरे जवान जान लेने के लिए गोली दागते हैं।' जब हम पार करने लगे तो मुझे यह बात याद आई। मैंने कल्पना में देखा कि हम पुलिसवाले की बन्दूक के निशाने पर हैं—खुले इलाके में नन्हीं आकृतियाँ, आसानी से उड़ाने लायक। लेकिन मँगतू बिलकुल बेफिक्र जान पड़ता था और मैंने उसी का अनुसरण किया।

दूसरे तट पर हमारे इन्तजार में, दूब जैसा हरी कमीज पहने, जिस पर 'हॉर्लिक्स' लिखा था, चन्दू मौजूद था। उमर में थोड़ा-सा बड़ा आन्तरिक सुरक्षा को खतरा। शायद बीस का। उसके पास एक मन मोह लेनेवाली मुस्कान, एक साइकिल, उबले पानी का कैन और मेरे लिए ग्लूकोज बिस्कुटों के कई पैकेट थे, पार्टी की तरफ से। हमने साँस ठीक की और फिर पैदल चल पड़े। साइकिल, जैसा कि बाद में पता चला, एक धोखा था। रास्ता लगभग पूरी तरह साइकिल के अयोग्य था। हम खड़ी पहाड़ियों पर चढ़े और कुछ बहुत संकट-भरे कगारों के साथ-साथ चट्टानी रास्तों से होते हुए नीचे को उतरे। जब वह साइकिल को धकेल न पाता तो चन्दू उसे सिर के ऊपर उठाकर ले जाता मानो उसका कुछ वजन ही न हो। मैंने उसकी अभिभूत गाँव के छोरेवाली मुद्रा और हाव-भाव को ले कर सोचना शुरू किया। मुझे (बहुत बाद में) पता चला कि वह हर तरह का हथियार चला लेता था, 'सिवा लाइट मशीनगन के' उसने प्रफुल्ल स्वर में मुझे सूचित किया था।

पगड़ियों में फूल लगाए तीन खूबसूरत, धुत्त आदमी हमारे साथ-साथ आधे घण्टे तक चलते रहे, जब तक कि हमारे रास्ते जुदा नहीं हो गए। सूर्यास्त के साथ उनके

कन्धों से लटके झोलों से बाँग सुनाई दी। उनमें उन्होंने मुर्गे रखे हुए थे, जो वे बाजार में ले गए थे, पर बेच नहीं पाए थे। ऐसा लगता है कि चन्दू अँधेरे में देख सकता है। मुझे अपनी टॉर्च इस्तेमाल करनी पड़ी है। झींगुर बोलने लगते हैं। और जल्द ही एक वाद्य-वृन्द, आवाजों का एक गुम्बद हमारे ऊपर मौजूद होता है। मैं ऊपर, रात के आकाश को देखने के लिए तरसती हूँ। लेकिन मुझे हिम्मत नहीं होती। मुझे अपनी आँखें जमीन पर गाड़े रखनी हैं। एक बार में एक कदम। एकाग्र हो कर।

मुझे कुत्तों की आवाज सुनाई देती है, लेकिन मुझे अन्दाजा नहीं होता कि वे कितनी दूर हैं। रास्ता समतल हो जाता है। मैं आकाश की तरफ चोरी से एक निगाह डालती हूँ। वह मुझे आह्लादित कर देता है। मैं उम्मीद करती हूँ कि हम जल्दी ही रुकेंगे। 'जल्दी', चन्दू कहता है। लेकिन एक घण्टे से भी ज्यादा समय लग जाता है। मुझे विशाल पेड़ों की धुँधली छायाएँ नजर आती हैं। हम पहुँच जाते हैं।

गाँव खुला-खुला लगता है, मकान एक-दूसरे से काफी दूरी पर। जिस घर में हम दाखिल होते हैं वह सुन्दर है। आग जल रही है, कुछ लोग इर्द-गिर्द बैठे हुए हैं। और भी लोग बाहर हैं, अँधेरे में। मैं बता नहीं सकती कितने। मुझे वे मुश्किल ही से नजर आते हैं। एक बुदबुदाहट-सी फैल जाती है। लाल सलाम, कामरेड। लाल सलाम, मैं कहती हूँ। मैं थकान से परे हूँ। घरवाली मुझे अन्दर बुलाती है और हरी फलियों के साथ पका मुर्गे की शोरबेदार सालन और थोड़ा-सा लाल चावल देती है। शानदार। उसकी बच्ची मेरे पास सो रही है, उसकी चाँदी की पायल आग की रोशनी में चमकती है।

खाने के बाद मैं अपने स्लीपिंग बैग की जिप खोलती हूँ। अजीब-सा शोर होता है, अतिक्रमण करने वाला। बड़ी वाली जिप का। कोई रेडियो चालू कर देता है। बी. बी.सी. की हिन्दी सर्विस। चर्च ऑफ इंग्लैण्ड ने पर्यावरण के नुकसान और डोंगरिया कोंड आदिवासियों के अधिकारों के हनन का हवाला देते हुए वेदान्त की नियमगिरि परियोजना से अपनी धनराशि वापस ले ली है। मुझे गायों की घण्टियाँ, उनके नथुनों की हँफनी, खुरों की खस-खस और मवेशियों के पादने की आवाजें सुनाई देती हैं। दुनिया ठीक-ठाक है। मेरी आँखें बन्द हो जाती हैं।

सुबह के पाँच बजे हम उठ जाते हैं। छह बजते-बजते चल देते हैं और दो घण्टों में हम एक और नदी पार करते हैं। हम कुछ खूबसूरत गाँवों से होकर गुजरते हैं। हर गाँव में इमली के पेड़ों का एक परिवार है, विशाल कृपालु देवताओं की तरह उसके ऊपर निगरानी करता हुआ। मीठी, बस्तर की इमली। ग्यारह बजते-बजते सूरज काफी चढ़ जाता है और पैदल चलना कम आनन्ददायक हो जाता है। हम एक गाँव में दोपहर के भोजन के लिए रुकते हैं। चन्दू घर के लोगों से परिचित जान पड़ता है। एक सुन्दर युवती उससे चुहल करती है। वह थोड़ा शर्माया हुआ-सा

लगता है। शयद मेरी मौजूदगी की वजह से। खाने में मसूर की दाल के साथ कच्चा पपीता और लाल चावल है और पिसी हुई लालमिर्च। हम फिर से पैदल चलना शुरू करने से पहले सूरज के तीखेपन के शान्त होने का इन्तजार करेंगे। हम झरोखे में एक झपकी लेते हैं। इस जगह में एक सादगी-भरी सुन्दरता है। हर चीज साफ-सुथरी और जरूरत के हिसाब से है। कोई ठाँसा-ठूँसी नहीं। एक काली मुर्गी मिट्टी की नीची दीवार पर आगे-पीछे कवायद कर रही है। बाँस का एक मचान फूस की छत के बत्तों को सहारा देने के साथ-साथ सामान रखने के काम भी आता है। उस पर तिनकों का झाड़ू, दो ढोलकियाँ, सरपत की बुनी हुई टोकरी, एक टूटा हुआ छाता और पिचकाये गये खाली गत्ते के डिब्बों की पूरी थाक है। मेरी आँख किसी चीज पर जा अटकती है। मुझे अपने चश्मे की जरूरत पड़ती है। गत्ते पर जो छपा है, वह यह है : आइडियल पावर 90 हाई एनर्जी इमल्शन एक्सप्लोसिव (क्लास-2) एस.डी.सी.ए.टी. जेड.जेड.। आदर्श शक्ति युक्त 90 उच्च ऊर्जा तरल विस्फोटक (श्रेणी-2) एस.डी.सी.ए.टी.जेड.जेड.।

हम दो बजे फिर चलना शुरू कर देते हैं। जिस गाँव में हम जा रहे हैं, वहाँ हम एक दीदी से मिलेंगे, जो जानती है कि यात्रा का अगला चरण क्या होगा। चन्दू नहीं जानता। जानकारी की भी किफायतशारी है। किसी के लिए भी सब कुछ जानना जरूरी नहीं है। लेकिन जब हम गाँव पर पहुँचते हैं, दीदी वहाँ नहीं है। उसकी कोई खबर नहीं है। पहली बार मैं चन्दू के माथे पर चिन्ता का हलका-सा बादल घिरते देखती हूँ। एक बड़ा बादल मेरे ऊपर छा जाता है। मैं नहीं जानती कि संचार-प्रणाली क्या है, लेकिन अगर वह गड़बड़ा गई तब क्या होगा?

हम गाँव से थोड़ी दूरी पर स्कूल की एक निर्जन, परित्यक्त इमारत के बाहर ठहरे हैं। गाँव के सारे सरकारी स्कूल कंक्रीट के बुर्जों की तरह क्यों बने हैं, जिनमें खिड़कियों की जगह लोहे के शटर लगे होते हैं और लोहे के सरकने मुड़नेवाले दरवाजे? गाँव के घरों की तरह मिट्टी और फूस से क्यों नहीं? क्योंकि वे सिपाहियों के रहने के लिए भी इस्तेमाल होते हैं और चौकियों के लिए भी। 'अबूझमाड़ के गाँवों में', चन्दू कहता है, 'स्कूल ऐसे ही हैं...' वह तिनके से जमीन पर एक इमारत का नक्शा बनाता है। तीन अठकोने कमरे मधुमक्खी के छत्ते की तरह एक-दूसरे से जुड़े हुए...'ताकि वे सभी तरफ गोली चला सकें।' वह अपनी बात को समझाने के लिए रेखाएँ खींचता है, क्रिकेट के चित्र की तरह—बल्लेबाज का पहिया—हर दिशा में खेली गई गेंदों का रेखा-चित्र। किसी भी स्कूल में कोई अध्यापक नहीं है, चन्दू बताता है। वे सब-के-सब भाग गए हैं। या तुम लोंगो ने उन्हें भगा दिया है? नहीं, हम सिर्फ पुलिस को भगाते हैं, लेकिन अध्यापक यहाँ जंगल में भला आए ही क्यों, जब उन्हें घर-बैठे तन्ख्वाहें मिल जाती हैं? अच्छा नुक्ता है।

वह मुझे बताता है कि यह 'नया इलाका' है। पार्टी हाल ही में यहाँ दाखिल हुई है।

लगभग बीस युवक-युवतियाँ आ पहुँचते हैं। बीस साल की उमर से कुछ नीचे-ऊपर के। चन्दू बताता है कि ये गाँव के स्तर के अर्द्ध-सैनिक हैं—माओवादी सैनिक सोपान की सबसे निचली सीढ़ी। मैंने पहले कभी उन जैसे लोग नहीं देखे। उन्होंने साड़ियाँ और लुंगियाँ पहन रखी हैं, कुछ घिसी हुई वर्दियों में हैं। लड़कों ने गहने और पगड़ियाँ पहन रखी हैं। उनमें से हरेक के पास एक पुरानी तोड़ेदार राइफल है, जिसे 'भरमार' कहा जाता है। कुछ के पास छुरे, कुल्हाड़ियाँ और तीर-कमान भी हैं। एक लड़का एक अनगढ़ मोर्टार लिए हुए है, जो तीन फुट लम्बी, भारी नलकूप की नली से बना है। वह बारूद और किरचों से भरा है और दागे जाने के लिए तैयार है। वह भारी आवाज करता है, लेकिन एक बार ही दागा जा सकता है। फिर भी पुलिसवालों को डरा देता है।, वे कहते हैं और खी-खी करके हँसते हैं। युद्ध उनकी प्राथमिक चिन्ता नहीं जान पड़ता। शायद इसलिए कि उनका इलाका सलवा जुडुम की निजी सीमा-रेखा के बाहर है। उन्होंने गाँव के कुछ घरों के गिर्द बाड़ बनाने में मदद करते हुए, ताकि बकरियों को खेतों में जाने से रोका जा सके, अभी-अभी दिन भर का काम खत्म किया है। वे मौज-मस्ती और उत्सुकता से भरे हैं। लड़कियों में आत्म-विश्वास है और लड़कों से उनका व्यवहार सहज है। मेरे अन्दर इस तरह की चीजों को भाँपने की क्षमता है और मैं प्रभावित होती हूँ। चन्दू बताता है कि उनका काम है चार या पाँच गाँवों के समूह की गश्त लगाना और उनकी हिफाजत करना और खेतों में मदद करना, कुएँ साफ करना या घरों की मरम्मत करना—जरूरत के सारे कामों में हाथ बँटाना।

अब भी दीदी का कुछ अता-पता नहीं। क्या किया जाए? कुछ नहीं। इन्तजार। कुछ काटने-छीलने में मदद करना।

खाने के बाद, बिना ज्यादा बातचीत के, सब-के-सब कतार बाँध लेते हैं। साफ है कि हमें चलना है। हर चीज हमारे साथ-साथ चलती है—चावल, सब्जियाँ, बर्तन-भाँडे। हम स्कूल के अहाते से बाहर आकर इकहरी पाँत में जंगल की भीतर दाखिल हो जाते हैं। आधे घण्टे से भी कम समय में हम जंगल के बीच एक खुली जगह में आ पहुँचते हैं, जहाँ हमें सोना है। वहाँ जरा भी आवाज नहीं की जाती। कुछ ही मिनटों के भीतर सब अपनी-अपनी नीली-प्लास्टिक की चादर—हर जगह विद्यमान 'झिल्ली'—बिछा लेते हैं (जिसके बिना कोई क्रान्ति नहीं होगी)। चन्दू और मँगतू मिलकर अपने लिए एक झिल्ली बिछाते हैं और एक मेरे लिए। वे मेरे लिए सबसे बढ़िया जगह खोज देते हैं, सबसे अच्छी सलेटी चट्टान के पास। चन्दू कहता है कि उसने दीदी को एक सँदेसा भेजा है। अगर उसे मिल जाता है तो वह सुबह-सुबह यहाँ आ पहुँचेगी। अगर उसे मिल जाता है तो।

एक लम्बे अर्से के दौरान यह सबसे सुन्दर कमरा है, जिसमें मैं सोई हूँ। मेरा निजी कक्ष हजार-सितारा होटल है। मैं विचित्र हथियारोंवालें इन अजीब, सुन्दर

बच्चों से घिरी हुई हूँ। वे सभी माओवादी हैं, यह पक्का है। क्या वे सब-के-सब मारे जाएँगे? क्या 'जंगल युद्ध प्रशिक्षण विद्यालय' इनके लिए गठित किया गया है? और तोपधारी हेलीकॉप्टर, ताप नियंत्रित छवि-निर्माता उपकरण और लेजर दूरी-मापक यंत्र?

इन्हें क्यों मरना पड़े? किसलिए? इस सारी जगह को एक खदान में बदलने के लिए? मुझे केयोनझार, उड़ीसा में कच्चे लोहे की खुली खदानों की यात्रा याद हो आई। वहाँ कभी वन हुआ करता था। और ऐसे ही बच्चे। अब वह इलाका कच्चे, लाल जख्म-सरीखा है। लाल धूल आपके नथुनों और फेफड़ों में भर जाती है। पानी लाल है, हवा लाल है, लोग लाल हैं, उनके फेफड़े और बाल लाल हैं। सारा दिन, सारी रात ट्रक उनके गाँवों से घड़घड़ाते हुए गुजरते हैं, बम्पर-से-बम्पर सटाए हजारों-हजारों ट्रक लोहे के चूरे को पारादीप ले जाते हुए, जहाँ से वह चीन जाएगा। वहाँ यह तब्दील होगा—कारों और धुएँ और रातों-रात उभरकर खड़े हो जानेवाले अनपेक्षित नगरों में; ऐसी 'विकास दर' में, जो अर्थशास्त्रियों को अवाक् छोड़ जाएगी; और युद्धक हथियारों में।

सब सो गए हैं सिवाय उन पहरेदारों के जो डेढ़-डेढ़ घण्टे की पालियों में गश्त कर रहे हैं। आखिरकार मैं सितारों की तरफ देख सकती हूँ। जब मैं बच्ची थी और मीनाचल नदी के किनारों पर बड़ी हो रही थी, मैं सोचा करती थी कि झींगुरों की आवाज-जो हमेशा झुटपुटा होने पर शुरू हो जाती थी—चमकने के लिए तैयार होते सितारों के तेजी से घूमने की आवाज थी। मुझे आश्चर्य होता है कि मुझे यहाँ होना कितना अच्छा लग रहा है। दुनिया की और कोई जगह नहीं जहाँ मैं इस जगह के बजाय होना चाहूँगी। आज की रात मैं क्या बनूँ? सितारों के नीचे कॉमरेड रहेल। हो सकता है दीदी कल आ जाए।

वे शुरू दोपहर के वक्त आते हैं। मैं उन्हें दूर से देख सकती हूँ। वे लगभग पन्द्रह हैं, सब-के-सब फौजी रंग की हरी वर्दियों में। हमारी तरफ आते हुए वे जिस तरह दौड़ रहे हैं, उसे इतनी दूर से देखते हुए भी मैं बता सकती हूँ कि वे जबर्दस्त लड़ाके हैं। 'जनमुक्ति छापामार सेना' के सिपाही। इन्हीं के लिए हैं ताप नियंत्रित छवि निर्माता उपकरण और लेजर निर्देशित राइफलें। इन्हीं के लिए हैं 'जंगल युद्ध प्रशिक्षण विद्यालय'।

वे घातक किस्म की बन्दूकें लिए हुए हैं, इनसास, स्वचालित राइफलें, दो के पास एके-47 भी हैं। जत्थे के नेता कॉमरेड माधव हैं, जो नौ साल की उम्र से पार्टी के साथ हैं। वे वारंगल, आन्ध्र प्रदेश के रहनेवाले हैं। इस समय वे विक्षुब्ध और बेहद शर्मसार हैं। संचार-व्यवस्था में भारी गड़बड़ी हुई, वे बार-बार कहते हैं, जो आम तौर पर कभी होती नहीं पहली ही रात मेरा मुख्य शिविर पर पहुँच जाना तय था। किसी ने बीच के संचार में भूल से क्रम-भंग कर दिया। मोटर साइकिल से भी एक बिलकुल

अलग जगह पहुँचना था। हमने आपको इन्तजार कराया, हमने आपको इतना चलने पर मजबूर किया। जब संदेसा आया कि आप यहाँ हैं तो हम दौड़ते हुए आए हैं। मैंने कहा फिक्र की कोई बात नहीं, मैं इन्तजार करने पैदल चलने और सुनने के लिए तैयार हो कर आई थी। वे तत्काल चल देना चाहते हैं, क्योंकि कैम्प पर लोग इन्तजार कर रहे थे और चिन्तित थे।

कैम्प तक कुछ घण्टों की पैदल यात्रा है। अँधेरा हो चला है, जब हम वहाँ पहुँचते हैं। पहरेदारों की कई परतें और गश्त के एक-के-बाद-एक कई दायरे हैं। दो कतारों में कॉमरेड खड़े हैं। गिनती में वे सौ के करीब होंगे। वे गाने लगते हैं—लाल लाल सलाम, लाल लाल सलाम, आनेवाले साथियों को लाल लाल सलाम। बड़ी मिठास के साथ, मानो वह किसी नदी या किसी जंगली फूल के बारे में कोई लोक गीत हो। गीत के साथ अभिवादन, हाथ मिलाना, भिंची हुई मुट्ठी। हर कोई बुदबुदाते हुए हरेक का अभिवादन करता है लालस्लाम, मस्लाम, स्लाम...

लगभग पन्द्रह वर्ग फुट की एक बड़ी-सी नीली झिल्ली के सिवा 'कैम्प' का कोई निशान नहीं है। इस झिल्ली की एक छत भी है। झिल्ली से बनी हुई। यह रात भर के लिए मेरा कमरा है। मुझे या तो दिन-रात चलने का इनाम मिल रहा था या फिर आगे जो आनेवाला था, उसके लिए दुलराया जा रहा था, या दोनों ही। दोनों ही स्थितियों में यह पूरे दौरे में आखिरी बार था, जब मेरे सिर पर छत होनेवाली थी। रात के खाने पर मैं कॉमरेड नर्मदा से जो 'क्रान्तिकारी आदिवासी महिला संगठन' की प्रभारी हैं और जिनके सिर पर इनाम है, जनमुक्ति छापामार सेना की कॉमरेड सरोजा से जो बस अपनी स्वचालित राइफल जितनी ही लम्बी हैं, कॉमरेड मासे से (जिसका मतलब गोंडी में काली लड़की होता है) और जिनके सिर पर भी इनाम है, कॉमरेड रूपी से जो तकनीकी जादूगर हैं और कॉमरेड राजू से मिली जो उस मण्डल के प्रभारी हैं, जिससे होकर मैं आ रही थी और कॉमरेड वेणु (या मुरली या सोनू या सुशील, जो भी आप उनको बुलाना चाहें) से भी, जो स्पष्ट रूप से उन सबमें सबसे वरिष्ठ थे। शायद केन्द्रीय समिति या शायद पॉलिट ब्यूरो भी। मुझे बताया नहीं जाता, मैं पूछती भी नहीं। हमारे बीच गोंडी, हल्बी, तेलुगू, पंजाबी और मलयालम भाषी हैं। सिर्फ मासे अंग्रेजी बोलती हैं। (लिहाजा हम सब हिन्दी में बातचीत करते हैं)। कॉमरेड मासे लम्बी और खामोश हैं और उन्हें बातचीत में हिस्सा लेने के लिए, लगता है, पीड़ा की एक परत से तैरकर आना पड़ता है, लेकिन जिस तरह वे मुझे गले लगाती हैं मैं बता सकती हूँ कि वे पाठिका हैं। और यह भी कि उन्हें जंगल में किताबों की कमी महसूस होती है। वे मुझे अपनी व्यथा बाद ही में बताएँगी, जब वे मुझे अपने दुख का साझीदार बनाएँगी।

बुरी खबर आती है, जैसा कि इस जंगल में होता है। 'बिस्कुटों' के साथ एक हरकारा। कागज पर हाथ से लिखे पुर्जे, तहा कर और स्टेपल लगाकर छोटे-छोटे

चौकोर टुकड़ों की शक्ल में। वे झोला भर हैं। चिप की तरह। हर जगह से खबर। पुलिस ने ओंगनार गाँव में पाँच लोगों को मार दिया है, चार अर्द्धसैनिक और एक आम गाँववासीः संतू पोट्टाई (25), फूलू वड्डे (22), कण्डे पोट्टाई (22), रामोली वड्डे (20) दलसाई कोराम (22)। वे पिछली रात के मेरे तारों जड़े श्यन-कक्ष के बच्चे हो सकते थे।

फिर अच्छी खबर आती है। लोगों के छोटे-से जत्थे के साथ एक गोल-मटोल युवक। उसने भी फौजी वर्दी पहन रखी है, लेकिन वह नई जान पड़ती है। सब उसे सराहते हैं और उसकी फिटिंग पर टीका-टिप्पणी करते हैं। वह शर्माया हुआ और खुश दिखाई देता है। वह डॉक्टर है, जो अपने साथियों के संग जंगल में रहने और काम करने आया है। बरसों हुए जब आखिरी बार कोई डॉक्टर दण्डकारण्य में आया था।

रेडियो पर युद्ध की चर्चा के लिए वामपन्थी उग्रवाद से प्रभावित पाँच राज्यों के मुख्यमंत्रियों के साथ गृह मंत्री की बैठक की खबर आ रही है। झारखण्ड और बिहार के मुख्यमंत्री संकोच बरत रहे हैं और उपस्थित नहीं हुए हैं। रेडियो के इर्द-गिर्द बैठे सभी लोग हँस पड़ते हैं। चुनावों के समय के आस-पास, अभियान की पूरी अवधि के दौरान और फिर सम्भव है सरकार गठित होने के एक-दो महीने बाद तक, मुख्य धारा के राजनेता कुछ ऐसी बातें कहेंगे जैसे 'नक्सल तो हमारे बच्चे हैं।' लेकिन वे कब अपने मन बदल देंगे और नाखून और दाँत निकाल लेंगे, इसके कार्यक्रम से आप अपनी घड़ियाँ मिला सकते हैं।

मेरा परिचय कॉमरेड कमला से कराया जाता है। मुझे हिदायत दी जाती है कि किसी भी हालत में उसे जगाए बिना मैं अपनी झिल्ली से पाँच फुट दूर भी न जाऊँ, क्योंकि अंधेरे में सबको दिशा-भ्रम हो जाता है और कोई भी गम्भीर रूप से गुम हो सकता है। (मैं उसे नहीं जगाती। घोड़े बेचकर सोई रहती हूँ)। सुबह कमला मुझे पीली पॉलिथीन की एक थैली देती है, जिसका एक कोना कटा हुआ है। कभी उसमें एबिस गोल्ड रिफाइण्ड सोया तेल था। अब वह मेरा शौच का लोटा है। क्रान्ति की राह में कुछ भी जाया नहीं किया जाता।

(अब भी मैं कॉमरेड कमला के बारे में हर समय सोचती हूँ, हर रोज। वह सत्तरह की है। कमर में देसी कट्टा बाँधे रहती है। और भई वाह, क्या मुस्कान है उसकी। लेकिन अगर वह पुलिस के हत्थे चढ़ गई तो वे उसे मार देंगे। हो सकता है कि वे पहले उसके साथ बलात्कार करें। कोई सवाल नहीं पूछे जाएँगे। क्योंकि वह आन्तरिक सुरक्षा को खतरा है।)

नाश्ते के बाद कॉमरेड वेणु (सुशील, सोनू, मुरली) झिल्ली पर पालथी मारकर बैठे हुए मेरी प्रतीक्षा कर रहे हैं। कुल मिलाकर एक दुबले-पतले ग्रामीण अध्यापक जैसे दिखते हुए। मुझे इतिहास का सबक मिलनेवाला है। या ज्यादा सही तौर पर

एक व्याख्यान—दण्डकारण्य के वन-क्षेत्र में पिछले तीस वर्षों के इतिहास पर, जिसका परिणाम उस युद्ध में हुआ है, जो आज बवण्डर की तरह उसके चक्कर काट रहा है।

कॉमरेड वेणु का रवैया शान्त और आश्वस्त करनेवाला है और आवाज में एक मुलायमियत जो आने वाले दिनों में एक ऐसे सन्दर्भ में उभरकर सामने आएगी, जो पूरी तरह मेरे औसान खता कर देगी। इस सुबह वे कई घण्टों तक बातें करते हैं, लगभग धाराप्रवाह। वे एक छोटे-से भण्डार के व्यवस्थापक की तरह हैं, जिसके पास चाभियों का एक भीमकाय गुच्छा हो, जिससे कहानियों, कविताओं और अन्तर्दृष्टियों से भरे दराजों की भूल-भुलैयाँ खोल सके।

कॉमरेड वेणु उन सात हथियारबन्द दस्तों में से एक थे, जो 30 वर्ष पहले आन्ध्र प्रदेश से जून 1980 में गोदावरी पार करके दण्डकारण्य वन में दाखिल हुए थे। वे उन पहले 49 लोगों में से एक हैं। वे मूल नक्सलवादियों, भारत की कम्युनिस्ट पार्टी (मार्क्सवादी-लेनिनवादी) से टूटे हुए एक हिस्से पीपल्स वार के सदस्य थे। उसी वर्ष अप्रैल में कोण्डापल्ली सीतारमैया के नेतृत्व में पीपल्स वॉर को औपचारिक तौर पर एक अलग, स्वतन्त्र पार्टी घोषित किया गया था। पीपल्स वॉर ने एक स्थाई सेना निर्मित करने का फैसला किया था, जिसके लिए उसे एक आधार-क्षेत्र की जरूरत थी। दण्डकारण्य को वह आधार-क्षेत्र होना था और वे पहले जत्थे इलाके की जाँच-पड़ताल करने और छापामार अंचल बनाने की प्रक्रिया शुरू करने के लिए भेजे गए थे। यह बहस कि कम्युनिस्ट पार्टियों के पास एक स्थाई सेना होनी चाहिए या नहीं और अपनी शब्दावली के लिहाज से 'जनसेना' एक अन्तर्विरोध है या नहीं, एक पुरानी बहस है। पीपल्स वॉर द्वारा सेना गठित करने का फैसला आन्ध्र प्रदेश में उसके अनुभवों से उपजा था, जहाँ 'भूमि जोतने वाले की' नामक अभियान का नतीजा जमींदारों के साथ सीधी मुठभेड़ में हुआ था, जिसके परिणामस्वरूप कुछ ऐसा पुलिस दमन सामने आया था, जिसका सामना करना पार्टी को बिना अपने एक प्रशिक्षित पेशेवर लड़ाकू बल के बिना असम्भव जान पड़ा था।

(2004 तक पीपल्स वॉर का विलय दूसरे सीपीआई (एमएल) गुटों—पार्टी यूनिटी और माओइस्ट कम्युनिस्ट सेण्टर (जो अधिकतर बिहार और झारखण्ड में काम करता है)—के साथ हो गया और वह भारत की कम्युनिस्ट पार्टी (माओवादी) बना, जो वह अब है।)

दण्डकारण्य उस भूभाग का हिस्सा है, जिसे अंग्रेज अपने गोरों वाले ढंग से, गोंडवान कहते थे, गोंड लोगों की भूमि। आज मध्य प्रदेश, छत्तीसगढ़, उड़ीसा, आन्ध्र प्रदेश, महाराष्ट्र की सीमाएँ इसे चीरती चली जाती हैं। मुसीबत खड़ी करने वाले लोगों को अलग-अलग प्रशासनिक इकाइयों में बाँटना एक पुरानी चाल है। लेकिन ये माओवादी और माओवादी गोंड, राज्य सीमाओं जैसी चीजों को बहुत खातिर में नहीं लाते। उनके दिमागों में अलग नक्शे होते हैं और वनों के अन्य प्राणियों की तरह

उनके अपने निजी पथ और मार्ग होते हैं। उनके लिए सड़कें चलने के लिए नहीं बनी हैं। वे सिर्फ़ पार किए जाने के लिए हैं या जैसा कि उत्तरोत्तर देखने में आया है, घात लगाकर हमला करने के लिए। हालाँकि (कोया और डोरला कबीलों में बँटे) गोंड कुल मिलाकर सबसे बड़ी संख्या में हैं, वहाँ दूसरे कबाइली समुदायों की भी छोटी-छोटी बस्तियाँ हैं। गैर-आदिवासी समुदाय, व्यापारी और बाहर से आकर बसे लोग जंगल के किनारों पर, सड़कों और बाजारों के नजदीक रहते हैं।

पीपल्स वार दण्डकारण्य में आने वाले सबसे पहले सुसमाचार वाहक नहीं थे। जाने-माने गांधीवादी बाबा आमटे ने 1975 में वारोरा में अपना आश्रम और कुष्ठ निवारण हस्पताल खोला था। रामकृष्ण मिशन ने अबूझमाड़ के दूरस्थ वनों में ग्रामीण विद्यालय खोलने शुरू किए थे। उत्तरी बस्तर में बाबा बिहारी दास ने 'आदिवासियों को वापस हिन्दुओं के पन्थ में लाने के लिए' एक आक्रामक अभियान शुरू कर दिया था, जिसमें आदिवासी संस्कृति की निन्दा-भर्त्सना करने, आत्म-घृणा के लिए उकसाने और हिन्दुत्व के सबसे वरदान वर्ण-व्यवस्था से परिचित कराने का अभियान शामिल था। पहले-पहले धर्म परिवर्तन करने वालों, गाँव के मुखियों और बड़े जमींदारों—सल्वा जुडुम के संस्थापक महेन्द्र करमा जैसे लोगों—को द्विजों की हैसियत दी गई। (बेशक यह एक पाखण्ड है, क्योंकि कोई ब्राह्मण बन नहीं सकता। अगर ऐसा हो सकता तो अब तक हम ब्राह्मणों का राष्ट्र बन गए होते।) लेकिन यह जाली हिन्दुत्व आदिवासियों के लिए ठीक-ठाक माना गया, ठीक बाकी दूसरी चीजों के जाली नमूनों की तरह जो गाँवों के हाट में बेचे जाते हैं—बिस्कुट, साबुन, माचिसें और तेल। हिन्दुत्व के अभियान के तहत भूमि सम्बन्धी अभिलेखों में गाँवों के नाम बदल दिए गए नतीजे के तौर पर अधिकतर गाँवों के अब दो-दो नाम हैं, जनता के नाम और सरकारी नाम, मिसाल के लिए इन्नार गाँव चिन्नारी में तब्दील हो गया। मतदाता सूचियों में आदिवासी नाम हिन्दू नामों में बदल दिए गए (मास्सा करमा, महेन्द्र करमा बन गया।) जो हिन्दू दायरे में शामिल होने के लिए आगे नहीं आए, उन्हें 'कटवास' (अछूत) घोषित कर दिया गया जो आगे चलकर माओवादियों का स्वाभाविक निर्वाचक मण्डल बन गए।

पीपल्स वॉर ने पहले-पहल दक्षिणी बस्तर और गडचिरोली में काम शुरू किया। कामरेड वेणु उन शुरुआती महीनों का वर्णन कुछ अधिक ब्योरेवार ढंग से करते हैं। कैसे गाँववासी उन्हें शक की नजरों से देखते थे और उन्हें अपने घरों में नहीं आने देते थे। कोई उन्हें खाना या पानी नहीं पेश करता था। पुलिस ने अफवाहें फैला दी थीं कि वे चोर हैं। औरतें अपने गहने चूल्हें की राख में छिपा देती थीं। भारी मात्रा में उत्पीड़न हुआ। नवम्बर 1980 में, गडचिरोली में (जो तब चन्द्रपुर जिला के नाम से जाना जाता था) पुलिस ने गाँव की सभा में गोलियाँ चलाना शुरू कर दिया और एक पूरे-के-पूरे जत्थे को मार डाला। यह दण्डकारण्य में 'मुठभेड़' वाला पहला

हत्याकाण्ड था। यह प्रगति को अवरुद्ध कर देने वाला सदमा था। और कॉमरेड, गोदावरी के पार, वापस आदिलाबाद चले गए। लेकिन 1981 में वे लौट आए।

उन्होंने आदिवासियों को उन कीमतों में वृद्धि की माँग करने के लिए संगठित करना शुरू किया जो उन्हें तेन्दू पत्तों (जो बीड़ियाँ बनाने के लिए इस्तेमाल होते हैं) के लिए दी जाती थीं।

उस समय व्यापारी लगभग 50 पत्तों के बण्डल के लिए 3 पैसे देते थे। इस तरह की राजनीति से बिलकुल अनभिज्ञ लोगों को संगठित करना, उन्हें हड़ताल करने के लिए उकसाना एक दुष्कर काम था। आखिरकार हड़ताल कामयाब रही और दाम दुगुने हो गये—एक बण्डल के छह पैसे। लेकिन पार्टी की असली कामयाबी यह थी कि वह एकता के लाभ को और राजनीतिक बातचीत के संचालन के एक नए तरीक़े को प्रदर्शित कर सकी थी। कई हड़तालों और आंदोलनों के बाद आजकल तेन्दू के पत्तों के एक बण्डल की कीमत एक रुपया हो गई है। (इन दरों पर यह असम्भव-सा लगता है, लेकिन तेन्दू का व्यापार कई सौ करोड़ रुपयों का होता है।) हर मौसम में सरकार निविदाएँ जारी करती है और ठेकेदारों को तेन्दू पत्तों की तय की गई मात्रा को निकालने की अनुमति देती है—आम तौर पर 1500 और 5 हजार मानक बोरों के बीच। हर मानक बोरे में लगभग एक हजार बण्डल आते हैं। (बेशक, यह सुनिश्चित करने का कोई तरीका नहीं है कि ठेकेदार उस मात्रा से ज्यादा न निकालें जिसकी उन्हें अनुमति है) जब तक तेन्दू का पत्ता बाजार में आता है, वह किलो के भाव बिकने लगता है। वह पकड़ में न आने वाला गणित और नाप-जोख की प्रणाली जो बण्डलों को मानक बोरों में और फिर किलोग्रामों में परिवर्तित करती है, ठेकेदारों द्वारा नियंत्रित होती है और इसमें सबसे खराब किस्म के जोड़-तोड़ की गुंजाइश होती है। सबसे ज्यादा कंजूसी से किया गया अनुमान उनके मुनाफ़े को 1100 रुपये प्रति मानक बोरा आँकता है (पार्टी को 120 रुपये प्रति बोरा कमीशन देने के बाद)। इस हिसाब से भी एक छोटा ठेकेदार (1500 बोरे) एक मौसम में 16 लाख रुपए और बड़ा ठेकेदार (5 हजार बोरे) 55 लाख रुपए तक का मुनाफा कमा लेता है। ज्यादा सही अनुमान इस रकम का कई गुना होगा। इस बीच 'आन्तरिक सुरक्षा को गम्भीरतम खतरा' बस इतना कमाता था कि अगले मौसम तक जिन्दा रह सके। हमारी बातचीत थोड़ी-सी हँसी-ठट्ठे और जनमुक्ति छापामार सेना के एक युवक कॉमरेड नीलेश को देखकर रुक जाती है, जो अपने को थपथपाता हुआ तेजी से खाना पकाने की जगह की तरफ आ रहा है। जब वह पास आता तो मैं देखता हूँ कि वह एक पत्ते में गुस्साई हुई लाल चीटियों का खोंता लिए हुए है जो उसके बदन पर रेंगकर चढ़ गई हैं और उसे काट रही हैं। नीलेश भी हँस रहा है। 'क्या तुमने चींटी की चटनी खाई है।' कॉमरेड वेणु मुझसे पूछते हैं। मैं केरल में बिताए बचपन के कारण लाल चींटियों से भली-भाँति परिचित हूँ। मुझे भी उन्होंने काटा

है, लेकिन मैंने उन्हें कभी खाया नहीं। (चटनी स्वाद बनती है, खट्टी, उसमें काफी मात्रा में फोलिक ऐसिड है।) नीलेश बीजापुर का रहने वाला है जो सल्वा जुडुम की कार्रवाईयों के केन्द्र में है। नीलेश का छोटा भाई सल्वा जुडुम की लूट-मार और आगजनी के अभियानों में से एक के दौरान उसमें शामिल हो गया था और विशेष पुलिस अफसर बना दिया गया था। वह बासगुडा शिविर में अपनी माँ के साथ रहता है। उसके पिता ने वापस गाँव में जाकर रहने से इनकार कर दिया। दरअसल, वह पुश्तैनी झगड़ा है। बाद में जब मुझे नीलेश से बात करने का मौका मिला तो मैंने नीलेश से पूछा कि उसके भाई ने ऐसा क्यों किया था। "वह बहुत छोटा था", नीलेश ने कहा, "उसे बेलगाम जिन्दगी जीने और लोगों को तकलीफ पहुँचाने और घरों को जलाने का मौका मिला। वह पगला गया और उसने भयानक काम किए। अब वह फँस गया है। अब वह कभी गाँव वापस नहीं आ सकता। उसे कभी माफ नहीं किया जाएगा। वह इस बात को जानता है।"

हम इतिहास के सबक की तरफ लौट आते हैं। पार्टी का अगला बड़ा संघर्ष, कॉमरेड वेणु बताते हैं, बल्लारपुर पेपर मिल के खिलाफ था। सरकार ने थापर घराने को 45 साल के लिए भारी अनुदान वाली कीमतों पर 1.5 लाख टन बाँस निकालने का ठेका दे रखा था। (बाक्साइट की तुलना में रत्ती भर, फिर भी)। आदिवासियों को एक बण्डल के लिए, जिसमें बाँस की 20 फुनगियाँ होती थीं, दस पैसे दिए जाते थे। (मैं इस असभ्य लालच में नहीं पडूँगी कि इसकी तुलना उस मनाफ़े से करूँ, जो थापर कमा रहे थे।) एक लम्बे आंदोलन, हड़ताल और उसके बाद जनता की मौजूदगी में कागज के कारखाने के अधिकारियों से हुई वार्ताओं के बाद कीमत तिगुनी हो गई—30 पैसे प्रति बण्डल। आदिवासियों के लिए ये भारी उपलब्धियाँ थीं। दूसरे राजनीतिक दलों ने वादे किये थे, लेकिन उन्हें निभाने का कोई संकेत नहीं दिया था। लोग यह पूछने के लिए पीपल्स वॉर से सम्पर्क करने लगे कि क्या वे शामिल हो सकते थे।

लेकिन तेन्दू, बाँस और दूसरी वन्य उपज की राजनीति मौसमी थी। स्थाई सिर-दर्द, जनता की मुसीबत का असली कारण, तो सबसे बड़ा जमींदार, यानी वन विभाग था। हर सुबह वन विभाग के अधिकारी, उनमें से सबसे छोटे-से-छोटे भी, किसी दुःस्वप्न की तरह लोगों को अपने खेत जोतने, जलावन इकट्ठा करने, पत्ते तोड़ने, फल चुनने, मवेशी चराने, यों कहें कि जीने से रोकते हुए, गाँव में प्रकट होते थे। वे खेतों को खोदने के लिए हाथी लाते और गुजरते समय मिट्टी को नष्ट करने के लिए बबूल के बीच छींटते जाते। लोग पीटे जाते, हिरासत में लिए जाते, अपमानित किए जाते, उनकी फसलें तबाह कर दी जातीं। अलबत्ता, वन विभाग के अधिकारियों के नजरिए से ये ग़ैर-कानूनी लोग थे जो असंवैधानिक गतिविधियों में लिप्त थे और वन विभाग सिर्फ़ कानूनी नियम लागू कर रहा था। (औरतों का यौन

शोषण तो ऐसी तकलीफदेह तैनाती के लिए भत्ते की तरह था) पिछले संघर्षों में जनता की भागीदारी से साहस जुटाकर पार्टी ने वन विभाग का सामना करने का फैसला किया। उसने लोगों को वन भूमि पर कब्जा कर उस पर खेती करने के लिए प्रोत्साहित किया। वन विभाग ने वन-क्षेत्र में बसनेवाले नए गाँव को जलाकर जवाबी कार्रवाई की। 1986 में उसने बीजापुर में राष्ट्रीय उद्यान की घोषणा की, जिसका मतलब 60 गाँवों को उजाड़ना था। उनमें से आधे से ज्यादा हटाये भी जा चुके थे और राष्ट्रीय उद्यान के ढाँचे का निर्माण शुरू भी हो चुका था जब पार्टी ने प्रवेश किया। उसने निर्माण कार्य ध्वस्त कर दिया और बाकी गाँवों की बेदखली रोक दी। उसने इलाके में वन विभाग के घुसने पर पाबन्दी लगा दी। कुछ मौकों पर अधिकारी पकड़े गए और पेड़ों से बाँधकर गाँववासियों द्वारा पीटे गए। यह पीढ़ियों से चले आ रहे भयानक शोषण का राहत-दिलाऊ प्रतिशोध था। अन्ततः वन विभाग भाग खड़ा हुआ। 1986 से 2000 के बीच पार्टी ने 3,00,000 एकड़ वन्य भूमि पुनर्वितरित की। आज, कॉमरेड वेणु बताते हैं, दण्डकारण्य में कोई भूमिहीन किसान नहीं है। आज के युवा लोगों की पीढ़ी के लिए वन विभाग सुदूर स्मृति का हिस्सा बन चुका है, उन कहानियों की सामग्री है,जो बँधुआगीरी और अपमान के पौराणिक अतीत के बारे में माँएँ अपने बच्चों को सुनाती हैं। बड़े-बूढ़ों की पीढ़ी के लिए वन विभाग से मुक्ति का मतलब असली आजादी था। वे उसे छू सकते थे, चख सकते थे। इसका मतलब भारत की स्वतन्त्रता के अर्थ से कहीं ज्यादा था। वे इस पार्टी के इर्द-गिर्द जुटने लगे, जिसने उनके साथ संघर्ष किया था।

सात जत्थों वाला दल एक लम्बा रास्ता पार कर आया था। उसका प्रभाव अब 60 हजार वर्ग किलोमीटर की वन्य भूमि में फैला था, हजारों गाँव और लाखों-करोड़ों लोग।

लेकिन वन विभाग की विदाई ने पुलिस के आगमन का ऐलान किया। इससे खून-खराबे का दौर चालू हो गया। पुलिस द्वारा नकली मुठभेड़ें। पीपल्स वॉर द्वारा घात लगाकर हमले। भूमि के पुनर्वितरण के साथ दूसरी जिम्मेदारियाँ भी आईं—सिंचाई, कृषि की उपज की वृद्धि और बढ़ती हुई आबादी की समस्या, जो मनमाने ढंग से वन्य भूमि को साफ कर रही थी। 'जनता के काम' और 'सेना के काम' को अलग-अलग करने का फैसला किया गया।

आज दण्डकारण्य का प्रशासन जनताना सरकारों—जनता सरकारों—के विस्तृत ढाँचे के माध्यम से चलाया जाता है। इसके सांगठनिक सिद्धान्त चीनी क्रान्ति और वियतनाम युद्ध की देन हैं। हर जनताना सरकार को गाँवों के एक समूह द्वारा चुना जाता है, जिनकी कुल आबादी 500 से 5000 तक हो सकती है। उसके नौ विभाग हैं—कृषि, व्यापार-उद्योग, आर्थिक, न्याय, रक्षा, हस्पताल, जन-सम्पर्क, स्कूल-रीति-रिवाज और जंगल। जनताना सरकारों के एक समूह के ऊपर एक क्षेत्रीय समिति होती है।

तीन क्षेत्रीय समितियों को मिलाकर एक मण्डल बनता है। दण्डकारण्य में दस मण्डल हैं।

'हमारे पास एक जंगल बचाओ विभाग है', कॉमरेड वेणु कहते हैं, 'आपने वह सरकारी रिपोर्ट तो पढ़ी होगी जो बताती है कि नक्सल इलाकों में जंगल का क्षेत्र बढ़ गया है।'

'विडम्बना यह है', कॉमरेड वेणु कहते हैं, 'वन विभाग के खिलाफ पार्टी के अभियान से लाभान्वित होने वाले पहले-पहले लोगों में गाँव के मुखिया थे—द्विजों की टोली। उन्होंने बहती गंगा में हाथ धोते हुए भरसक ज्यादा-से-ज्यादा भूमि पर कब्जा कर लेने के लिए अपने लोगों और संसाधनों का इस्तेमाल किया। लेकिन फिर लोग अपने 'आन्तरिक अन्तर्विरोधों' को लेकर पार्टी से सम्पर्क करने लगे', जैसा कि कॉमरेड वेणु उसे अनोखे ढंग से व्यक्त करते हैं, 'और पार्टी ने अपना ध्यान आदिवासी समाज के अन्दर निष्पक्षता, वर्गीय संरचना और अन्याय के विषय की तरफ केन्द्रित करना शुरू किया। बड़े जमीदारों ने क्षितिज पर उमड़ते तूफानों के आसार भाँप लिए। पार्टी के प्रभाव के बढ़ने के साथ उनका प्रभाव घटने लगा था। ज्यादा-से-ज्यादा तादाद में लोग अपनी समस्याओं को लेकर मुखियों के पास जाने की बजाय पार्टी के पास जा रहे थे। शोषण के पुराने रूपों को चुनौती दी जाने लगी। वर्षा के पहले दिन परम्परागत रूप से लोग अपने खेतों की बजाय मुखियों के खेतों को जोता करते थे। यह बन्द हो गया। वे अब मुखियों को महुए या वन की दूसरी उपज की पहली-पहली खेप नहीं पेश करते थे। प्रकट ही, कुछ करने की जरूरत थी।

यहीं इलाके के सबसे बड़े जमींदारों में से एक और उस समय भारतीय कम्युनिस्ट पार्टी के सदस्य, महेन्द्र करमा ने एन्ट्री ली। 1990 में उसने मुखियों और जमींदारों के एक समूह को इकट्ठा किया और 'जनजागरण अभियान' के नाम से एक मुहिम शुरू की। 'जनता को जागरूक' करने का उनका तरीका था—जंगल को छानने के लिए लगभग तीन सौ लोगों का एक शिकारी दल गठित करके लोगों को मारना, घरों को जलाना, औरतों से बलात्कार करना। तत्कालीन मध्य प्रदेश सरकार ने—छत्तीसगढ़ अभी बना नहीं था—पुलिस समर्थन जुटाया। महाराष्ट्र में इसी से मिलते-जुलते 'लोकतान्त्रिक मोर्चे' ने अपना आक्रमण शुरू किया। पीपल्स वॉर ने इसका जवाब सच्ची पीपल्स वॉर शैली में कुछ बहुत ही बदनाम जमींदारों को मार कर दिया। कुछ ही महीनों में 'जनजागरण अभियान'—कॉमरेड वेणु के शब्दों में 'सफेद आतंक'—विलीन हो गया। 1998 में महेन्द्र करमा ने, जो तब तक काँग्रेस पार्टी में शामिल हो चुका था—'जन-जागरण अभियान' में नई जान फूँकने की कोशिश की। इस बार उसकी हवा पहले की तुलना में और भी तेजी से निकल गई।

फिर 2005 की गर्मियों में किस्मत उस पर मेहरबान हो गई। अप्रैल में छत्तीसगढ़ में भाजपा सरकार ने सकल इस्पात के कारखाने लगाने के लिए दो

करारनामों पर हस्ताक्षर किए (जिनकी शर्तें गुप्त हैं) एक करारनामा बैलाडीला में एस्सार स्टील के साथ 7,000 करोड़ का था और दूसरा लोहण्डीगुडा में टाटा स्टील के साथ 10,000 करोड़ का। उसी महीने में प्रधानमंत्री मनमोहन सिंह भारत के लिए माओवादियों को आन्तरिक सुरक्षा के लिए गम्भीरतम खतरा बताने वाला अपना मशहूर बयान दिया। (उस समय यह कहना बहुत अजीब था, क्योंकि इसका उलट सही था। आन्ध्र प्रदेश में कांग्रेस की सरकार ने अभी-अभी माओवादियों का सफाया करके उन्हें नेस्त नाबूद कर दिया था। वे अपने कार्यकर्ताओं में से लगभग 1600 गँवा बैठे थे और बुरी तरह अस्त-व्यस्त थे।) प्रधानमंत्री के बयान से खनन कम्पनियों के शेयरों में भारी उछाल आया। इसने मीडिया को यह भी संकेत दिया कि जो भी चाहे, उसके लिए माओवादी आसान शिकार थे। जून 2005 में महेन्द्र करमा ने कुटरू गाँव में मुखियों की एक गुप्त सभा बुलाई और सल्वा जुडुम (पावनकारी आखेट) का ऐलान किया। आदिवासी मिट्टी और द्विज/नाजी भावना की एक सुन्दर खिचड़ी।

'जन-जागरण अभियान' के विपरीत सल्वा जुडुम जमीनी-सफाई की कार्रवाई थी, जिसका उद्देश्य लोगों को उनके गाँवों से हटाकर सड़क किनारे के शिविरों में ले जाना था जहाँ वे पुलिस की निगरानी में रहें और उन्हें नियंत्रित किया जा सके। सैनिक शब्दावली में इसे रणनीतिक ग्रामीणीकरण कहते हैं। इसकी ईजाद जनरल सर हैरल्ड ब्रिग्स ने 1950 में की थी जब मलाया में कम्युनिस्टों के खिलाफ अंग्रेजों ने युद्ध छेड रखा था। ब्रिग्स योजना भारतीय सेना में बड़ी लोकप्रिय हुई, जिसने उसे नगालैण्ड, मिजोरम और तेलंगाना में इस्तेमाल किया है। छत्तीगढ़ में भाजपा के मुख्य मंत्री रमणसिंह ने घोषणा की कि जहाँ तक उनकी सरकार का सम्बन्ध है, जो गाँव वाले पुलिस शिवरों में नहीं जाएँगे, वे माओवादी समझे जायेंगे। इसलिए बस्तर में किसी आम गाँववासी के लिए घर पर रहना, साधारण जीवन जीना, खतरनाक आतंकवादी गतिविधि में संलग्न होने के बराबर ठहराया जाने लगा।

विशेष सत्कार के तौर पर लोहे के प्याले में काली चाय के साथ कोई मुझे एक जोड़ा ईयरफोन देता है और एक छोटा-सा एमपी-3 प्लेयर चालू कर देता है। यह एक खरखराती हुई रिकॉर्डिंग है जिसमें बस्तर के तत्कालीन पुलिस अधीक्षक श्री मनहर एक छोटे अफसर को बेतार से उन पुरस्कारों और प्रोत्साहनों के बारे में बता रहे हैं जो केन्द्रीय और राज्य सरकारें 'जागृत' गाँवों को और उन लोगों को दे रही हैं जो शिविरों में जाने को तैयार हैं। वे फिर स्पष्ट निर्देश देते हैं कि जो गाँव 'समर्पण' करने से इनकार करें, उन्हें जला दिया जाए और जो पत्रकार नक्सलवादियों की खबरें इकट्ठी करना चाहें, उन्हें देखते ही गाली मार दी जाए। (मैंने इसके बारे में बहुत पहले अखबारों में पढ़ा था। जब इस खबर का भण्डाफोड़ हुआ, पुलिस अधीक्षक का तबादला बतौर सजा—यह साफ नहीं है किसे देने के लिए—राज्य के मानवाधिकार आयोग में कर दिया गया।

सल्वा जुडुम (18 जून 2005) ने जो पहला गाँव जलाया, वह अम्बेली था। जून से दिसम्बर 2005 के बीच वह दक्षिणी दन्तेवाड़ा के सैकड़ों गाँवों को जलाता, लूटता, वहाँ मार-काट और बलात्कार का कहर बरपा करता चला गया। उसकी कार्रवाईयों का केन्द्र बैलाडीला के नजदीक, बीजापुर और भैरमगढ़ जिले थे, जहाँ एस्सार स्टील का नया कारखाना स्थापित करने का प्रस्ताव था। यह संयोग नहीं था कि ये इलाक़े माओवादियों के गढ़ भी थे, जहाँ जनताना सरकारों ने बहुत काम किया था, खास तौर पर जल-संचय के ढाँचे बनाने के सिलसिले में। जनताना सरकारें सल्वा जुडुम के हमलों का खास निशाना बन गईं। सैकड़ों लोग अत्यधिक पाशविक तरीकों से मार दिए गए। लगभग 60,00 लोग पुलिस शिविरों में चले गए, कुछ आतंकित होकर। इनमें से लगभग 3000 को 1500 रु. के वेतन पर विशेष पुलिस अधिकारी नियुक्त कर दिया गया।

इस रत्ती-बराबर चूरे के लिए नीलेश के भाई जैसे युवा लोगों ने खुद को कँटीली तारों के एक कारागार में आजीवन कैद की सजा दे दी है। अपनी क्रूरता के कारण वे इस भयावह युद्ध के सबसे अभागे शिकार साबित हो सकते हैं। सल्वा जुडुम को भंग करने वाला सर्वोच्च न्यायालय का कोई फैसला भी उनकी नियति को नहीं बदल सकता।

बचे हुए लाखों लोग सरकारी खुर्दबीन के बाहर चले गए। (लेकिन इन 644 गाँवों की विकास राशि नहीं गई। उस छोटी-सी सोने की खदान का क्या हुआ?) उनमें से बहुत-से लोग आन्ध्र प्रदेश और उड़ीसा की तरफ खिसक लिए, जहाँ वे आम तौर पर मिर्ची चुनने के मौसम में दिहाड़ी मजदूरों की तरह प्रवासी बनकर जाया करते थे। लेकिन दसियों हजारों ने जंगल में शरण ली, जहाँ वे अब भी रहते हैं, बेआसरा जीते हुए, सिर्फ़ दिन के समय अपने खेतों और घरों में वापस आते हुए।

साल्वा जुडुम द्वारा छोड़े गए झुलसे हुए पथ पर पुलिस थानों और शिविरों का एक झुण्ड बढ़ता चला आया। इरादा था कि माओवादियों द्वारा नियंत्रित इलाके पर 'रेंगते हुए फिर से कब्जा करने' की खातिर जमीनी सुरक्षा प्रदान की जाए। अनुमान यह था कि सुरक्षा बलों की इतनी घनी उपस्थिति पर माओवादी हमला करने की जुर्रत नहीं करेंगे। अपने तईं माओवादियों ने यह महसूस किया कि अगर वे इस जमीनी सुरक्षा को नहीं तोड़ते तो यह उन लोगों का साथ छोड़ने के बराबर होगा जिनका भरोसा उन्होंने जीता था और जिनके साथ पिछले पच्चीस साल से वे रहते और काम करते आ रहे थे। उन्होंने सिलसिलेवार हमलों द्वारा सुरक्षा-जाल के हृदय पर जवाबी चोट की।

26 जनवरी 2006 को जनमुक्ति छापामार सेना ने गंगालौर पुलिस शिविरों पर हमला किया और सात लोगों को मार डाला। 17 जुलाई 2006 को एराबोर के सल्वा जुडुम शिविर पर हमला किया गया, 20 लोग मारे गए और 150 घायल हुए (आपने

शायद इसके बारे में पढ़ा हो—('माओवादियों ने उस राहत शिविर पर हमला किया जो राज्य सरकार ने उन गाँववालों को आसरा देने के लिए स्थापित किया था जो नक्सलवादियों द्वारा बरपा किये गये आतंक के कारण अपने गाँवों से भाग निकले थे')। 13 दिसम्बर 2006 को उन्होंने बासागुडा राहत शिविर पर हमला किया और तीन विशेष पुलिस अधिकारियों और पुलिस के एक सिपाही को मार दिया। 15 मार्च 2007 को इनमें से सबसे दुस्साहसिक हमला किया गया। जनमुक्ति सेना के 120 छापामारों ने लड़कियों के एक छात्रावास, रानी बोडिली कन्या आश्रम पर हमला किया जिसे छत्तीसगढ़ के 80 पुलिसवालों (और विशेष पुलिस अधिकारियों) के आवास में तब्दील कर दिया गया था, जबकि लड़कियाँ तब भी मानवीय ढालों के रूप में उसमें रहती थीं। जनमुक्ति छापामार सेना अहाते में दाखिल हुई, उसने उस परिसर को घेरा डालकर अलग-थलग कर दिया जिसमें लड़कियाँ रहती थीं और बैरकों पर हमला कर दिया। 55 पुलिस वाले और विशेष पुलिस अधिकारी मारे गए। एक भी लड़की को चोट नहीं आई। (दन्तेवाड़ा के साफगो पुलिस अधीक्षक ने मुझे अपना कम्प्यूटरीकृत प्रस्तुतीकरण दिखाया था जिसमें उड़ाई गई स्कूली इमारत के खँडहरों के बीच पुलिसवालों के जले हुए कटे-फटे शवों के फोटो भी थे। वे इतने भयानक और जुगुप्सा पैदा करनेवाले थे कि नजरे न हटाना असम्भव था। मेरी प्रतिक्रिया पर वह प्रसन्न दिखा था।)

रानी बोडिला कन्या आश्रम पर किए गए विस्फोट ने देश में हंगामा बरपा कर दिया। मानवाधिकार संस्थाओं ने न सिर्फ़ उनकी हिंसा के लिए माओवादियों की भर्त्सना की, बल्कि शिक्षा-विरोधी होने और स्कूलों पर हमला करने के लिए भी। लेकिन दण्डकारण्य में रानी बोडिला वाला हमला एक गाथा बन गया : उसके बारे में गीत और कविताएँ और नाटक लिखे गए।

माओवादियों का जवाबी हमला जमीनी सुरक्षा को तोड़ने में सफल रहा और लोगों को साँस लेने की मोहलत मिली। पुलिस और सल्वा जुडुम के लोग अपने शिविरों में लौट गए, जहाँ से वे अब आम तौर पर सिर्फ़ रात के सन्नाटे में 300 या 1000 के समूहों में गाँवों में घेरेबन्दी और ढुँढाई की कार्रवाइयाँ करने के लिए बाहर आते हैं। धीरे-धीरे विशेष पुलिस अधिकारियों और उनके परिवारों को छोड़कर सल्वा जुडुम के शिविरों के बाकी लोग अपने-अपने गाँवों को लौटने लगे। माओवादियों ने उनकी वापसी का स्वागत किया और घोषणा की कि विशेष पुलिस अधिकारी भी वापस आ सकते थे : बशर्ते वे सच्चे मन से और सार्वजनिक तौर पर अपने कदमों के लिए पश्चात्ताप करें। युवा लोग झुण्ड-के-झुण्ड 'जनमुक्ति छापामार सेना' में शामिल होने लगे। (जनमुक्ति छापामार सेना औपचारिक रूप से दिसम्बर 2000 में गठित हुई थी। पिछले तीस वर्षों में उसके हथियारबन्द जत्थे ने बहुत धीरे-धीरे बढ़ कर खण्डों का रूप ले लिया था, खण्ड बढ़कर दस्ते बने थे और दस्ते कम्पनियों में

तब्दील हुए थे। लेकिन सल्वा जुडुम की लूट-मार के बाद जनमुक्ति छापामार सेना बड़ी जल्दी ही अपने को वाहिनी के बराबर घोषित करने के काबिल हो गई।

सल्वा जुडुम नाकाम ही नहीं हुआ था, उसने बुरी तरह मुँहकी खाई थी। जैसा कि हम सब जानते हैं, वह किसी छोटे-मोटे गुण्डे की स्थानीय कार्रवाई भर नहीं था। प्रेस में अपने दुमुँहेपन के बावजूद, सल्वा जुडुम छत्तीसगढ़ की राज्य सरकार और केन्द्र में सत्तासीन कांग्रेस पार्टी का संयुक्त अभियान था। उसे नकामा होने नहीं दिया जा सकता था। ऐसी हालत में तो बिलकुल नहीं जब वे सारे-के-सारे करारनामे शादी के बाजार में कुम्हलाते उम्मीदवारों की तरह प्रतीक्षारत थे। सरकार पर कोई नई तरकीब ईजाद करने के लिए बेतहाशा दबाव था। सरकार ने ऑपरेशन ग्रीनहण्ट पेश किया। सल्वा जुडुम के विशेष पुलिस अधिकारियों को अब कोया कमाण्डो कहा जाता है। कोया कमाण्डो के अलावा सरकार ने छत्तीसगढ़ सशस्त्र बल, केन्द्रीय रिजर्व पुलिस बल, सीमा सुरक्षा बल, भारत-तिब्बत सीमा पुलिस, केन्द्रीय औद्योगिक सुरक्षा बल, ग्रेहाउण्ड, स्कॉर्पियन, कोबरा तैनात किए हैं। और एक नीति, जिसे प्यार से कहा जाता है—हृदय और मन जीतना।

महत्त्वपूर्ण युद्ध अनपेक्षित स्थानों पर लड़े जाते हैं। खुले बाजार के पूँजीवाद ने सोवियत कम्युनिज्म को अफगानिस्तान की धूसर पहाड़ियों में शिकस्त दी थी। यहाँ दन्तेवाड़ा के जंगलों में हिन्दुस्तान की आत्मा के लिए एक सिर-धड़ की लड़ाई चल रही है। भारतीय लोकतन्त्र के गहराते संकट और बड़े व्यापारिक निगमों, प्रमुख राजनीतिक दलों और सुरक्षा व्यवस्था के आपसी गँठजोड़ के बारे में बहुत कहा जा चुका है। लेकिन अगर कोई तुरत-फुरत मूल्यांकन करना चाहे तो उसे दन्तेवाड़ा जाना चाहिए।

राज्य कृषि सम्बन्धों और भूमि सुधारों के अधूरे कार्य के बारे में एक मसविदा रिपोर्ट (भाग-1) ने कहा कि टाटा स्टील और एस्सार स्टील सल्वा जुडुम के पहले साहूकारों में से थे। क्योंकि वह एक सरकारी रिपोर्ट थी इसलिए उसने अख़बारों में हलचल पैदा कर दी। (यह तथ्य बाद में चलकर अन्तिम रिपोर्ट से हटा दिया गया है। क्या वाकई भूल से या फिर सकल इस्पाती पंजे ने किसी के कन्धे को हल्के से थपथपाया था?)

12 अक्टूबर 2009 को टाटा के इस्पात कारखाने के लिए अनिवार्य जन सुनवाई, जिसे लोहण्डीगुडा में होना था जहाँ स्थानीय जनता आ सकती थी, वास्तव में मीलों दूर जगदलपुर के जिलाधिकारी कार्यालय के भीतर एक छोटे-से सभागार में भारी सुरक्षा के घेरे में हुई। भाड़े पर 50 आदिवासियों के एक समूह को बतौर दर्शक, बस्तर से सरकारी जीपों के सुरक्षित काफिले में लाया गया। बैठक के बाद जिलाधिकारी ने लोहण्डीगुडा की जनता को उसके सहयोग के लिए बधाई दी। स्थानीय अखबारों ने इस झूठ को छापा, हालाँकि वे असलियत से वाकिफ थे।

(विज्ञापन धड़ाधड़ मिलने लगे।) गाँववालों के प्रतिवाद के बावजूद, परियोजना के लिए भूमि अधिग्रहण शुरू हो चुका है।

अकेले माओवादी ही नहीं हैं जो भारतीय राजतन्त्र का तख्ता पलटना चाहते हैं। उसका पहले भी कई बार तख्ता-पलट हो चुका है हिन्दू कट्टरतावाद और आर्थिक अधिनायकवाद द्वारा।

दन्तेवाड़ा से कार द्वारा पाँच घण्टे की दूरी पर मौजूद लोहण्डीगुडा, कभी नक्सलवादी इलाका नहीं था। मगर अब वह है। कॉमरेड जूरी जो मेरी बगल में बैठी थी, जब मैं चीटियों की चटनी खा रही थी, उस इलाक़े में काम करती है। उसने कहा कि उन्होंने वहाँ जाने का फैसला तब लिया जब गाँव के घरों की दीवारों पर यह लिखा मिलने लगा कि 'नक्सली आओ, हमें बचाओ।' कुछ महीने पहले गाँव पंचायत प्रमुख विमल मेश्राम को बाजार में गोली मार दी गई। "वह टाटा का आदमी था," जूरी कहती है, "वह लोगों को अपनी जमीन देने और मुआवजा लेने पर मजबूर कर रहा था। अच्छा है जो वह खत्म हो गया। हमने भी एक कॉमरेड गँवा दिया। उन्होंने उसे गोली मार दी। आपको और चपोली चाहिए?" वह सिर्फ़ बीस साल की है। "हम टाटा को यहाँ आने नहीं देंगे। लोग उन्हें नहीं चाहते हैं।" जूरी जनमुक्ति छापामार सेना में नहीं है। वह पार्टी के सांस्कृतिक खण्ड चेतना नाट्य मंच में है। वह गाती है, गीत लिखती है। वह अबूझमाड़ से है। वह कॉमरेड माधव से विवाहित है। वह कॉमरेड माधव के गाने पर रीझ गई थी जब वह चेतना नाट्य मंच की एक मण्डली के साथ जूरी के गाँव गया था। मुझे महसूस होता है मुझे इस मुकाम पर कुछ कहना चाहिए। हिंसा की निरर्थकता के बारे में, तुरत-फुरत मृत्यु दण्ड देने की अस्वीकार्यता के बारे में। लेकिन मैं क्या सुझाऊँ कि वे क्या करें? अदालत में जाएँ? दिल्ली में जन्तर-मन्तर पर धरना दें? जुलूस निकालें? क्रमिक अनशन पर बैठें? सुनने में हास्यास्पद लगता है। नई आर्थिक नीति के ढिंढोरचियों को—जिन्हें 'कोई विकल्प नहीं है' कहना आसान जान पड़ता है—एक वैकल्पिक प्रतिरोध नीति सुझाने के लिए कहा जाना चाहिए। एक विशेष नीति, इस विशिष्टि वन में इन वशिष्टि लोगों को। यहाँ। अभी। किस पार्टी के लिए वे मतदान करें? किस लोकतांत्रिक संस्था से वे गुजारिश करें? नर्मदा पर बड़े बाँधों के खिलाफ बरसों-बरसों संघर्ष करने के दौरान कौन-सा दरवाजा था जो नर्मदा बचाओ आंदोलन ने नहीं खटखटाया था?

अँधेरा है। शिविर में ढेर सारी गतिविधि हो रही है, लेकिन मैं कुछ नहीं देख पा रही। बस रोशनी के इधर-उधर चलते-फिरते बिन्दु। यह बताना मुश्किल है कि वे तारे हैं या जुगनू या चलते हुए माओवादी। नन्हा मँगतू शून्य से प्रकट होता है। मैंने पता लगा लिया था कि वह दस बच्चों के दल का सदस्य है जो युवा कम्युनिस्टों के सचल स्कूल की पहली खेप का हिस्सा है, जिन्हें पढ़ना-लिखना सिखाया जा रहा है और

साम्यवाद के बुनियादी सिद्धान्तों में दीक्षित भी किया जा रहा है। ('कच्चे दिमागों में विचार ठूँसना', हमारा कॉरपोरेट मीडिया चीखता है। टीवी के जो विज्ञापन बच्चों के सोचने लायक होने से पहले ही उन पर विचार लादने लगते हैं, उन्हें विचार ठूँसने के माध्यमों के रूप में नहीं देखा जाता।) युवा कम्युनिस्टों को बन्दूकें लेकर चलने या वर्दी पहनने की इजाजत नहीं है। लेकिन वे झिलमिलाती आँखें लिए, जनमुक्ति छापामर सेना के जत्थों का पीछा करते हैं, फिल्मी अभिनेताओं के प्रशंसकों की तरह।

मँगतू ने बड़ी कोमल-सी अधिकार-भावना के साथ मुझे अपना लिया है। उसने मेरी पानी की बोतल भर दी है और कहा है कि मैं अपना सामान बाँध लूँ। एक सीटी बजती है। नीली झिल्ली का तम्बू उतारकर पाँच मिनट के भीतर तहा लिया जाता है। एक और सीटी और सभी सौ-के-सौ कॉमरेड कतार में खड़े हो जाते हैं। पाँच कतारें। कॉमरेड राजू कार्रवाई निर्देशक हैं। हाजिरी लगती है। मैं भी कतार में हूँ और जब कॉमरेड कमला जो मेरे आगे खड़ी है मुझे याद दिलाती है, अपनी संख्या पुकार कर बताती हूँ। (हम बीस तक गिनते हैं और फिर एक से शुरू करते हैं, क्योंकि ज्यादातर गोंड वहीं तक गिन पाते हैं। उनके लिए बीस काफी है। हमारे लिए भी शायद होना चाहिए।) चन्दू अब वर्दी में है और स्टेनगन लिए हुए है। धीमी आवाज में कॉमरेड राजू दल को हिदायतें दे रहे हैं। सब गोडी में हैं, मुझे कुछ भी समझ में नहीं आता, लेकिन मैं लगातार आर-वी का शब्द सुनती रहती हूँ। बाद में राजू मुझे बताते हैं कि आर-वी का मतलब है राँदेवू (मिलन-स्थल)। यह अब गोंडी शब्द बन चुका है। 'हम आर-वी के स्थान तय कर लेते हैं ताकि अगर हम पर गोलियाँ चलने लगें और लोगों को तितर-बितर होना पड़े तो उन्हें पता हो कि उन्हें फिर से कहाँ इकट्ठा होना है।' वे किसी भी हालत में यह नहीं जान सकते कि यह बात मुझे किस तरह की घबराहट से भर देती है, इसलिए नहीं कि मैं अपने ऊपर गोलियाँ चलाए जाने से डरती हूँ, बल्कि इसलिए कि मैं खो जाने से भयभीत हूँ। मैं दिशा-भ्रम की मारी हूँ, अपने सोने के कमरे और गुसलखाने के बीच भटक जाने के काबिल हूँ। 60,000 वर्ग किलोमीटर के जंगल में क्या कर पाऊँगी मैं? ओले पड़ें या गोलियाँ चलें, मैं कॉमरेड राजू का पल्लू नहीं छोड़ने वाली।

हमारे चलने से पहले कॉमरेड वेणु मेरे पास आते हैं। "अच्छा तो कॉमरेड मैं चलूँगा अब।" मुझे धक्का-सा लगता है। वे ऊनी टोपी और चप्पलों में एक छोटे-से मच्छर जैसे लगते हैं, अपने अंगरक्षकों से घिरे हुए, तीन मर्द और तीन औरतें। पूरी तरह हथियारबन्द। "हम आपके बहुत आभारी हैं कॉमरेड कि आप इतनी दूर यहाँ आईं," वे कहते हैं। एक बार फिर हाथ मिलान, भिंची हुई मुट्ठी हिलाना। "लाल सलाम कॉमरेड।" वे जंगल में गायब हो जाते हैं, कुंजियों के रखवाले। और पल भर में ऐसा लगता है कि वे कभी यहाँ थे ही नहीं। मैं थोड़ा ठगी-सी रह जाती हूँ। लेकिन मेरे पास सुनने के लिए कई घण्टों की रिकॉर्डिंग है। और जैसे-जैसे दिन हफ़्तों में

बदलेंगे मैं बहुत-से लोगों से मिलूँगी जो उस रूप-रेखा में रंग और ब्यौरे भरेंगे जो कॉमरेड वेणु ने मेरे लिए खींची थी। हम उलटी दिशा में चलना शुरू कर देते हैं। मील भर दूर से ही आयोडेक्स से महकते कॉमरेड राजू खिली हुई मुस्कान के साथ कहते हैं, 'मेरे घुटने जवाब दे चुके हैं। मैं तभी चल पाता हूँ जब दर्द दूर करने वाली मुट्ठी भर गोलियाँ खा लूँ।'

कॉमरेड राजू निर्दोष हिन्दी बोलते हैं। उनमें मजाकिया-से-मजाकिया किस्सों को बिलकुल भावहीन चेहरे के साथ सुनाने की सिफत है। वे अट्ठारह साल तक रायपुर में वकील के तौर पर काम करते रहे। वे और उनकी पत्नी, मालती, दोनों पार्टी सदस्य और उसके शहरी संगठन का अंग थे। 2007 के अन्त में रायपुर के संगठन का एक महत्त्वपूर्ण सदस्य गिरफ़्तार कर लिया गया, उसे यातना दी गई और वह मुखबिर बन गया। उसे पुलिस की बन्द गाड़ी में रायपुर में घुमाया गया और अपने भूतपूर्व सहकर्मियों को चिन्हित करने के लिए मजबूर किया गया। कॉमरेड मालती इनमें से एक थी। 22 जनवरी 2008 को उसे दूसरे कई लोगों के साथ गिरफ़्तार कर लिया गया। उसके खिलाफ मुख्य आरोप यही है कि उसने सल्वा जुडुम के अत्याचारों के विडियो सबूत वाली सीडियाँ अनेक संसद सदस्यों को डाक से भेजी थीं। उसका मुकदमा बिरले ही सुनवाई के लिए पेश होता है, क्योंकि पुलिस जानती है कि उसका मामला कमजोर है। लेकिन नया छत्तीसगढ़ विशेष जन सुरक्षा अधिनियम पुलिस को छूट देता है कि वह उसे बिना जमानत कई साल तक हिरासत में रखे। 'अब सरकार ने छत्तीसगढ़ पुलिस की कई बटालियनें बेचारे संसद सदस्यों को अपनी डाक से बचाने के लिए तैनात कर दी हैं", कॉमरेड राजू कहते हैं। वे नहीं पकड़े गए, क्योंकि वे उस समय दण्डकारण्य में चल रही एक बैठक में भाग ले रहे थे। उसी समय से वे यहाँ हैं। उनके दो स्कूल जाने वाले बच्चों से, जो घर पर अकेले छूट गए थे, पुलिस ने सघन पूछ-ताछ की थी। अन्ततः उनका घर बन्द कर दिया गया और बच्चे एक चाचा के यहाँ रहने चले गए। कॉमरेड राजू को उनके बारे में पहली बार खबर अभी कुछ हफ़्ते पहले ही मिली। वह कौन-सी चीज है जो उन्हें अपने तीखे हास्य-व्यंग पर टिके रहने की यह क्षमता, यह ताकत देती है? कौन-सी चीज है जो इन सबको वह सब कुछ सहने के बाद जो उन्होंने सहा है चालू रखती है? पार्टी में उनका भरोसा और प्यार। मैं उससे बार-बार सबसे गहरे, सबसे निजी तरीकों से रू-ब-रू होती हूँ।

हम अब इकहरी पाँत में चल रहे हैं। मैं और एक सौ, 'निरर्थक रूप से हिंसक' खून के प्यासे विद्रोही। चलने से पहले मैंने शिविर पर नजर डाली थी। सिवा थोड़ी-सी राख के, जहाँ' आग जलाई गई थी, वहाँ कोई चिह्न नहीं था कि लगभग सौ लोगों ने यहाँ डेरा डाला था। मुझे इस फौज पर विश्वास नहीं होता। जहाँ तक उपभोग का सवाल है, यह किसी भी गांधीवादी से ज्यादा गांधीवादी है और किसी भी ऋतु-परिवर्तन-सुधारक से कम कार्बन प्रदूषण पैदा करने वाली। लेकिन फिलहाल तो,

तोड़-फोड़ के प्रति भी इसका रवैया गाधीवादी है। मिसाल के लिए, किसी भी पुलिस वाहन को जलाने से पहले उसे पूरी तरह खोल लिया जाता है और हर हिस्से का भक्षण कर लिया जाता है। चक्के को सीधा करके राइफल की नली बना ली जाती है, रेक्सीन की गद्दियाँ चीरकर गोलियों की थैलियाँ बनाने के काम में ले ली जाती हैं, बैटरी से सोलर सेल चार्ज किए जाते हैं। (हाई कमान से नये निर्देश हैं कि कब्जा किये गए वाहन जलाये जाने की बजाय गाड़ दिये जायें ताकि जब जरूरत हो, उन्हें पुनजीर्वित किया जा सके।)

मैं सोचती हूँ क्या मैं एक नाटक लिखूँ—गांधी, अपनी बन्दूक उठाओ? या क्या मुझे वे फाँसी देंगे?

हम घुप्प अँधेरे और एकदम सन्नाटे में चल रहे हैं। सिर्फ़ मैं ही टॉर्च इस्तेमाल कर रही हूँ, नीचे को झुकाए जिससे मुझे उसकी रोशनी के चकत्ते में कॉमरेड कमला की घिसी हुई काली चप्पलों में उसकी एड़ियाँ नजर आ रही हैं, मुझे दिखाती हुई कि मुझे पैर ठीक-ठीक कहाँ रखने हैं। वह मुझसे दस गुना ज्यादा भार उठाए हुए है—उसका पिट्ठू, राइफल, सिर पर रसद की एक बड़ी-सी बोरी, बड़े पतीलों में से एक और कन्धों से लटके सब्जियों से भरे हुए दो झोले। उसके सिर पर रखी बोरी बिलकुल संतुलित है और वह ढलानों और फिसलन-भरे चट्टानी रास्तों पर उसे छुए बगैर ही कूदती-फाँदती उतर सकती है। वह एक चमत्कार है। रास्ता काफी लम्बा साबित होता है। मैं इतिहास के सबक की आभारी हूँ, क्योंकि बाकी सब चीजों के अलावा उसने मेरे पैरों को पूरा एक दिन का आराम मुहैया करा दिया।

यह सबसे खूबसूरत अनुभव है, रात के वक़्त जंगल में चलना और मैं रात-दर-रात यही करने वाली हूँ।

हम 1910 के भूमकाल विद्रोह के सौ साल मनाने के आयोजन में जा रहे हैं, जिसमें कोया लोगों ने अंग्रेजों के खिलाफ विद्रोह कर दिया था। भूमकाल का मतलब है भूचाल। कॉमरेड राजू बताते हैं कि आयोजन में भाग लेने के लिए लोग कई-कई दिन पैदल चलकर आएंगे। जंगल लगातार चल रहे लोगों से भरा होगा। दंडकारण्य के सभी मंडलों में समारोह हो रहे हैं। हमारा सौभाग्य है कि आयोजन के संचालक कॉमरेड लेंग हमारे साथ चल रहे हैं। गोंडी में 'लेंग' का मतलब आवाज होता है। कॉमरेड लेंग आन्ध्र प्रदेश के रहने वाले, लम्बे, अधेड़ आदमी हैं, जाने-माने लोकप्रिय गायक-कवि गदर के साथी जिन्होंने 1972 में क्रान्तिकारी सांस्कृतिक संगठन 'जन नाट्य मंच' की स्थापना की थी। आगे चलकर 'जन नाट्य मंच' औपचारिक रूप से पीपल्स वॉर का अंग बन गया और आन्ध्र प्रदेश में दासियों हजार की संख्या में श्रोताओं को इकट्ठा कर सकता था। कॉमरेड लेंग 1977 में शामिल हुए और अपने बल पर एक प्रसिद्ध गायक बन गए। वे दुर्दान्त दमन के दौरान आन्ध्र में रहे, मुठभेड़

में हत्याओं के युग में, जिसमें मित्र लगभग हर रोज मारे जा रहे थे। वे खुद एक रात हस्पताल के बिस्तर से एक महिला पुलिस अधीक्षक द्वारा उठा लिए गए, जिसने डॉक्टर का भेस बनाया हुआ था। उन्हें 'भुठभेड़' के लिए वारंगल के बाहर जंगल में ले जाया गया। लेकिन उनके सौभाग्य से गदर को खबर हो गई और वे लोगों को खबरदार करने में सफल हो गए। जब पीपल्स वॉर ने 1998 में दण्डकारण्य में एक सांस्कृतिक संगठन शुरू करने का फैसला किया तो कॉमरेड लेंग को उसका मुखिया बनाकर भेजा गया और अब वे यहाँ मेरे साथ चल रहे हैं, फौजी कमीज पहने, मगर उसके साथ जाने किस कारण से एक बैंगनी पाजामा जिस पर गुलाबी खरगोश बने हुए हैं। "चेतना नाट्य मंच में अब 10,000 सदस्य हैं," उन्होंने मुझे बताया था। "हमारे पास 500 गीत हैं, हिन्दी, गोंडी, छत्तीसगढ़ी और हल्बी में। हमने एक किताब छपाई है, जिसमें हमारे 140 गीत हैं। हर कोई गीत रचता है।" जब पहली बार मैंने उनसे बात की तो वे बड़े गम्भीर जान पड़े थे, बहुत एकाग्र-चित्त। लेकिन कई दिन बाद, अलाव के गिर्द बैठे और अब भी वही पाजामा पहने हुए, वे हमको मुख्यधारा की तेलगू फिल्मों के एक अत्यन्त सफल निर्देशक के बारे में बताते हैं, जो उनके मित्र हैं और जो अपनी फिल्मों में हमेशा नक्सलवादी की भूमिका निभाते हैं। "मैं उसको पूछा", कॉमरेड लेंग ने अपनी मज़ेदार तेलगू लहजे-वाली हिन्दी में कहा, "तुम अइसा क्यों सोचता है कि नक्सलाइट लोग हमेशा ऐसा ही होता है?'—और उन्होंने जंगल से एके-47 के साथ बाहर आते पिछयाए-गए दिखते आदमी की झुकी हुई, उचक-उचककर चलने वाली मुद्रा की बड़ी दक्ष नकल की और हम लोगों को पेट पकड़कर हँसने पर मजबूर कर दिया।

मुझे पक्के तौर पर यह अन्दाजा नहीं है कि मैं भूमकाल उत्सव को देखने के लिए उत्सुक हूँ या नहीं। मुझे डर है कि मैं माओवादी प्रचार से भरे परम्परागत आदिवासी नृत्य, शब्दाडम्बर से भरे उकसाने वाले भाषण और निस्तेज आँखों वाले दर्शक देखूँगी। हम मैदान में शाम को काफी देर गए पहुँचते हैं। लाल कपड़े से लिपटे बाँस के मचान का एक अस्थाई स्मारक बनाया गया है। शिखर पर माओवादी पार्टी के हंसिया-हथौड़ा के ऊपर चाँदी की पन्नी में लिपटा, आदिवासी योद्धा का तीर-कमान है। श्रेणी विभाजन उपयुक्त है। मंच काफी विशाल है। यह भी अस्थाई, मिट्टी की मोटी परत से लीपे गए मजबूत मचान पर। अभी से मैदान में छोटे-छोटे अलाव जल रहे हैं, लोग आने शुरू हो गए हैं और शाम का भोजन बना रहे हैं। अँधेरे में वे सिर्फ़ छायाएँ हैं। हम उनके बीच से रास्ता बनाते निकलते हैं (लाल सलाम, लाल सलाम, लाल सलाम) और पन्द्रह मिनट तक चलते रहते हैं, जब तक कि हम दोबारा जंगल में दाखिल नहीं हो जाते।

अपने नए डेरे पर हमें फिर से कतार में खड़ा होना पड़ता है। एक और हाजिरी। और फिर पहरेदारों की तैनाती के बारे में निर्देश और 'गोलीबारी के दायरे' के बारे

में—पुलिस का हमला होने पर कौन किस इलाक़े की देख-रेख करेगा, इसके बारे में फैसले। आर-वी के मुकाम फिर से तय किए जाते हैं।

एक अग्रिम दल आ गया है और पहले ही से खाना बना चुका है। खाने के बाद ही मिठाई के तौर पर कमला मुझे एक जंगली अमरूद लाकर देती है, जो उसने रास्ते में तोड़ लिया था और गिलहरी की तरह मेरे लिए छिपाए रखा था।

दिन के समारोह के लिए ज्यादा-से-ज्यादा लोगों के इकट्ठे होने का एहसास भोर से ही है। उत्तेजना की एक भनभनाहट है, जो धीरे-धीरे बढ़ती जा रही है। जिन लोगों ने एक-दूसरे को लम्बे समय से नहीं देखा है, फिर से मेल-मुलाकात कर रहे हैं। हमें माइक्रोफोनों की जाँच किए जाने की आवाज सुनाई देती है। झण्डे, बैनर, पोस्टर, झण्डियाँ लगाई जा रही हैं। जिस दिन हम पहुँचे थे, उस दिन ओंगार में मारे गए पाँच लोगों की तस्वीरों वाला एक पोस्टर नजर आ रहा है। मैं कॉमरेड नर्मदा, कॉमरेड मासे और कॉमरेड रूपी के साथ चाय पी रही हूँ। कॉमरेड नर्मदा दण्डकारण्य में क्रान्तिकारी आदिवासी महिला संगठन की प्रमुख बनने से पहले गडचिरोली में कई वर्षों तक काम करने के अनुभवों के बारे में बताती हैं। रूपी और मासे आन्ध्र प्रदेश में शहरी कार्यकर्ता रही हैं और मुझे वर्षों तक किए गए उस संघर्ष के बारे में बताती हैं, जो महिला कॉमरेडों ने पार्टी के भीतर न सिर्फ अपने अधिकारों के लिए किया, बल्कि पार्टी को यह देखने पर विवश करने के लिए भी कि स्त्रियों और पुरुषों के बीच समानता एक न्यायपूर्ण समाज के स्वप्न के केन्द्र में होनी चाहिए। हम 1970 के दशक और नक्सलवादी आंदोलन के भीतर की महिलाओं की कहानियों के बारे में बात करते हैं, जिन्हें पुरुष कॉमरेडों से मोहभंग हुआ था, जो खुद को महान क्रान्तिकारी समझते थे, लेकिन उनके पैरों में उसी पुरानी पितृसत्तात्मकता, उसी पुरानी पुरुष-प्रधानता की बेड़ियाँ जकड़ी हुई थीं। मासे कहती हैं कि तब से हालात काफी बदल गये हैं, हालाँकि अभी काफी रास्ता तय करना बाकी है। पार्टी की केन्द्रीय समिति और पॉलिट ब्यूरो में अभी तक कोई औरत नहीं है।

दोपहर के समय जनमुक्ति छापामार सेना का एक और जत्था आ पहुँचता है। इसकी अगुवाई एक लम्बे, पतले-छरहरे, किशोर-सरीखे कॉमरेड कर रहे हैं। कॉमरेड के दो नाम हैं—सुखदेव और गुडसा उसेण्डी—जिनमें से एक भी उनका नहीं है। सुखदेव एक बहुत ही प्यारे कॉमरेड का नाम है, जो शहीद हो गया। (इस युद्ध में सिर्फ़ दिवंगत लोगों के लिए ही उनका असली नाम इस्तेमाल करना निरापद है।) रही बात गुडसा उसेण्डी की, तो कई कॉमरेड किसी-न-किसी मौक़े पर गुडसा उसेण्डी रहे हैं। (कुछ महीने पहले कॉमरेड राजू थे।) गुडसा उसेण्डी दण्डकारण्य में पार्टी प्रवक्ता का नाम होता है। लिहाजा हालाँकि सुखदेव बाकी सारे सफर के दौरान मेरे साथ रहते हैं, मुझे रत्ती भर अन्दाजा नहीं है कि मैं उनको फिर कभी कैसे खोज पाऊँगी। अलबत्ता, उनकी हँसी मैं कहीं भी पहचान लूँगी। वे कहते हैं कि वे

दण्डकारण्य में 1988 में आए, जब पीपल्स वॉर ने उत्तरी तेलंगाना से अपने एक तिहाई बल को दण्डकारण्य में भेजने का फैसला किया। उन्होंने अच्छे कपड़े पहन रखे हैं, 'ड्रेस' की बजाय 'सिविल' ('आम कपड़ों' या माओवादी 'वर्दी' के लिए गोंडी शब्द) और किसी व्यावसायिक कम्पनी के युवा अधिकारी समझे जा सकते हैं। मैं उनसे वर्दी न पहनने की वजह पूछती हूँ।

वे बताते हैं कि वे सफर करते रहे हैं और अभी-अभी काँकेर के नजदीक केशकाल घाट से लौटे हैं। खबर है कि वहाँ बॉक्साइट का भण्डार है—लगभग 30 लाख टन—जिस पर वेदान्त नामक कम्पनी की आँख है।

टन्! मेरे सहज ज्ञान के लिए दस में से दस।

सुखदेव बताते हैं कि वे लोगों का तापमान परखने के लिए वहाँ गए थे। यह देखने के लिए कि क्या वे लड़ने को तैयार हैं। "वे अब जत्थे चाहते हैं। और बन्दूकें।" वे सिर पीछे फेंककर ठहाका लगाते हैं। "मैंने उनसे कहा, यह इतना असान नहीं है, भाई।" बातचीत के भूले-भटके टुकड़ों से और जिस आराम से वे अपनी एके-47 लिए हुए हैं, मैं बता सकती हूँ कि उनका भी दर्जा ऊँचा है और वे जनमुक्ति छापामार सेना में सक्रिय हैं।

जंगल की डाक आती है। मेरे लिए भी एक बिस्कुट है। कॉमरेड वेणु का भेजा हुआ। कई तहें लगाए गए कागज के नन्हें-से टुकड़े पर उन्होंने एक गीत के शब्द लिखे हैं, जो उन्होंने मुझे भेजने का वादा किया था। कॉमरेड नर्मदा उन्हें पढ़कर मुसकराती हैं। वे इस किस्से को जानती हैं। यह 1980 के दशक की बात है, उस वक़्त की, जब लोग पहले-पहल पार्टी में भरोसा करने लगे थे और अपनी समस्याएँ लेकर उसके पास आने लगे थे—कॉमरेड वेणु के शब्दों में, अपने 'आन्तरिक अन्तर्विरोध' लेकर। सबसे पहले आने वालों में औरतें थीं। एक शाम अलाव के पास बैठी एक बूढ़ी औरत उठी और उसने दादा लोग के लिए एक गीत गाया। वह माडिया आदिवासी थी, जिनके बीच रिवाज था कि औरतें शादी के बाद चोलियाँ उतार दें और छातियाँ खुली रखें।

जम्पर पोलो इनटोर दादा, दाकोनिले
ताने तासोम इनटोर दादा, दाकोनिले
बाता पापोम कित्तोम दादा, दाकोनिले
दुनिया काडिले माता दादा, दाकोनिले
चोली न रखो वे कहते हैं दादा, दाकोनिले
इसको उतारो वे कहते हैं दादा, दाकोनिले
हमने कौन-सा पाप किया दादा, दाकोनिले
पूरी दुनिया बदली दादा, दाकोनिले
आतुम हाट्टेके दादा, दाकोनिले

आदा नंगा दान्तोम दादा, दाकोनिले
इड पिसवाल मन्नी दादा, दाकोनिले
मावा कोयाटुर्कू वेहत दादा, दाकोनिले
जब हम हाट में जायें दादा, दाकोनिले
आधा नंगा जाना पड़े दादा, दाकोनिले
ऐसी जिनगिया भावे ना दादा, दाकोनिले
पुरखों को बोलो बात हमारी दादा, दाकोनिले

औरतों से सम्बन्धित यह पहला मामला था, जिसके खिलाफ पार्टी ने अभियान चलाने का फैसला किया। उसे बड़ी नजाकत के साथ निपटाया जाना था, बारीक औजारों से। 1986 में पार्टी ने 'आदिवासी महिला संगठन' गठित किया, जो 'क्रान्तिकारी आदिवासी महिला संगठन' में विकसित हो गया और अब उसके 90,000 बाकायदा सदस्य हैं। हो सकता है, यह देश का सबसे बड़ा महिला संगठन हो। (लगे हाथ यह बता दें कि वे सब माओवादी हैं, सारी-की-सारी 90,000 महिला सदस्य। क्या उनका 'सफाया कर दिया जाएगा? और 'चेतना नाट्य मंच' के 10,000 सदस्य? उनका भी!) 'क्रान्तिकारी आदिवासी महिला संगठन' जबरन ब्याह और अपहरण की आदिवासी प्रथाओं के खिलाफ अभियान चलाता है। माहवारी के दिनों में औरत को गाँव के बाहर कुटिया में रहने पर विवश करने के रिवाज के खिलाफ। बहुपत्नीवाद और घरेलू हिंसा के खिलाफ। उसने सारी लड़ाइयाँ अभी नहीं जीती हैं, लेकिन किन नारीवादियों ने जीती हैं अभी? मिसाल के लिए, आज भी दण्डकारण्य में औरतों को बीज नहीं बोने दिया जाता। पार्टी बैठकों में लोग मानते हैं कि यह अन्याय है और इस रिवाज को बन्द कर दिया जाना चाहिए। लेकिन व्यवहार में वे औरतों को बीज नहीं बोने देते। इसलिए पार्टी ने तय किया कि औरतें साझी जमीनों पर, जो जनताना सरकारों की हैं, बीज बो सकती हैं। उन जमीनों पर वे बीज बोती हैं, सब्जियाँ उगाती हैं और मेड़ें बाँधती हैं। पूरी नहीं, आधी जीत तो है।

जैसे-जैसे बस्तर में पुलिस उत्पीड़न बढ़ा है, 'क्रान्तिकारी आदिवासी महिला संगठन' की औरतें एक जबर्दस्त ताकत बनकर उभरी हैं और पुलिस से दो-दो हाथ करने के लिए सैकड़ों, कभी-कभी हजारों की तादाद में सड़कों पर निकल आती हैं। 'क्रान्तिकारी आदिवासी महिला संगठन' की मौजूदगी ने परम्परागत रवैयों में भारी परिवर्तन किया है और महिलाओं के खिलाफ भेदभाव के अनेक परम्परागत रूपों को ढीला कर दिया है। बहुत-सी जवान औरतों के लिए पार्टी में, विशेषकर जनमुक्ति छापामार सेना में शामिल होना खुद अपने समाज की घुटन से बचने का जरिया बन गया। क्रा. आ.म. संगठन की एक वरिष्ठ पदाधिकारी कॉमरेड सुशीला संगठन की महिलाओं के खिलाफ सल्वा जुडुम के क्रोध का जिक्र करती हैं। वे बताती हैं कि

सलवा जुडुम का एक नारा था 'हम दो बीबी लाएंगे। लाएंगे।' का.आ.म. संगठन की सदस्यों को खास तौर पर बलात्कार और यौनांगों के साथ पाशविक काट-कूट का निशाना बनाया गया था। इस पाशविकता की साक्षी बहुत-सी जवान औरतें इसके बाद जनमुक्ति छापामार सेना में शामिल हुईं और अब उसके सदस्यों का 45 फीसदी हिस्सा हैं। कॉमरेड नर्मदा उनमें से कुछ को बुलवा भेजती हैं और वे थोड़ी देर में हमारे बीच आ बैठती हैं।

कॉमरेड रिंकी के बाल बहुत छोटे-छोटे कटे हैं। 'बॉब कट' जैसा वे गोंडी में कहते हैं। वह उसके लिए साहस की बात है, क्योंकि यहाँ 'बॉब कट' का मतलब है 'माओवादी'। पुलिस के लिए उसे बिना सुनवाई मार देने के लिए इतना काफी है। कॉमरेड रिंकी के गाँव कोरमा पर 2005 में नगा बटालियन और सल्वा जुडुम ने हमला किया। उस समय रिंकी गाँव के अर्द्ध-सैनिक बल का हिस्सा थी। यही हाल उसकी सहेलियों लुक्की और सुक्की का था, जो क्रा.आ.म. संगठन का भी सदस्य थीं। गाँव को जलाने के बाद नगा बटालियन ने लुक्की, सुक्की और एक और लड़की को पकड़ लिया, उनके साथ सामूहिक बलात्कार किया और उन्हें मार डाला। "उन्होंने उनके साथ घास पर बलात्कार किया था", रिंकी कहती है, "लेकिन जब सब खत्म हुआ तो वहाँ घास नहीं बची थी।" कई बरस बीत गये हैं। नगा बटालियन जा चुकी है, लेकिन पुलिस अब भी आती है। "वे आते हैं जब भी उन्हें औरतों की जरूरत होती है, या मुर्गियों की।"

अजीता के बाल भी बॉब कट हैं। जुडुम के लोग उसके गाँव कोरसील आए और उन्होंने तीन लोगों को एक नाले में डुबाकर मार डाला। अजीता अर्द्धसैनिकों में शामिल थी और उसने एक फासले से पारालनार तोड़क नाम के गाँव तक जुडुम का पीछा किया। उसने उन्हें छह औरतों के साथ बलात्कार करते और एक आदमी को गले में गोली मारते देखा।

कॉमरेड लक्ष्मी, जो लम्बी चोटी वाली सुन्दर लड़की है, मुझे बताती है कि उसने जुडुम को अपने गाँव जोजोर में तीस घरों को जलाते देखा था। "हमारे पास तब कोई हथियार नहीं थे", वह कहती है, हम देखने के सिवा और कुछ नहीं कर सकते थे।' उसके बाद जल्दी ही वह जनमुक्ति छापामार सेना में भर्ती हो गई। लक्ष्मी उन 150 छापामारों में शामिल थी जो जंगल में साढ़े तीन महीने पैदल चलते हुए पुलिस के शस्त्रागार पर धावा बोलने के लिए उड़ीसा में नयागढ़ पहुँचे थे। जहाँ से उन्होंने 1200 बन्दूकें और 2,00,000 गोलियाँ हथियाई थीं।

कॉमरेड सुमित्रा सल्वा जुडुम द्वारा मार-काट शुरू करने से पहले 2004 में जनमुक्ति छापामार सेना में शामिल हुई थी। वह कहती है कि वह इसलिए शामिल हुई थी, क्योंकि वह घर से भाग जाना चाहती थी। औरतों को हर तरह से काबू में रखा जाता है', उसने मुझे 'बताया हमारे गाँव में लड़कियों को पेड़' पर चढ़ने नहीं

दिया जाता था, अगर वे ऐसा करती थीं तो उन्हें 500 रुपए का जुर्माना या एक मुर्गी देनी पड़ती थी। अगर कोई आदमी किसी औरत को मारता है और वह पलटकर उसे मारती है तो उसे गाँव को एक बकरी देनी पड़ती थी। आदमी इकट्ठा होकर महीनों-महीनों के लिए पहाड़ों में शिकार के लिए चले जाते हैं। औरतों को शिकार के नजदीक नहीं जाने दिया जाता, मांस का सबसे अच्छा हिस्सा आदमियों को मिलता है। औरतों को अण्डे खाने की इजाजत नहीं दी जाती।' क्या यह छापामार सेना में शामिल होने की मुनासिब वजह है?

सुमित्रा अपनी दो सहेलियों तेलम पार्वती और कमला की कहानी सुनाती हैं जो क्रा. आ. म. संगठन के साथ काम करती थीं। तेलम पार्वती दक्षिणी बस्तर में पोलेकाया गाँव की रहने वाली थी। वहाँ के सभी दूसरे लोगों की तरह उसने भी सल्वा जुडुम को अपना गाँव जलाते देखा। तब वह जनमुक्ति छापामार सेना में शामिल होकर केशकाल घाट में काम करने चली गई। 2009 में उसने और कमला ने उस इलाक़े में 8 मार्च को महिला दिवस के समारोह को आयोजित करने का काम पूरा कर लिया था। वे वाडगो नामक गाँव के ठीक बाहर एक छोटी-सी झोंपड़ी में थीं। पुलिस ने रात के वक्त झोंपड़ी को घेर लिया और गोलियाँ चलानी शुरू कर दिया। कमला ने जवाब में गोलियाँ चलाई मगर वह मारी गई। पार्वती बचकर भाग निकली, लेकिन उसे खोज लिया गया और अगले दिन मार दिया गया।

यह था जो पिछले साल महिला दिवस को हुआ था और इस साल के महिला दिवस के बारे में एक राष्ट्रीय समाचार पत्र में छपी रिपोर्ट कहती है :

बस्तर के विद्रोही महिला-अधिकारों के पक्ष में

सहर खान, मेल टुड़े, रायपुर, मार्च 2010

> 'सरकार ने हो सकता है देश में माओवादी बला का मुकाबला करने के लिए कोई कसर न उठा रखने का संकल्प किया हो, मगर छत्तीसगढ़ में विद्रोहियों के एक हिस्से के हाथ में जीवित बचे रहने से ज्यादा जरूरी मामले हैं। अन्तर्राष्ट्रीय महिला दिवस के नजदीक आते ही राज्य के बस्तर क्षेत्र के माओवादियों ने महिला-अधिकारों की वकालत करने के लिए सप्ताह भर के 'समारोह' का आयोजन किया है। बस्तर जिले के एक हिस्से, बीजापुर में पोस्टर भी लगाए गए। महिला-अधिकारों के स्वघोषित पैरोकारों के इस आह्वान ने राज्य की पुलिस को भौचक्का छोड़ दिया है। बस्तर के पुलिस महानिरीक्षक टी. जे. लौंगकुमेर ने कहा, 'मैंने कभी नक्सलवादियों की ओर से ऐसी अपील नहीं देखी है जो सिर्फ हिंसा और खून-खराबे में विश्वास करते हैं।' महानिरीक्षक ने कहा, 'मेरा खयाल है कि माओवादी हमारे अत्यन्त सफल जन जागरण अभियान का मुकाबला करने की कोशिश कर रहे हैं। हमने इस समय जारी इस अभियान को

ऑपरेशन ग्रीनहण्ट के लिए जन समर्थन जुटाने के उद्देश्य से शुरू किया था, जो पुलिस ने वामपंथी अतिवादियों को उखाड़ फेंकने के लिए चालू किया था।'

विद्वेष और अज्ञान की यह खिचड़ी असामान्य नहीं है। पार्टी के वर्तमान के इतिहासकार, गुडसा उसेण्डी इसके बारे में अधिकांश लोगों से ज्यादा जानते हैं। उनका छोटा-सा कम्प्यूटर और एमपी-3 रिकॉर्डर प्रेस वक्तव्यों, खण्डनों, संशोधनों, भूल सुधारों, पार्टी साहित्य, मृतक सूचियों टीवी और सुनने और देखने वाली सामग्री से भरा हुआ है। 'गुडसा उसेण्डी की भूमिका निभाने की सबसे खराब बात है।' वे कहते हैं। "ऐसे स्पष्टीकरण जारी करना जो कभी प्रकाशित नहीं किए जाते। हमारे बारे में जो झूठ वे प्रचारित करते हैं उसके अप्रकाशित स्पष्टीकरणों की हम एक पुस्तक प्रकाशित कर सकते हैं।" वे रत्ती भर आक्रोश और खीझ के बिना कहते हैं, बल्कि कहा जाये मजा लेते हुए, दिलचस्प लहजे में।

'वह कौन-सा सबसे हास्यास्पद आरोप है, जिसका खण्डन आपको करना पड़ा है?"

वे मन-ही-मन अतीत के बारे में सोचते हैं। "2007 में हमें एक बयान जारी करना पड़ा, नहीं भाई हमने गाय को हथौड़े से नहीं मारा।' 2007 में रमण सिंह की सरकार ने एक गाय योजना की घोषणा की, एक चुनावी वादा, हर आदिवासी के लिए एक गाय। एक दिन टीवी चैनलों और अखबारों—सभी ने रिपोर्ट किया कि नक्सलवादियों ने गायों के एक झुण्ड पर हमला किया और हथौड़ा से उन्हें मार दिया, क्योंकि वे हिन्दू-विरोधी, भाजपा-विरोधी थे। आप कल्पना कर सकती हैं कि क्या हुआ होगा। हमने एक खण्डन जारी किया। शायद ही किसी ने उसे छापा। बाद में पता चला कि आदिवासियों में बाँटने के लिए उस आदमी को गायें दी गई थीं। वह बदमाश था, उसने उन्हें बेच दिया था और कह दिया था कि हमने उस पर घात लगाकर हमला किया था और गायों को मार दिया था।"

और सबसे गम्भीर आरोप?

"अरे, दर्जनों हैं। आखिरकार यह एक अभियान है। जब सल्वा जुडुम शुरू हुआ तो पहले दिन उन्होंने अम्बेली नाम के एक गाँव पर हमला किया, उसे जला दिया और फिर वे सब-के-सब विशेष पुलिस अधिकारी, नगा बटालियन, पुलिसवाले कोट्रापाल की तरफ बढ़े...आपने कोट्रापाल के बारे गें जरूर सुना होगा? बड़ा मशहूर गाँव है, उसे समर्पण करने से इनकार करने के लिए 22 बार जलाया गया है। जब जुडुम के लोग कोट्रापाल पहुँचे, हमारे अर्द्ध सैनिक उनकी ताक में थे। उन्होंने घात लगाकर हमले की तैयारी कर रखी थी। दो विशेष पुलिस अधिकारी मारे गए। अर्द्धसैनिकों ने सात को पकड़ लिया, बाकी भाग खड़े हुए। अगले दिन अखबारों ने खबरें छापीं कि नक्सलवादियों न गरीब आदिवासियों का कत्ले-आम किया था।

कुछ ने कहा, हमने सैकड़ों मार दिए थे। यहाँ तक कि 'फ्रण्ट लाइन' जैसी प्रतिष्ठित पत्रिका ने भी कहा कि हमने 18 निर्दोष आदिवासियों को मार दिया था। बालगोपाल जो हमारा सबसे बड़ा समर्थक था, हमारा आलोचक बन गया, आम तौर पर तथ्यों के बारे में इतना सतर्क रहता है, उसने भी यहीं कहा। हमने एक स्पष्टीकरण भेजा। किसी ने नहीं छापा। बाद में अपनी किताब में बालगोपाल ने अपनी भूल स्वीकार की...लेकिन किसने ध्यान दिया?"

मैंने पूछा कि जो सात लोग पकड़े गए थे उनका क्या हुआ।

"क्षेत्रीय समिति ने एक जन अदालत बुलाई। चार हजार लोग उसमें उपस्थित हुए। उन्होंने पूरी कहानी सुनी। दो विशेष पुलिस अधिकारियों को मृत्युदण्ड की सजा सुनाई गई। पाँच को चेतावनी देकर छोड़ दिया गया। लोगों ने फैसला किया। मुखबिरों के साथ—जो आजकल एक बड़ी समस्या बनते जा रहे हैं—लोग मामले को सुनते हैं, बयानों को, कबूलनामों को, और कहते हैं, 'इसका रिस्क हम नहीं ले सकते हैं,' या 'इसका रिस्क हम लेंगे।' अखबार हमेशा उन मुखबिरों के बारे में खबरें छापते हैं जो मारे जाते हैं। उन बहुत-से मुखबिरों के बारे में नहीं, जिन्हें छोड़ दिया जाता है। उन लोगों के बारे में भी नहीं जिन्हें इन मुखबिरों ने मारा है। इसलिए सब यही सोचते हैं कि यह कोई खून की प्यासी प्रक्रिया है जिसमें हर कोई हमेशा मारा ही जाता है। इसका सम्बन्ध बदले से नहीं है, जिन्दा बचे रहने और भविष्य में जिन्दगियों को बचाने से है... निश्चय ही समस्याएँ हैं, हमने भयानक गलतियाँ की हैं, यहाँ तक कि घात लगाकर किए गए हमलों से गलत लोगों को मारा है, सोचते हुए कि वे पुलिसवाले हैं, लेकिन यह वैसे नहीं है, जैसे मीडिया में चित्रित किया जाता है।'

ये खौफनाक 'जन अदालतें'—इन्हें हम कैसे स्वीकार कर सकते हैं? या ऐसे अशिष्ट न्याय को सही ठहरा सकते हैं।

'दूसरी ओर तुरत-फुरत न्याय के सबसे बुरे रूप, मुठभेडों' का क्या होगा—झूठी हों या नहीं—जो भारत सरकार के पुलिसवालों और सैनिकों को बहादुरी के पदक, नकद पुरस्कार और समय से पहले तरक्की मुहैया कराती हैं? जितने ज्यादा वे मारते हैं, उतने ज्यादा वे पुरस्कृत होते हैं। वे बहादुर कहलाते हैं, ये 'मुठभेड़ विशेषज्ञ'। हमें 'राष्ट्र-विरोधी' कहा जाता है, हममें से उनको जो उन्हें कटघरे में खड़ा करने की हिम्मत करते हैं। और उस सुप्रीम कोर्ट का क्या होगा, जिसने बेहयाई से स्वीकार किया कि उसके पास मोहम्मद अफजल (दिसम्बर 2001 के संसद हमले के आरोपी) को मौत की सजा सुनाने के लिए पर्याप्त सबूत नहीं हैं। लेकिन हर हाल में ऐसा कर दिया, क्योंकि 'समाज का सामूहिक अन्तःकरण तभी संतुष्ट होगा, अगर अभियुक्त को मृत्युदण्ड दिया जाए।'

कम-से-कम कोट्रापल जन अदालत में समूह अपना फैसला खुद करने के लिए सशरीर उपस्थित था। यह फैसला उन जजों ने नहीं किया था, आम जिन्दगी से

जितना ताल्लुक बहुत पहले ही कट चुका था और जिनका खयाल था कि वे समूह की ओर से बोल रहे थे, हालांकि न तो वह समूह वहाँ उपस्थित था और न उससे राय-मशविरा करने की जरूरत उन जजों ने कभी समझी थी।

मैं अटकल भिड़ाती हूँ कि कोट्रापाल के लोगों को क्या करना चाहिए था? पुलिस को बुलाना?

ढोल-नगाड़ों की आवाज सचमुच बहुत तेज हो गई है। भूमकाल का समय है। हम मैदान की तरफ जाते हैं। मुझे अपनी आँखों पर मुश्किल से यकीन होता है। वहाँ लोगों का एक समुद्र लहरा रहा है, सबसे अजीबों-गरीब, अनोखे, सुन्दर तरीकों से सज्जित। लगता है औरतों की तुलना में आदमियों ने अपने साज-सिंगार पर ज्यादा ध्यान दिया है। उन्होंने सिर के पहरावे में पंख लगाये हुए हैं और चेहरों पर गोदने रँगे हुए हैं। बहुतों ने आँखें सजाई हुई हैं और चेहरों पर सफेद खड़िया पोती हुई हैं। ढेर सारे अर्द्धसैनिक हैं, रंग-बिरंगी साड़ियाँ पहने लड़कियाँ जिन्होंने बेपरवाही से कन्धों पर राइफल टाँग रखी हैं। बूढ़े हैं और बच्चे भी और आसमान में लहराती झण्डियाँ। धूप तीखी है और सूरज ऊँचाई पर। कॉमरेड लेंग बोलते हैं। और जनताना सरकारों के विभिन्न पदाधिकारी। कॉमरेड नीति, एक असाधारण महिला जो 1997 से पार्टी के साथ है, देश के लिए इतना बड़ा खतरा समझी जाती हैं कि 2007 में 700 से अधिक पुलिसवालों ने इन्नर गाँव को घेर लिया था, क्योंकि उन्होंने सुना था कि वे वहाँ थीं। कॉमरेड नीति को इतना खतरनाक माना जाता है और उनकी खोज इतने ताबड़-तोड़ ढंग से हो रही है, इसलिए नहीं कि उन्होंने घात लगाकर किए गए बहुत-से हमलों की अगुवाई की है (जो कि उन्होंने की है) लेकिन इसलिए, क्योंकि वे एक आदिवासी औरत हैं, जिन्हें गाँव के लोग प्यार करते हैं और जो युवा लोगों के लिए सचमुच एक प्रेरणा हैं। वे अपनी एके-47 को कन्धे से लटकाए बोलती हैं। (इस बन्दूक के पीछे एक कहानी है। लगभग हरेक की बन्दूक की एक कहानी है। किससे वह छीनी गई, कैसे और किसके द्वारा?)

चेतना नाट्य मंच की एक मण्डली भूमकाल विद्रोह के बारे में एक नाटक खेलती है। दुष्ट गोरे उपनिवेशवादियों ने सुनहरे फूस से बने बाल लगाये हुए हैं और हैट पहन रखे हैं और आदिवासियों को डराते-धमकाते और पीट-पीटकर मुर्गा बना देते हैं—जो दर्शकों को बहुत मुदित करता है। दक्षिण गंगालौर की एक और मण्डली एक नाटक खेलती है—नितीर जुडुम पीतो (खूनी शिकारी की कथा) जूरी मेरे लिए अनुवाद करती है। कहानी दो बूढ़े लोगों के बारे में है, जो अपनी बेटी के गाँव की तलाश में जाते हैं। जंगल से होकर जाते समय वे रास्ता खोकर भटक जाते हैं, क्योंकि हर चीज जला दी गई है और पहचानी नहीं जाती। सल्वा जुडुम ने ढोल-नगाड़े और संगीत के वाद्य भी जला दिए हैं। राख भी नहीं है, क्योंकि बारिश होती रही है।

वे अपनी बेटी को नहीं खोज पाते। व्यथित होकर बूढ़े दम्पति गाना शुरू करते हैं और उन्हें सुनकर अवशेषों से उनकी बेटी पलटकर उन्हें सुनाती हुई गाती है—हमारे गाँव की आवाज खामोश कर दी गई है, वह गाती है। अब चावल कूटने की धमक नहीं है, कुएँ के पास का हँसना-हँसाना बन्द है। न चिड़ियाँ हैं, न मिमियाती बकरियाँ। हमारे सुख का तना हुआ तार तोड़ दिया गया है।

उसका बाप गाकर उससे कहता है—मेरी सुन्दर बेटी, आज मत रो। जो पैदा हुआ है, उसे मरना ही है। हमारे गिर्द खड़े ये पेड़ गिर जाएँगे, फूल खिलेंगे और कुम्हला जाएँगे, एक दिन यह दुनिया बूढ़ी हो जाएगी। लेकिन हम किसके लिए मर रहे हैं? एक दिन हमें लूटने वालों को सबक मिलेगा, एक दिन सत्य की जीत होगी, लेकिन हमारे लोग तुम्हें कभी नहीं भूलेंगे, हजार बरसों तक नहीं भूलेंगे।

कुछ और भाषण होते हैं। फिर ढोल बज उठते हैं और नृत्य शुरू होता है। हर जनताना सरकार की अपनी मण्डली है। हर मण्डली ने अपना नाच तैयार किया है। वे एक-एक करके आते हैं, भीमकाय ढोल-नगाड़ों के साथ और नाचकर अजीबो-गरीब कथाएँ प्रस्तुत करते हैं। हर मण्डली में एक-सा खलनायक है—दुष्ट खदान वाला—हेल्मेट और काले चश्मे के साथ और अमूमन सिगरेट पीता हुआ। लेकिन उनके नाचने में कुछ भी कड़ापन या कृत्रिमता या मशीनी नहीं है। उनके नाचने के साथ-साथ धूल उठती है। नगाड़ों की आवाज कान फाड़ने वाली बन जाती है। धीरे-धीरे भीड़ झूमनें लगती है और फिर वह नाचने लगती है। वे छः या सात जनों की छोटी-छोटी कतारों में नाचते हैं, आदमी और औरतें अलग-अलग, अपनी बाँहें, एक-दूसरे की कमर में डाले। हजारों लोग। इसी के लिए वे आए भी हैं। इसी के लिए। यहाँ दण्डकारण्य के जंगल में खुशी को बहुत गम्भीरता से लिया जाता है। लोग मीलों चलेंगे—लगातार कई-कई दिन तक—खाने-पीने और नाचने के लिए, अपनी पगड़ियों में पंख और बालों में फूल सजाने के लिए, एक दूसरे के गिर्द बाँहें डालने और महुआ पीने और रात-रात भर नाचने के लिए। कोई भी अकेले नहीं गाता या नाचता और किसी भी बात से ज्यादा यही चीज है, जो सभ्यता के प्रति उनकी चुनौती का संकेत है, जिसने उन्हें नेस्तानाबूद करने की ठान रखी है।

मुझे विश्वास नहीं होता कि यह सब ठीक पुलिस की नाक के नीचे हो रहा है। ऑपरेशन ग्रीनहण्ट के बीचोबीच।

शुरू-शुरू में जनमुक्ति छापामार सेना के कॉमरेड अपनी बन्दूकों के साथ अलग-अलग खड़े नाचनेवालों को देखते रहते हैं। लेकिन फिर, एक-एक कर, उन बत्तखों की तरह जो किनारे पर खड़े-खड़े दूसरी बत्तखों को तैरते हुए देखते रहना बरदाश्त नहीं कर पातीं, वे भी शामिल हो जाते हैं और नाचने लगते हैं। जल्दी ही हरी फौजी वर्दी वाले नर्तकों की पंक्तियाँ बाकी सब रंगों के साथ चकफेरियाँ लेने

लगती हैं। और फिर जैसे-जैसे भाई और बहनें और माता-पिता और बच्चे और मित्र, जो एक-दूसरे से महीनों से, कभी-बरसों से नहीं मिले, रू-ब-रू होते हैं, पाँतें टूटती हैं और फिर बनती हैं और साड़ियों और फूलों और ढोलों और पगड़ियों के बीच फौजी वर्दियाँ छितरा जाती हैं। सचमुच यह जनता की सेना है। कम-से-कम अभी के लिए। और वह क्या कहा था चेयरमैन माओ ने—छापामार मछलियाँ हैं और जनता वह पानी है, जिसमें वे तैरती हैं। इस समय यह शब्दशः सही है।

चेयरमैन माओ, वे भी यहाँ हैं। थोड़ा-सा अकेले, मगर मौजूद। उनका एक फोटो है, ऊपर लाल कपड़े के पर्दे पर। मार्क्स भी। और चारु मजूमदार—नक्सलवादी आंदोलन के संस्थापक और प्रमुख सिद्धान्तकार। उनकी खुरदरी वाग्मिता हिंसा, खून-खराबे और शहादत के प्रति अन्ध-श्रद्धा से ओत-प्रोत थी और अकसर ऐसी स्थूल भाषा का इस्तेमाल करती थी, जो लगभग जनसंहारक कही जा सकती है। यहाँ, भूमकाल दिवस पर खड़े-खड़े मैं खुद को यह सोचने से नहीं रोक पाती कि उनका विश्लेषण—जब उन्होंने कहा कि सिर्फ 'एक सफाया अभियान' ही उस 'नए आदमी को पैदा कर सकता है, जो मौत को चुनौती देगा और हर स्वार्थी विचार से मुक्त होगा'—जो इस क्रान्ति के लिए इतना प्राणदाई है, इसकी भावना और बुनावट से कितना दूर है।

तब क्या वे कल्पना कर सकते थे कि नाचते हुए रात को सबेरा करता हुआ, यह प्राचीन समुदाय, वह समुदाय होगा, जिसके कन्धों पर उनके सपने आ टिकेंगे?

यहाँ जो कुछ हो रहा है उसके प्रति यह घोर अन्याय है कि यहाँ से बाहरी दुनिया तक जो चीज पहुँच पा रही है, वह अपने समस्याग्रस्त अतीत से विकसित होने वाली पार्टी के विचारकों की कठोर, कड़ी, न झुकने वाली वक्तृता है। जब चारु मजूमदार ने अपना लोकप्रसिद्ध बयान दिया था कि 'चीन का अध्यक्ष हमारा अध्यक्ष है और चीन का रास्ता हमारा रास्ता है' तो वे उसे उस हद तक ले जाने को तैयार थे, जहाँ नक्सलवादी खामोश रहे, जब जनरल याहिया खाँ ने पूर्वी पाकिस्तान (बांग्लादेश) में नरसंहार किया, क्योंकि उस समय चीन पाकिस्तान का सहयोगी था। लाल ख्मेर की अतियों और कम्बोडिया के खून-खराबे पर भी चुप्पी रही। चीनी और रूसी क्रान्तियों की विलक्षण और भयंकर अतियों के बारे में भी मौन रहा। नक्सलवादी आंदोलन के अन्दर भी हिंसा-भरी ज्यादतियाँ हुई हैं और जो कुछ उन्होंने किया है, उसमें से बहुत कुछ को उचित ठहराना असम्भव है। तिस पर भी, इन भयंकर अन्तर्विरोधों के बावजूद चारु मजूमदार ने जो लिखा और कहा उसके अधिकांश में वे एक स्वप्नदर्शी थे और जो पार्टी उन्होंने स्थापित की, उसने (और उसके अनेक टूटे-बिखरे गुटों ने) भारत में क्रान्ति के स्वप्न को वास्तविक और विद्यमान रखा है। इस स्वप्न से रहित समाज की कल्पना कीजिए। महज इसी बिना पर हम बहुत कठोरता से उनका मूल्यांकन नहीं कर सकते। उस समय तो खास तौर पर नहीं जब हम 'अहिंसा के

मार्ग' की श्रेष्ठता और ट्रस्टीशिप की अपनी धारणा के बारे में गांधी के भावुकता-भरे छल को अपने इर्द-गिर्द लपेट लेते हैं–'अमीर आदमी की सम्पत्ति उसके अधिकार में रहेगी, जिसमें से उसे अपनी व्यक्तिगत जरूरतों के लिए जितना चाहिए उतना वह इस्तेमाल करेगा और बाकी हिस्से को समाज के हित में इस्तेमाल करने के उद्‌देश्य से न्यासी की भूमिका निभाएगा।'

हालाँकि कितना अजीब है कि भारतीय राज्य व्यवस्था के–उस राज्य व्यवस्था के जिसने नक्सलवादियों का इतना निर्मम दमन किया–मौजूदा सम्राट अब वही कह रहे हैं, जो चारु मजूमदार ने इतना पहले कहा था : चीन का रास्ता हमारा रास्ता है।

सिर के बल। अन्दर का बाहर।

चीन का रास्ता बदल गया है। चीन अब एक साम्राजवादी ताकत बन गया है, दूसरे देशों का, दूसरे लोगों के संसाधनों का, शिकार करता हुआ। लेकिन पार्टी अब भी सही है, फर्क इतना है कि पार्टी ने अपना सोच बदल दिया है।

जब पार्टी उम्मीदवार होती है (जैसी कि वह दण्डकारण्य में इस समय है), लोगों को रिझाती हुई, उनकी हर जरूरत का खयाल रखती हुई, तब वह सचमुच जनता की पार्टी है, उसकी सेना सचमुच जनता की सेना है। लेकिन क्रान्ति के बाद कितनी जल्दी यह प्रेम सम्बन्ध एक कड़वाहट-भरी शादी में परिवर्तित हो सकता है। कितनी आसानी से जनता की सेना जनता के खिलाफ मोर्चा बाँध सकती है। आज दण्डकारण्य में पार्टी बॉक्साइट को पहाड़ के भीतर ही रखने की हिमायती है। कल क्या यह अपना इरादा तो नहीं बदल लेगी? लेकिन क्या हम भविष्य को लेकर उठने वाली अपनी आशंकाओं को वर्तमान के बारे में कुछ न करने का बहाना बना सकते हैं या हमें बनाना चाहिए?

नाचना रात भर चलता रहेगा। मैं वापस शिविर की तरफ चल पड़ती हूँ। मासे वहाँ हैं, अभी जगी हुई। हम देर रात तक बतियाते रहते हैं। मैं उसे नेरूदा की कविता-पुस्तक 'कप्तान के छन्द' देती हूँ (मैं उसे अपने साथ ले आई थी कि शायद किसी काम आए)। वह बार-बार पूछती है, "वे हमारे बारे में बाहर क्या सोचते हैं? विद्यार्थी क्या कहते हैं? मुझे महिला आंदोला के बारे में बताइए, अब बड़े-बड़े मुद्‌दे कौन-से हैं?' वह मुझसे मेरे बारे में पूछती है, मेरे लेखन के बारे में। मैं उसे ईमानदारी से अपनी उथल-पुथल का हिसाब देने की कोशिश करती हूँ। फिर वह अपने बारे में बात करना शुरू करती है, कैसे वह पार्टी में शामिल हुई। वह मुझे बताती है कि उसका साथी पिछली मई में एक फर्जी मुठभेड़ में मारा गया था। वह नासिक में गिरफ़्तार हुआ था और मारे जाने के लिए वारंगल ले जाया गया था। 'उन्होंने उसे बुरी तरह यातनाएँ दी होंगी।' वह उससे मिलने जा रही थी जब उसने सुना कि वह

गिरफ्तार हो गया था। तब से वह जंगल ही में है। लम्बी खामोशी के बाद वह मुझे बताती है कि बरसों पहले एक बार उसका ब्याह हुआ था। 'वह भी एक मुठभेड़ में मारा गया था' वह कहती है, फिर दिल तोड़ने वाली सच्चाई से जोड़ती है, 'लेकिन असली वाली में।'

मैं अपनी झिल्ली पर लेटी, मासे की सुदीर्घ उदासी के बारे में सोचते हुए, नगाड़ों और मैदान से आती सुदीर्घ प्रसन्नता की आवाज़ें सुनते हुए और माओवादी पार्टी के केन्द्रीय सिद्धान्त, सुदीर्घ युद्ध सम्बन्धी चारु मजूमदार के विचार के बारे में सोचते हुए जागती रहती हूँ। यही है जो लोगों को यह सोचने पर आमादा करता है कि 'शान्ति वार्ताओं' में भाग लेने का माओवादियों का प्रस्ताव एक धोखा है, एक चाल ताकि फिर से एकजुट होने, खुद को नए सिरे से हथियारबन्द करने और फिर से सुदीर्घ लड़ाई छेड़ने के लिए साँस लेने की मोहलत मिल सके। सुदीर्घ लड़ाई है क्या चीज? क्या यह अपने आप में एक भयानक चीज है या यह युद्ध की प्रकृति पर निर्भर करता है? क्या होता अगर यहाँ दण्डकारण्य की जनता ने पिछले तीस वर्षों तक अपनी सुदीर्घ लड़ाई न लड़ी होती? कहाँ होते वे अब?

और क्या अकेले माओवादी ही सुदीर्घ लड़ाई में विश्वास रखनेवालों में शामिल हैं? लगभग उस पल से जब हिन्दुस्तान प्रभुसत्ता सम्पन्न देश बना था। वह एक उपनिवेशवादी शक्ति बन गया था, क्षेत्र हस्तगत करता, हड़पता, लड़ाई छेड़ता हुआ। राजनीतिक समस्याओं को हल करने के लिए वह सैनिक हस्तक्षेप करने से कभी नहीं हिचकिचाया—कश्मीर, हैदराबाद, गोआ, नागालैण्ड, मणिपुर, तेलंगाना, असम, पंजाब, पश्चिम बंगाल, बिहार, आन्ध्र प्रदेश और अब मध्य भारत की लम्बाई-चौड़ाई में फैले आदिवासी इलाकों में नक्सलवादी विद्रोह। दासियों हजारों लोग बेखौफो-खतर मार दिए गए हैं, लाखों को यातनाएँ दी गई हैं। यह सब लोकतन्त्र के कल्याणकारी मुखौटे के भीतर। ये युद्ध किसके खिलाफ छेडे गए? मुसलमानों, ईसाइयों, सिखों, कम्युनिस्टों, दलितों, आदिवासियों और सबसे ज्यादा उन गरीबों के खिलाफ, जिन्होंने अपनी तरफ फेंके गये टुकड़ों को स्वीकार करने की बजाय अपने भाग्य पर सवाल उठाने की जुर्रत की। भारतीय राज्य को सारतः सवर्ण हिन्दू राज्य के रूप में न देखना कठिन है (चाहे जो भी राजनीतिक दल सत्ता पर आसीन हो) जो 'दूसरे' के प्रति एक सहज प्रतिक्रियापरक शत्रुता संजोये रखता है। जो सच्चे औपनिवेशिक ढंग से नगा और मिजो को छत्तीसगढ़ में, सिक्खों को कश्मीर में, कश्मीरियों को उड़ीसा में, तमिलों को असम में लड़ने भेजता है। अगर यह सुदीर्घ युद्ध नहीं है तो क्या है?

सुन्दर, सितारों-जड़ी रात में बेमजा खयाल। सुखदेव, जिनका चेहरा उनके कम्प्यूटर के पर्दे से उद्भासित है, खुद से ही मुस्करा रहे हैं। वे पागल, काम के दीवाने हैं। मैं उनसे पूछती हूँ उन्हें कौन-सी चीज मजेदार लग रही है। 'मैं उन पत्रकारों के बारे में सोच रहा हूँ, जो पिछले साल भूमकाल समारोह के मौके पर आए थे। वे एक

या दो दिन रुके थे। एक ने मेरी एके को हाथ में लेकर तस्वीर खिंचाई थी और फिर वापस जाकर हमें हत्या की मशीनें या ऐसा ही कुछ कहा था।'

नाचना अभी रुका नहीं है और भोर हो गई है। कतारें अब भी झूम रही हैं, सैकड़ों युवा लोग अब भी नाच रहे हैं। "वे रुकेंगे नहीं", कॉमरेड राजू कहते हैं, "जब तक हम सामान नहीं बाँधने लगते।"

मैं मैदान में कॉमरेड डॉक्टर से टकरा जाती हूँ। वे नाच के मैदान के छोर पर एक छोटा-सा चिकित्सा शिविर चला रहे हैं। मैं उनके भरे-भरे गोल गालों को चूम लेना चाहती हूँ। वे एक की बजाय तीस लोग क्यों नहीं बन सकते? वे हजार लोग क्यों नहीं बन सकते? मैं उनसे पूछती हूँ कि कैसा लग रहा है, दण्डकारण्य का स्वास्थ्य? उनका जवाब मेरी नसों में खून जमा देता है। जिन लोगों को उन्होंने देखा है, उनमें से ज्यादातर लोगों के खून में (जिनमें जनमुक्ति छापामार सेना के लोग शामिल हैं) हेमोग्लोबिन की मात्रा 5 से 6 के बीच है (जबकि भारतीय औरतों के लिए मानक 11 है)। दो साल से अधिक तक पुरानी खून की कमी बने रहने की वजह से होने वाली टीबी है। छोटे बच्चों को प्रोटीन ऊर्जा कुपोषण दर्जा-2 है। चिकित्सा की शब्दावली में इसे क्वाशियोरकोर कहते हैं। (मैंने बाद में इसे जाँचा। यह समुद्रवर्ती घाना की गा भाषा से निकला शब्द है और इसका मतलब है वह बीमारी जो बच्चे को नए बच्चे के आने पर होती है।' बुनियादी तौर पर पहले बच्चे को माँ का दूध मिलना बन्द हो जाता है और इतना खाना होता नहीं जिससे उसे पोषण मिल सके।) 'यहाँ यह संक्रामक बीमारी सरीखा है, बिआफ्रा की तरह', कॉमरेड डॉक्टर कहते हैं, 'मैंने पहले भी गाँव में काम किया है, लेकिन ऐसी हालत कभी नहीं देखी।'

इसके अलावा मलेरिया, हड्डियों का पोलापन, टेपवर्म, कान और दाँत के गम्भीर संक्रमण और प्राथमिक ऋतुरोध है—जो तब होता है जब वयःसन्धि के समय कुपोषण के कारण औरत के मासिक धर्म का चक्र लुप्त हो जाता है या फिर शुरू ही से प्रकट ही नहीं होता।

'इस जंगल में कोई दवाखाना नहीं है, सिवा गडचिरोली में एकाध के। कोई डॉक्टर नहीं। कोई दवा-दारू नहीं।

वे जा रहे हैं अपने छोटे-से दल के साथ अबूझमाड़ की ओर, आठ दिन की पदयात्रा पर। कॉमरेड डॉक्टर अब ड्रेस में हैं। लिहाजा अगर वे इन्हें पा जायेंगे तो इन्हें मार देंगे।

कॉमरेड राजू कहते हैं कि हमारे लिए यहाँ डेरा डाले रखना सुरक्षित नहीं है। हमें चल देना होगा। भूमकाल को छोड़ने का मतलब है देर तक ढेर सारी विदाएँ लेना-देना।

लाल लाल सलाम, लाल लाल सलाम
जाने वाले साथियों को लाल सलाम

फिर मिलेंगे, फिर मिलेंगे
दण्डकारण्य के जंगल में फिर मिलेंगे।

कॉमरेड नर्मदा, कॉमरेड मासे और कॉमरेड रूपी अलग-अलग दिशाओं में जा रही हैं। क्या मैं उन्हें फिर कभी देखूँगी?

इसे कभी हल्केपन से नहीं लिया जाता, आगमन और प्रस्थान की इस रस्म को, क्योंकि हर कोई जानता है कि जब वे कहते हैं 'हम फिर मिलेंगे' उनका असली मतलब होता है, 'शायद हम कभी नहीं मिलेंगे।'

लिहाजा एक बार फिर हम चलते हैं। दिनों दिन मौसम गर्म होता जा रहा है। कमला मेरे लिए तेन्दू के पहले-पहले फल चुनती है। उसका स्वाद चीकू जैसा है। मैं इमली भक्त हो गई हूँ। इस बार हम एक नदी के नजदीक डेरा डालते हैं। औरतें और आदमी बारी-बारी से समूहों में नहाते हैं। शाम को कॉमरेड राजू को 'बिस्कुटों' का पूरा डिब्बा मिलता है।

खबरें :

मानपुर मण्डल में जनवरी 2010 के अन्त में गिरफ्तार किए गए 60 लोग अभी तक अदालत में पेश नहीं किए गए हैं।

दक्षिण बस्तर में पुलिस के विशाल दस्ते आ पहुँचे हैं। मनमाने हमले जारी हैं। 8 नवम्बर 2009 को बीजापुर जिला के कचलाराम गाँव में डिरको मडका (60) और कोवासी सुकलू (68) मारे गये।

24 नवम्बर को पनगोड़ी गाँव में मडवी बामन (15) मारा गया।

3 दिसम्बर को कोरेनजाड का मडवी बुदराम भी मारा गया।

11 दिसम्बर को गुमिया पाल गाँव, डरबा मण्डल, 7 लोग मारे गए। नाम अभी आने बाकी हैं।

15 दिसम्बर को कोट्रापाल गाँव, वेको साम्बार और मडवी भाट्टी (दोनों क्रा. आ. म. सं. के साथ) मारी गई।

30 दिसम्बर को वेचापाल गाँव पूनेम पाण्डू और पूनेम मोटू (पिता-पुत्र) मारे गए।

सन् 2010 (तिथी अज्ञात) कैका गाँव, गंगालोर में जनताना सरकार का मुखिया मारा गया।

9 जनवरी को जागरगोंडा क्षेत्र के सुरपनगूडेन गाँव में 4 लोग मारे गए।

10 जनवरी को पुल्लेम पुल्लाडी गाँव में 3 लोग मारे गए। (अभी तक नाम नहीं पता।)

25 जनवरी को इन्द्रावती क्षेत्र के ताकिलोड गाँव में 7 लोग मारे गए।

10 फरवरी (भूमकाल दिवस) को अबूझमाड़ के दुमनार गाँव में कुमली के बलात्कार के बाद उसकी हत्या...वह पेवर नामक गाँव की थी।

भारत-तिब्बत सीमा रक्षकों के 2000 सैनिक ने राजनान्दगाँव के जंगलों में डेरा डाले हुए हैं।

सीमा सुरक्षा बल के 5000 अतिरिक्त फौजी, कॉकेर आ पहुँचे हैं।

और फिर :

जनमुक्ति छापामार सेना का कोटा पूरा हो गया।

कुछ पुराने अखबार भी आए हैं। नक्सलवादियों के बारे में बहुत-सी सामग्री है। एक चीखती हुई सुर्खी राजनीतिक फिजा का सटीक लुब्बे-लुआब पेश करती है : खदेड़ों, मारो, समर्पण कराओ। उसके नीचे : वार्ता के लिए लोकतंत्र का द्वार खुला है। दूसरी सुर्खी कहती है, माओवादी पैसा बनाने के लिए गाँजा उगा रहे हैं। तीसरे अखबार में सम्पादकीय कहता है कि जिस इलाक़े में हमने डेरा डाला हुआ है और जिसे हम पैदल पार कर रहे हैं, वह पूरी तरह पुलिस के नियंत्रण में है।

युवा कम्युनिस्ट कतरनों का पढ़ने का अभ्यास करने के लिए जाते हैं। वे शिविर में माओवादियों का विरोध करने वाले इन लेखों को रेडियो उद्घोषिकों के स्वरों में ऊँचे-ऊँचे पढ़ते हुए घूमते रहते हैं।

नया दिन। नई जगह। हमने महुआ के विशाल पेड़ों के नीचे उसिर गाँव के बाहरी हिस्से में डेरा डाला हुआ है। महुआ के पड़ों में अभी-अभी फूल आ रहे हैं और वे अपने हलके पीले, हरे अंकुर जंगल के फर्श पर रत्नों की तरह गिरा रहे हैं। हवा में उनकी हल्की-हल्की उन्मत्त करने वाली गन्ध बसी हुई है। हम भाटपाल स्कूल के बच्चों का इन्तजार कर रहे हैं, जो ओंगनार मुठभेड़ के बाद बन्द कर दिया गया था। उसे अब पुलिस के शिविर में बदल दिया गया है। बच्चों को घर भेज दिया गया है। यही नेलवाड, मूँजमेट्टा, एडका, वेडोमाकोट और घनोरा के स्कूलों के बारे में भी सच है।

भाटपाल स्कूल के बच्चे नहीं आते।

कॉमरेड नीति (मोस्ट वॉण्टेड) और कॉमरेड विनोद हमें अपने साथ लेकर जल संचय के ढाँचों और सिंचाई के तालाबों की उस शृंखला को दिखाने ले जाते हैं, जो जनताना सरकार ने बनाये हैं। कॉमरेड नीति खेती-बाड़ी से सम्बन्धित ढेर सारी समस्याओं के बारे में बात करती हैं, जिनसे उनको निपटना पड़ता है। जमीन के सिर्फ़ दो फीसदी हिस्से की सिंचाई होती है। अबूझमाड़ में दस साल पहले तक हल से जुताई के बारे में सुना भी नहीं गया था। दूसरी ओर गडचिरोली में संकर बीज और रासायनिक कीटाणुनाशक धीरे-धीरे अपना रास्ता बनाते हुए घुसते चले आ रहे हैं। 'हमे खेती-बाड़ी के सिलसिले में तत्काल मदद की जरूरत है,' कॉमरेड विनोद कहते हैं। 'हमें ऐसे लोगों की जरूरत है जो बीजों, जैव कीटाणुनाशकों, पर्माकल्चर

के बारे में जानते हों। थोड़ी-सी मदद के बल पर हम बहुत कुछ कर सकते हैं।'

कॉमरेड रामू जनताना सरकार क्षेत्र में प्रभारी कृषक हैं। वे गर्व के साथ हमें खेतों का चक्कर लगवाते हैं, जहाँ वे चावल, बैंगन, गोंगूरा, प्याज, कोह्लराबी उगाते हैं। फिर उतने ही गर्व से हमें एक विशाल, एकदम सूखा सिंचाई का तालाब दिखाते हैं। इसमें बारिश के मौसम में भी पानी नहीं होता। यह गलत जगह खोदा गया है', वे चेहरे पर मुस्कान खिलाये, कहते हैं, 'यह हमारा नहीं है, इसे लूटी सरकार ने खुदवाया था।' यहाँ दो समानान्तर शासन प्रणालियाँ हैं, जनताना सरकार और लूटी सरकार।

मैं उस बात के बारे में सोचती हूँ जो कॉमरेड वेणु ने मुझसे कही थी : वे हमें कुचल डालना चाहते हैं, महज खनिजों के लिए ही नहीं, बल्कि इसलिए भी कि हम दुनिया के सामने एक वैकल्पिक नमूना पेश कर रहे हैं।

यह अभी एक विकल्प नहीं है—यह बन्दूक के बल पर ग्राम स्वराज। यहाँ बहुत ज्यादा भूख है, बहुत ज्यादा बीमारी। लेकिन उसने विकल्प की सम्भावनाएँ तो निश्चय ही पैदा कर दी हैं। सारी दुनिया के लिए नहीं, न अलास्का के लिए, न नई दिल्ली, यहाँ तक कि शायद समूचे छत्तीसगढ़ के लिए भी नहीं, बल्कि खुद अपने लिए। दण्डकारण्य के लिए। यह दुनिया का सबसे गोपनीय भेद है। उसने अपने नाश के विकल्प की बुनियाद रख दी है। उसने इतिहास को चुनौती दी है। भारी रुकावटों के बावजूद उसने अपने जीवित बच निकलने का एक नक्शा तैयार किया है। उसे मदद और कल्पनाशीलता की जरूरत है, उसे डॉक्टरों, अध्यापकों, किसानों की जरूरत है।

उसे युद्ध की जरूरत नहीं है।

लेकिन अगर उसे सिर्फ युद्ध ही मिलने वाला है, तो वह पलटकर लड़ेगा।

अगले कुछ दिनों के दौरान मैं क्रा. आ. म. संगठन के साथ काम करने वाली महिलाओं, जनता सरकारों के विभिन्न पदाधिकारियों, दण्डकारण्य आदिवासी किसान मजदूर संगठन के सदस्यों, मारे गये लोगों के परिवारों और महज आम लोगों से मिलती हूँ, जो इस भयावह समय में सिर्फ जिन्दगी का साथ निभाने की जद्दोजहद में जुटे हुए हैं।

मैं नारायणपुर जिले की तीन बहनों/सुखियारी, सुकदेई और सुक्कली—से मिलती हूँ। जवान नहीं शायद चालीस के पेटे में। वे क्रा. आ. म. संगठन में पिछले बारह वर्षों से हैं। गाँववाले पुलिस से निपटने के लिए उन पर निर्भर रहते हैं। पुलिस वाले दो से तीन सौ के झुण्ड में आते हैं। वे हर चीज चुरा ले जाते हैं, गहने, मुर्गे, सुअर, भाँडे-बर्तन, तीर-कमान', सुक्कली कहती है, 'वे चाकू भी नहीं छोड़ते।' इन्नर में उसका घर दो बार जलाया गया है—एक बार नगा बटेलियन द्वारा और एक बार केन्द्रीय रिजर्व पुलिस बल द्वारा। सुखियारी को गिरफ्तार कर जगदलपुर में सात

महीने तक जेल में रखा गया था। एक बार वे सारे गाँव को यह कहते हुए ले गये कि आदमी सब नक्सली थे। सुखियारी ने सारे बच्चों और औरतों को लेकर पीछा किया। उन्होंने थाने को घेर लिया और तब तक हिलने से इनकार कर दिया, जब तक आदमी मुक्त नहीं कर दिए गए। 'जब भी वे किसी को ले जाएँ।' सुकदेई कहती है, 'तुम्हें फौरन जाकर उसे वापस छीन लाना चाहिए। एक बार वे रोजनामचे में लिख लें तो फिर बहुत मुश्किल हो जाता है।'

सुखियारी को बचपन में जबर्दस्ती अपहरण करके एक उमरदार आदमी से ब्याह दिया गया था (वह घर से भाग गई और अपनी बहन के साथ जाकर रहने लगी) अब जनता की रैलियाँ आयोजित करती है और बैठकों में भाषण देती है। लोग उस पर सुरक्षा के लिए निर्भर रहते हैं। मैने उससे पूछा, उसके लिए पार्टी का मतलब क्या था। 'नक्सलवाद का मतलब हमारा परिवार। जब हम हमले के बारे में सुनते हैं तो ऐसा लगता है कि हमारे परिवार को चोट लगी है।' सुखियारी ने कहा।

मैंने उससे पूछा कि क्या उसे मालूम था कि माओ कौन था। वह शर्मीलेपन से मुस्कराई, 'वे एक नेता थे। हम उनके सपने के लिए काम कर रहे हैं।'

मैं कॉमरेड सोमारी गौडे से मिली। बीस साल की और जगदलपुर में दो साल जेल काट भी चुकी है। वह 8 जनवरी 2007 को इन्नर गाँव में थी, जिस दिन 740 पुलिसवालों ने उसके गिर्द घेरा डाल दिया, क्योंकि उन्हें खबर थी कि कॉमरेड नीति वहाँ थीं। (वे थीं, पर पुलिस के आने तक वे जा चुकी थीं।) लेकिन गाँव का अर्द्ध-सैनिक दल वहीं था, जिसमें सोमारी भी शामिल थी। पुलिस ने भोर के समय गोलियाँ चलाना शुरू कर दिया। उन्होंने दो लड़कों, सुकताल गौडे और कचरू गोटा को मार डाला। उन्होंने तीन दूसरे लोगों को पकड लिया—दो लड़के, दूसरी सालम और रानाई और सोमारी। दूसरी और रानाई को बाँधकर गोली मार दी गई। सोमारी को पीट-पीटकर अधमरा कर दिया गया। पुलिस ने ट्रेलर वाला एक ट्रैक्टर लिया और लाशें उसमें लाद दीं। सोमारी को लाशों के साथ बैठाकर नारायणपुर ले जाया गया।

मैं कामरेड दिलीप की माँ चमरी से मिली, जिसे 6 जुलाई 2009 को गोली मार दी गई थी। वह कहती हैं कि उसे मारने के बाद पुलिस ने उसके बेटे के शव को एक बाँस से बाँध दिया जानवर की तरह, और उसे अपने साथ ले चले। उनके लिए लाश शवों को पेश करना पड़ता है, अपना इनाम लेने के लिए, इससे पहले कि कोई और शिकार को ले भागे। चमरी पुलिस स्टेशन तक सारा रास्ता उनके पीछे दौड़ती गई। जब तक वे पहुँचे, शव पर कपड़े के नाम पर चिथड़ा भी नहीं रह गया था। रास्ते में, चमरी कहती है, जब वे सड़क के किनारे के एक ढाबे पर चावल और बिस्कुट खाने के लिए रुके (जिसके दाम उन्होंने नहीं चुकाए) तो उन्होंने शव को सड़क के किनारे छोड़ दिया। पल भर के लिए इस माँ की कल्पना कीजिए, अपने

बेटे के शव के पीछे-पीछे जंगल से होकर आती हुई, थोड़े फासले पर रुकती हुई, ताकि उसके हत्यारे चाय पी लें। उन्होंने उसे अपने बेटे का शव वापस नहीं लेने दिया, ताकि वह सही ढंग से उसका क्रिया-कर्म कर सके। उन्होंने उसे बस उस एक गड्ढे में एक मुट्ठी मिट्टी फेंकने दी, जिसमें उन्होंने उस दिन मारे गए लोगों को गाड़ा था। चमरी कहती है, उसे बदला चाहिए। बदला कू बदला। (खून के बदले खून)।

मैं मार्सकोल जनताना सरकार के चुने हुए सदस्यों से मिलती हूँ, जो छह गाँवों का प्रशासन चलाती है। उन्होंने पुलिस की एक दबिश बयान की : वे रात को आते हैं, 300, 400 कभी-कभी 1000 सिपाही। वे गाँव के गिर्द घेरा डाल देते हैं और छिप कर इन्तजार करते हैं। भोर के समय वे खेतों पर जाने वाले पहले-पहले लोगों को पकड़ लेते हैं और गाँव में घुसने के लिए उन्हें इनसानी ढालों की तरह इस्तेमाल करते हैं ताकि वे उन्हें बताएँ कि 'बूबी ट्रैप' कहाँ हैं। ('बूबी ट्रैप' गोडी शब्द बन गया है। हर आदमी मुसकराता है, जब वह उसे कहता या सुनता है। जंगल 'बूबी ट्रैपों' से भरा हुआ है, कुछ असली, कुछ नकली। यहाँ तक कि जनमुक्ति छापामार सेना को भी अर्द्धसैनिकों की सहायता के बल पर गाँवों से होकर गुजरना पड़ता है।) एक बार वे गाँव में घुसते हैं तो वे लूट-मार करते हैं और घरों को जलाते हैं। वे कुत्तों के साथ आते हैं। कुत्ते भागने की कोशिश करने वालों को पकड़ लेते हैं। वे मुर्गियों और सूअरों को दौड़ाते हैं और पुलिस उन्हें मारकर बोरों में भर के ले जाती है। विशेष पुलिस अधिकारी पुलिस के साथ आते हैं। उन्हें ही मालूम होता है कि लोग अपने पैसे और गहने कहाँ छिपाते हैं। वे लोगों को पकड़ते हैं और ले जाते हैं और उन्हें छोड़ने से पहले उनसे पैसे ऐंठते हैं। वे हमेशा कुछ अतिरिक्त नक्सल 'वर्दियाँ' अपने साथ लिये रहते हैं कि अगर वे मारने के लिए किसी को पाएँ तो इस्तेमाल कर सकें। उन्हें नक्सवादियों को मारने के पैसे मिलते हैं, लिहाजा वे कुछ नक्सलियों को गढ़ लेते हैं। गाँव वाले इतने डरे हुए हैं कि घर नहीं रहते।

इस शान्त नजर आते वन में जीवन पूरी तरह फौजी हो गया लगता है अब। लोग अब कॉर्डन और सर्च, फाइरिंग, ऐडवान्स, रिट्रीट, डाउन, ऐक्शन जैसे शब्द जानते हैं। अपनी फसलें काटने के लिए उन्हें जनमुक्ति छापामार सेना की गश्त की जरूरत होती है। हाट जाना भी एक सैनिक अभियान है। हाट-बाजार मुखबिरों से भरे होते हैं, जिन्हें पुलिस पैसे के बल पर उनके गाँवों से लुभाकर ले आई होती है 1500 रुपए महीने पर, मुझे बताया जाता है। नारायणपुर में एक मुखबिर मुहल्ला भी है जहाँ कम-से-कम 4000 मुखबिर रहते हैं। आदमी अब बाजार नहीं जा पाते। औरतें जाती हैं, लेकिन उन पर कड़ी निगरानी रखी जाती है कि वे नक्सलियों के लिए तो नहीं खरीद रही हैं। दवाखाने लोगों को दवाइयाँ नहीं खरीदने देते, सिवा बहुत छोटी-छोटी मात्राओं में और अकसर नुस्खे की माँग करते हैं। सरकारी राशन की दुकानों से कम दाम का राशन–चीनी, चावल, मिट्टी का तेल–पुलिस स्टेशनों में

या उनके नजदीक रखा जाता है, जिससे अधिकतर लोगों के लिए उसे खरीदना असम्भव हो जाता है।

जनसंहार के अपराध के निवारण और दण्ड पर राष्ट्र संघ के सम्मेलन की धारा-2 जनसंहार की परिभाषा इस प्रकार देती है :

> नीचे दिए गए कृत्यों में से कोई एक जो किसी राष्ट्रीय, जातीय, नस्ली या धार्मिक समुदाय को समग्रतः या अंशतः नष्ट करने के इरादे से किया गया हो, यथा, समुदाय के सदस्यों की हत्या करना, समुदाय के सदस्यों को गम्भीर शारीरिक या मानसिक हानि पहुँचाना; जान-बुझकर उस समूह पर ऐसी जीवन स्थितियाँ थोपना, जो पूरी तरह या अंशतः उसका शारीरिक नाश करने के उद्देश्य से थोपी गई हों; ऐसे कदम लागू करना जो समूह के भीतर प्रजनन को बाधित करें, (या) समूह के बच्चों को जबरदस्ती दूसरे समुदाय में स्थानान्तरित करना।

सारी पैदल चलाई ने लगता है मुझे अपनी गिरफ़्त में ले लिया है। मैं थक गई हूँ। कमला मुझे एक पतीला गर्म पानी ला देती है। मैं अँधेरे में एक पेड़ के पीछे नहाती हूँ। लेकिन मैं खाना नहीं खा सकती और सोने के लिए रेंगकर अपने स्लीपिंग बैग में घुस जाती हूँ। कॉमरेड राजू ऐलान करते हैं कि हमें चल देना है। निश्चय ही यह अकसर होता है, लेकिन आज की रात मुश्किल है। हमने एक खुले मैदान में डेरा डाला हुआ था। हमने दूर से आती गोलीबारी की आवाज सुनी थी। हम 104 हैं। एक बार फिर अकेली कतार बनाकर रात में चलना। झींगुरों की स्वर। लैवेण्डर जैसी गन्ध वाली कोई चीज। ग्यारह के बाद का समय रहा होगा, जब हम उस जगह पहुँचे, जहाँ हम रात बिताएँगे। धरती से बाहर को निकली चट्टानों का सिलसिला। कतारबन्दी। हाजिरी। कोई रेडियो चालू कर देता है। बीबीसी कहता है कि लालगढ़, पश्चिम बंगाल में ईस्टर्न फ्रण्टियर राइफल्स के शिविर पर हमला हुआ है। मोटर साइकिलों पर 60 माओवादी। पुलिस के 14 सिपाही मारे गए। 10 लापता। हथियार छीने गए। कतारों में खुशी की बुदबुदाहट फैल जाती है। माओवादी नेता किशनजी का इण्टरव्यू चल रहा है। आप यह हिंसा छोड़कर बातचीत के लिए कब आएँगे? जब ऑपरेशन ग्रीनहण्ट वापस ले लिया जाएगा। किसी भी समय। चिदम्बरम को बताइए हम बात करेंगे। अगला प्रश्न : अब अँधेरा है, आपने सुरंगें बिछाई हुई हैं, और सैनिक बुला लिए गए हैं, क्या आप उन पर भी हमला करेंगे? हाँ, निश्चय ही, वरना लोग मुझे मारेंगे। कतारों में हँसी फूट पड़ती है। स्पष्टीकरण देने वाले सुखदेव कहते हैं, 'वे हमेशा सुरंगें कहते हैं। हम सुरंगे नहीं बिछाते। हम आई ई डी इस्तेमाल करते हैं।'

हजार सितारा होटल में एक और शानों-शौकत वाला सुविधा-सम्पन्न कमरा। मेरी तबियत ठीक नहीं लग रही। बारिश होने लगती है। हल्की-सी हँसी फूट पड़ती है। कमला एक झिल्ली मुझे ओढ़ा देती है। और मुझे क्या चाहिए? बाकी सब बस अपनी-अपनी झिल्ली में खुद को लपेट लेते हैं।

अगली सुबह तक लालगढ़ में शवों की संख्या 21 हो गई है। दस लापता।

इस सुबह कॉमरेड राजू दूसरों का खयाल है। हर शाम से पहले नहीं चलते।

एक रात लोग पतंगों की तरह रोशनी के एक चकत्ते के गिर्द जमा हैं। यह सोलर पैनेल से चालित कॉमरेड सुखदेव का नन्हा-सा कम्प्यूटर है और वे 'मदर इण्डिया' देख रहे हैं। उनकी राइफलों के काले कुन्दे आकाश में छायाकृतियों की तरह दिखते हुए। कमला की दिलचस्पी उसमें नहीं लगती। मैंने उससे पूछा कि क्या उसे फिल्में देखना पसन्द था। 'नहीं दीदी, सिर्फ़ एम्बुश वीडियो।' बाद में मैंने कॉमरेड सुखदेव से घात लगाकर किए गए इन हमलों के विडियो के बारे में पूछा। बिना माथे पर शिकन लाए, वे मुझे एक विडियो दिखाते हैं।

विडियो दण्डकारण्य के दृश्यों से शुरू होता है, नदियाँ, झरने, पेड़ की नंगी डाल का पास से लिया गया शॉट। टिटहरी की आवाज। फिर अचानक एक कॉमरेड एक आई ई डी में तार लगा रहा है, सूखी पत्तियों में उसे छिपाता हुआ। मोटरसाइकिलों का एक काफिला उड़ा दिया जाता है। कटे-फटे शरीर हैं और जलती मोटरसाइकिलें। हथियार छीने जा रहे हैं। धक्के से सुन्न पुलिस के तीन सिपाही बाँध दिए गए हैं।

इसकी फिल्म कौन उतार रहा है? कौन कार्रवाई का संचालन कर रहा है? कौन पकड़े गए सिपाहियों को आश्वस्त कर रहा है कि वे अगर समर्पण कर दें तो उन्हें रिहा कर दिया जाएगा? (जो उन्होंने किया) मैं उस मुलायम, आश्वस्त करने वाली आवाज को पहचानती हूँ। वे कॉमरेड वेणु हैं।

'यह कुडूर ऐम्बुश है', कॉमरेड सुखदेव कहते हैं।

उनके पास जले हुए गाँवों, प्रत्यक्षदर्शियों और मृतकों के रिश्तेदारों की गवाहियों का एक विडियो अभिलेखागार है। एक जले हुए घर की झुलसी दीवार पर लिखा है—'नगा-ा-ा! मारने के लिए जन्मा!' उस छोटे-से बच्चे की भी फिल्म है जिसकी उँगलियाँ ऑपरेशन ग्रीनहण्ट के बस्तर अध्याय का उद्घाटन करने के लिए काट दी गई थीं। (मेरे साथ एक टीवी इण्टरव्यू भी है। मेरा पढ़ने-लिखने का कमरा। मेरी किताबें। अजीब।)

रात को रेडियो पर एक और नक्सली हमले की खबर है। इस बार जुमई बिहार में।

खबर में कहा गया है कि 125 माओवादियों ने एक गाँव पर हमला किया और कोरा जाति के दस आदिवासियों को बदले की कार्रवाई में मार दिया, क्योंकि उनके

द्वारा पुलिस को दी गई जानकारी से छः माओवादियों की मृत्यु हो गई थी। निश्चय ही हम जानते हैं कि मीडिया की रिपोर्ट सही हो भी सकती है, नहीं भी हो सकती। लेकिन अगर सच है तो यह अक्षम्य है। कॉमरेड राजू और सुखदेव स्पष्ट रूप से बेचैन नजर आते हैं।

झारखण्ड और बिहार से जो खबरें आती रही हैं, वे विचलित करने वाली हैं। फ्रान्सिस इन्दुवर नामक पुलिसवाले का सिर काटे जाने की नृशंस घटना की खबर अब भी लोगों के दिलो-दिमाग में ताजा है। यह इस बात की याद कराता है कि कितनी आसानी से हथियारबन्द संघर्ष का अनुशासन आपराधिक हिंसा की अराजक कार्रवाइयों में पतित हो सकता है या जातियों और समुदायों और धार्मिक सम्प्रदायों के बीच अस्मिता के घिनौने युद्धों में। अन्याय को संस्थाबद्ध करके, जैसा कि भारतीय राजतन्त्र करता है, उसने इस देश को भारी असंतोष का बारूदखाना बना दिया है। 'सरकार कतई गलत है अगर वह सोचती है कि सी पी आई (माओवादी) को सिर विहीन' करने के लिए 'चिन्हित हत्याएँ, करके वह हिंसा को खत्म कर पाएगी। इसके विपरीत हिंसा फैलकर और तीव्र होगी और सरकार के पास बात करने के लिए कोई नहीं होगा।

मेरे आखिरी दिनों के दौरान हम हरी-भरी, सुन्दर, इन्द्रावती घाटी के बीच मँडराते हुए चलते हैं। एक पहाड़ी के साथ-साथ चलते हुए हमने नदी की दूसरी तरफ लोगों की एक और पंक्ति को उसी दिशा में चलते देखा। मुझे बताया जाता है कि वे कुडूर गाँव में एक बाँध विरोधी सभा में भाग लेने के लिए जा रहे हैं। वे खुले में हैं और हथियारविहीन। घाटी के लिए एक स्थानीय जुलूस। मैं इधर का साथ छोड़कर उनसे जा मिली।

बोधघाट बाँध उस सारे इलाके को डुबा देगा, जिसमें हम कई दिनों से चलते रहे हैं। वह सारा वन, सारा इतिहास, सारे किस्से-कहानियाँ। सौ से ज्यादा गाँव। तो यह योजना है क्या? लोगों को चूहों की तरह डुबो देना, ताकि लोहण्डीगुडा में सकल इस्पात कारखाना और केशकाल घाट में बॉक्साइट खदान और ऐल्यूमिनियम शोधन संयंत्र नदी को हथिया सकें?

सभा में लोग जो मीलों दूर से आए हैं, वही चीजें कहते हैं जो हम सब बरसों से सुनते आये हैं। हम डूब जायेंगे, पर हटेंगे नहीं। वे रोमांचित हैं कि दिल्ली से आया कोई उनके साथ है। मैं उनसे कहती हूँ कि दिल्ली एक क्रूर शहर है, जो न उन्हें जानता है, न परवाह करता है।

दण्डकारण्य आने के कुछ हफ्ते पहले ही मैं गुजरात गई थी। सरदार सरोवर बाँध अब कमोबेश अपनी पूरी ऊँचाई तक पहुँच चुका है। और लगभग हर चीज जिसकी भविष्यवाणी नर्मदा बचाओ आंदोलन ने की थी कि होगी, घटित हुई है। विस्थापित

लोगों का पुनर्वास नहीं हुआ, मगर यह कोई कहने की बात नहीं। नहरें नहीं बनी हैं। कोई पैसा नहीं है। इसलिए नर्मदा का पानी घुमाकर साबरमती के सूखे तल में ले जाया जा रहा है, उसमें बरसों पहले बाँध बन चुका था। ज्यादातर पानी शहरों और बड़े उद्योगों द्वारा हड़पा जा रहा है। उलटी धारा के प्रभाव—बिना नदी के मुहाने में नमकीन पानी का घुस आना—से मुक्ति पाना असम्भव होता जा रहा है।

एक समय था जब यह विश्वास करना कि बड़े बाँध 'आधुनिक भारत के मन्दिर हैं' भूल होते हुए भी समझा जा सकता था। लेकिन आज उस सबके बाद जो हो चुका है, और हम वह सब कुछ जानते हैं जो हमें मालूम हुआ है, यह कहना ही होगा कि बड़े बाँध मानवता के विरुद्ध अपराध हैं।

1984 में स्थानीय लोगों के विरोध के बाद बोधघाट बाँध ताक पर धर दिया गया था। अब उसे कौन रोकेगा? कौन उसकी आधारशिला रखे जाने से रोकेगा? कौन इन्द्रावती को चुराये जाने से बचाएगा? किसी को तो करना ही चाहिए।

आखिरी रात को हमने उस ऊँची पहाड़ी की तलहटी में डेरा डाला, जिसे हमें सुबह चढ़कर पार करना था ताकि हम उस सड़क पर आ जाएँ, जहाँ से एक मोटरसाइकिल मुझे बिठा लेगी। जंगल तब से बदल गया है, जब मैं पहले-पहल उसमें दाखिल हुई थी। चिरौंजी, सेमल और आम के पेड़ों में फूल आने लगे हैं।

कुडूर के गाँव वाले ताजा पकड़ी मछली का एक विशाल देग शिविर पर भेजते हैं और मेरे लिए एक सूची—उन 71 किस्म के फलों, सब्जियों, दालों और कीड़ों की जो वे जंगल से प्राप्त करते हैं और अपने खेतों में उगाते हैं—बाजार भाव के साथ। महज एक फेहरिस्त है। मगर यह उनकी दुनिया का नक्शा भी है।

जंगल डाक आती है। मेरे लिए दो बिस्कुट।

कॉमरेड नर्मदा की ओर से एक कविता और एक दबाया हुआ फूल। मासे से एक प्यारा-सा पत्र। (कौन है वह? क्या मैं कभी जान पाऊँगी?)

कॉमरेड सुखदेव पूछते हैं कि क्या वे मेरे आई पॉड से संगीत अपने कम्प्यूटर में डाउनलोड कर सकते हैं। हम जिया-उल-हक के शासनकाल में उत्पीड़न के चरम दिनों में लाहौर की मशहूर संगीत सभा में इकबाल बानो द्वारा गाई गई 'हम देखेंगे' की एक खरखराती रिकॉर्डिंग सुनते है :

जब अहल-ए-सफा-मरदूद-ए-हरम
मसनद पे बिठाए जायेंगे
सब ताज उछाले जायेंगे
सब तख्त गिराए जायेंगे
हम देखेंगे

उस पाकिस्तान में पचास हजार लोगों का चुनौती-भरा आलाप गूँजता है :

इनकलाब जिन्दाबाद। इन्कलाब जिन्दाबाद। इतने सारे बरसों बाद वह आलाप इस 'पाकिसतान' में गूँजा है जो एक भिन्न किस्म के इनकलाब में उठ खड़ा हो रहा है। कितना अजीब है, कैसे-कैसे गँठजोड़ होते हैं।

गृह मंत्री उन लोगों को दबी-छिपी धमकियाँ जारी करते रहे हैं, जो 'भ्रमित होकर माओवादियों को बौद्धिक और भौतिक समर्थन' दे रहे है। क्या इकबाल बानो की साझेदारी इसके दायरे में आती है?

भोर के वक्त मैं कॉमरेड माधव और जूरी और छोटे मँगतू और बाकी सबसे विदा लेती हूँ। कॉमरेड चन्दू मोटर साइकिलों का बन्दोबस्त करने गया है और मेरे साथ वापस मुख्य सड़क तक आएगा। कॉमरेड नीति (मोस्ट वॉण्टेड) और सुखदेव सहज ही, लेकिन एक साथ अपनी एके-47 के सेफ्टी कैच खोल लेते हैं। यह पहली बार है, जब मैंने उन्हें यह करते देखा है। हम 'सीमा' की ओर बढ़ रहे हैं। 'क्या आपको पता है कि अगर हम पर गोलियाँ चलने लगें तो आपको क्या करना है? सुखदेव इत्मीनान से पूछते हैं मानो यह दुनिया का सबसे स्वाभाविक प्रश्न हो।'

'हाँ, मैंने कहा', 'फौरन अनिश्चित भूख हड़ताल की घोषणा करना।'

वे एक चट्टान पर बैठ गए और हँसने लगे। हम लगभग घण्टा भर चढ़ते रहे। सड़क के ठीक नीचे हम एक चट्टानी अलिन्द में बैठ गए, पूरी तरह छिपे हुए, किसी घातवाले दल की तरह, मोटर साइकिल की आवाज पर कान लगाए। जब वह आएगी, विदाई जल्दी होनी चाहिए। लाल सलाम, कॉमरेडो।

जब मैंने पीछे मुड़कर देखा, वे अब भी वहीं थे। हाथ हिलाते हुए। कण्ठ में छोटा-सा गोला। ये लोग जो अपने सपनों के साथ जीते हैं, जबकि बाकी दुनिया अपने दुःस्वपनों के साथ जीती है। हर रात मैं इस सफर के बारे में सोचती हूँ। रात का वह आकाश, वन के मार्ग। मैं अपनी टॉर्च की रोशनी से आलोकित कॉमरेड कमला की घिसी चप्पलों में उसकी एड़ियाँ देखती हूँ। मैं जानती हूँ, वह चल रही होगी। कदम बढ़ाती हुई सिर्फ अपने लिए नहीं, बल्कि हम सबके लिए उम्मीद को जिलाए रखने के लिए।

(अनुवाद : नीलाभ)

17 मार्च, 2010

दन्तेवाड़ा की जड़ें

सुनील

दन्तेवाड़ा ने देश को दहला दिया है। यह साफ है कि दन्तेवाड़ा, लालगढ़, मलकानगिरि जैसे कुछ आदिवासी इलाकों में माओवादियों ने अपने आजाद क्षेत्र बना लिए हैं, आदिवासियों का ठोस समर्थन और आदिवासी युवा उनके साथ हैं तथा वे पूरी तैयारी और सुविचारित रणनीति के साथ अपना युद्ध लड़ रहे हैं।

6 अप्रैल 2006 को दन्तेवाड़ा में अभी तक की पुलिस व अर्धफौजी बलों की सबसे बड़ी क्षति हुई है। इस घटना की प्रतिक्रिया में रस्मी तौर पर बयान आ रहे हैं और तलाशी अभियान चल रहे हैं। कई बेगुनाहों को इस चक्कर में पकड़ा, मारा या सताया जाएगा। हिंसा और अत्याचारों का दौर दोनों तरफ चलता रहेगा। लेकिन इससे कुछ नहीं निकलेगा। हालात और बिगड़ेंगे। वक्त आ गया है कि जब देश गम्भीरता से विचार करे कि ये हालात क्यों पैदा हुए, माओवादियों का जनाधार इतना कैसे बढ़ा, सरल और शान्तिप्रिय आदिवासी मरने व मारने पर क्यों उतारू हुए? इस हिंसा की जड़ में क्या है?

माओवाद या नक्सलवाद के बारे में देश आम तौर पर तभी सोचता है, जब ऐसी कोई बड़ी घटना होती है। मीडिया के जरिए कभी-कभी जो अन्य कहानियाँ या खबरें मिलती हैं, वे सतही और पूर्वाग्रह ग्रस्त रहती हैं। ऐसी हालत में देश की एक बड़ी अंग्रेजी लेखिका अरुंधति राय ने करीब एक सप्ताह दन्तेवाड़ा के जंगलों में सशस्त्र माओवादियों के साथ बिताकर उसका वृत्तान्त 'आउटलुक पत्रिका' (29 मार्च 2010) में देकर हमारा एक उपकार किया है। ऐसा नहीं है कि वे पूरी तरह निष्पक्ष हैं। माओवादियों के प्रति उनकी सराहना, सहानुभूति और उनका रोमांच साफ है। किन्तु इससे दूसरी तरफ की, अन्दर की, बहुत सारी बातें जानने एवं समझने को मिलती हैं। यह इसलिए भी महत्त्वपूर्ण है कि पिछले काफी समय से सरकार ने इन इलाकों को सील कर रखा है और बाहर से किसी को जाने नहीं दे रही है। मेधा पाटेकर, सन्दीप पाण्डे या महिला दल की जन सुनवाई या पदयात्रा को भी सरकार और सरकारी गुर्गों ने होने नहीं दिया। उनकी घेरेबन्दी को भेदकर, भारी जोखिम लेकर,

काफी कष्ट सहकर अरुंधति ने बड़ा काम किया है। भारत के बुद्धिजीवी जिस तरह से वातानुकूलित घरों के अन्दर बुद्धि-विलास तक सीमित होते जा रहे हैं, उसे देखते हुए भी यह काबिले तारीफ है।

तीन संकट

इस वृत्तान्त से एक बात तो यह पता चलती है कि वहाँ के आदिवासियों का एक प्रमुख मुद्दा जमीन और जंगल (तेंदूपत्ता या बाँस कटाई) की मजदूरी का रहा है। बड़े स्तर पर वनभूमि पर आदिवासियों का कब्जा करवाकर और वन विभाग के उत्पीड़न से मुक्ति दिलाकर माओवादियों ने अपना ठोस जनाधार बनाया है। वास्तव में, देश के सारे जंगल वाले आदिवासी इलाकों में तनाव, टकराव और जन असंतोष का यह एक बड़ा कारण है। अब तो देश को यह एहसास होना चाहिए कि आदिवासियों के साथ ऐतिहासिक रूप से अन्याय हुआ है, भारत के वन कानून जन-विरोधी और आदिवासी-विरोधी हैं, आजादी के बाद हालात नहीं बदले हैं, बल्कि राष्ट्रीय उद्यानों अभ्यारण्यों एवं टाइगर रिजर्वों के रूप में उनकी जिन्दगियों पर नए हमले हुए हैं। संसद में पारित आधे-अधूरे वन अधिकार कानून से यह समस्या हल नहीं हुई है। जैसे मनरेगा से रोजगार की समस्या हल नहीं हो सकती, सूचना के अधिकार से प्रशासनिक सुधार का काम पूरा नहीं हो जाता, प्रस्तावित खाद्य सुरक्षा कानून से देश में भूख एवं कुपोषण खत्म नहीं होनेवाला है, उसी तरह वन अधिकार कानून भी ज्यादातर एक दिखावा ही साबित हुआ है। भारत के जंगलों पर पहला अधिकार वहाँ रहने वाले लोगों का है, उनकी बुनियादी जरूरतें सुनिश्चित होनी चाहिए तथा अंग्रेजों द्वारा कायम वन विभाग की नौकरशाही को तुरन्त भंग कर स्थानीय भागीदारी से वनों की देखरेख का एक वैकल्पिक तन्त्र बनाना चाहिए। भारत के जंगल क्षेत्रों में खदबदा रहे असंतोष का दूसरा कोई इलाज नहीं है। और यही जंगलों एवं वन्य प्राणियों के भी हित में होगा।

वैश्वीकरण के दौर में, निर्यातोन्मुखी विकास और राष्ट्रीय आय की ऊँची वृद्धि दर के चक्कर में, देशी-विदेशी कम्पनियों और सरकार के सहयोग से इन इलाकों के जल-जंगल-जमीन पर हमले का एक नया दौर शुरू हुआ है। खदानों व कारखानों के बेतहाशा करारनामे और समझौते हो रहे हैं। यदि सबका क्रियान्वयन हो गया, तो भारत के बड़े इलाकों से जंगल और आदिवासी दोनों साफ हो जाएँगे। सलता जुडुम और ऑपरेशन ग्रीनहंट के पीछे सरकार के जोर लगाने का एक बड़ा कारण यही है कि इन इलाकों में खनिज के भण्डार भरे हुए हैं। सलवा जुडुम के लिए टाटा और एस्सार कम्पनी ने भी पैसा दिया है, इस तरह के तथ्य सामने लाने का भी काम अरुंधति राय ने किया है। भारत के मौजूदा गृह मंत्री चिदंबरम साहब भी वेदान्त एवं अन्य कम्पनियों से जुडे रहे हैं। यह साँठगाँठ और यह हमला देश में लगभग

हर जगल चल रहा है। कई जगह लोग गैर-हथियारबन्द तरीकों से लड़ रहे हैं। यदि देश को बचाना है, तो इस कम्पनी साम्राज्यवाद को तत्काल रोकना होगा। यह दूसरा निष्कर्ष सिर्फ अरुंधति राय के लेख से नहीं, देश के कोने-कोने से आने वाली सैकड़ों रपटों व खबरों से निकलता है।

माओवाद के नाम पर इन तमाम गैर-हथियारबन्द आंदोलनों को भी कुचला जा रहा है। कभी-कभी ऐसा लगता है कि भारतीय राजसत्ता और माओवादी दोनों के लिए यह स्थिति सुविधाजनक है और दोनों इसे बनाए रखना चाहते हैं। माओवाद—प्रभावित इलाकों के आसपास के जिलों में भी अब कोई भी भ्रष्टाचार या पुलिस ज्यादतियों का मामला भी नहीं उठा सकता। उसे माओवादी कहकर जेल में सड़ा दिया जाएगा या फर्जी मुठभेड़ में मार दिया जाएगा। लोकतांत्रिक विरोध की गुंजाइश और जगह खत्म होने से लोग मजबूर होकर माओवाद की शरण में जाएँगे, इसलिए यह माओवादियों के हित में भी है। लालगढ़ में पुलिस संत्रास विरोधी जनसाधारणेर कमिटी, कलिंग नगर में टाटा कारखाने के विरोध में आंदोलन, नारायणपटना में अपनी जमीन वापसी की लड़ाई लड़ रहे आदिवासी—ये सब गैर-हथियारबन्द लोकतांत्रिक आंदोलन थे। इनके नेताओं को जेल में डालकर, इन पर लाठी-गोली चलाकर सरकार इन्हें माओवादियों की झोली में डाल रही है।

अतएव हमें तीसरा एहसास भारतीय लोकतंत्र पर छाए गम्भीर संकट का होना चाहिए। भारतीय राजसत्ता जहाँ चाहे, जब चाहे, लोकतान्त्रिक नियमों और मान-मर्यादाओं को ताक में रख देती है। विशेषकर जो इलाके और समुदाय भारत की मुख्यधारा के हिस्से नहीं हैं, जैसे पूर्वोत्तर और कश्मीर, दलित, आदिवासी और मुसलमान, उनके साथ वह बर्बरता और क्रूरता की सारी सीमाएँ लाँघ जाती है। उसका बरताव वैसा ही होता है, जैसा किसी तानाशाह का होता है। सशस्त्र संघर्ष तो अलग बात है, लोकतांत्रिक एवं अहिंसक तरीकों से होनेवाले जन प्रतिरोध को भी उपेक्षित करने व कुचलने में उसे कोई संकोच नहीं होता। आखिर दस वर्षों से चल रहा इरोम शर्मिला का अनशन तो एक गांधीवादी प्रतिरोध ही है, जो इस राजसत्ता की संवेदनशून्यता का सबसे बड़ा प्रमाण है। अपने दमन और अत्याचारों से यह राजसत्ता लोगों को उलटे हिंसा की ओर धकेलती एवं मजबूर करती है।

भारत में बढ़ता हुआ उग्रवाद, आतंकवाद और माओवाद कहीं न कहीं भारतीय लोकतंत्र की गहरी विफलता की ओर इशारा करता है, जिसमें लोगों को अपनी समस्याओं और अपने असंतोष को अभिव्यक्त करने तथा उनके निराकरण के जरिए नहीं मिल पा रहे हैं। भारत के लोकतान्त्रिक ढाँचे की इस विफलता को देश के मुख्य इलाकों के आम लोग भी महसूस कर रहे हैं। उनकी हताशा, कम मतदान, आम बातचीत में नेताओं को गाली देने, तुरन्त कानून अपने हाथ में लेने या हिंसा व आगजनी की घटनाओं में प्रकट होती है। देश की आजादी के बाद लोकतन्त्र का

जो ढाँचा हमारे संविधान निर्माताओं ने अपनाया, वह शायद बहुत ज्यादा उपयुक्त नहीं था। अब पिछले छह दशकों के अनुभव के आधार पर इसकी समीक्षा करने का समय आ गया है। माओवादियों की तो इसमें कोई रुचि नहीं होगी कि इस 'बुर्जुआ लोकतन्त्र' को बचाया जाए। लेकिन बाकी देशप्रेमी लोगों को इस लोकतन्त्र की अच्छी बातों जैसे वयस्क मताधिकार, मौलिक अधिकार, कमजोर तबको के लिए आरक्षण आदि को सँजोते हुए इसके ज्यादा विक्रेन्द्रित, जनता के ज्यादा नजदीक, नए वैकल्पिक ढाँचे के बारे में गम्भीरता से सोचना चाहिए।

इस लेख में अरुंधति राय ने विरोध के गांधीवादी, अहिंसक एवं लोकतान्त्रिक तरीकों का कुछ हद तक मजाक उड़ाया है और बताया है कि वे सब असफल हो गए हैं। यह भी पूछा है कि आखिर नर्मदा बचाओ आंदोलन ने कौन-कौन-सा दरवाजा नहीं खटखटाया? वे बताना चाहती हैं कि हथियार उठाने युद्ध लड़ने, सत्ता के मुखबिरों को मारने-काटने का जो रास्ता माओवादियों ने चुना है, उसके अलावा कोई विकल्प नहीं है। किन्तु क्या सचमुच ऐसा है? पता नहीं, अरुंधति राय को मालूम है या नहीं, देश के कई हिस्सों में इस वक्त सैकड़ों की संख्या में छोटे-छोटे आंदोलन चल रहे हैं; ये सभी लोकतान्त्रिक और गैर-हथियारबन्द हैं। वास्तव में माओवादियों के मुकाबले उनका दायरा काफी बड़ा है। सफलता-असफलता की उनकी स्थिति भी मिश्रित है, एकतरफा नहीं। बल्कि सूची बनाएँ, तो ऐसे कई छोटे-छोटे जनान्दोलन पिछले दो-ढाई दशकों में हुए हैं जो विनाशकारी परियोजनाओं को रोकने के अपने सीमित मकसद में सफल रहे हैं। इसके कुछ उदाहरण हैं—झारखण्ड में कोयलकारों, उड़ीसा में गन्धमार्दन, चिलिका, गोपालपुर, बलियापाल एवं कलिंगनगर, गोआ में डूपो और सेज विरोधी आंदोलन, महाराष्ट्र में नवी मुम्बई और गोराई के सेज-विरोधी आंदोलन आदि। बंगल में सिंगुर और नन्दीग्राम में भी हिंसा जरूर हुई, लेकिन वे मूलतः लोकतान्त्रिक ढाँचे के अन्दर के आंदोलन थे। नर्मदा बचाओ आंदोलन भले ही नर्मदा के बड़े बाँधों को रोक नहीं पाया, लेकिन उसने बड़े बाँधों और उनसे जुड़े विकास के मॉडल पर एक बहस देश में खड़ी करने में जरूर सफलता पाई। विस्थापितों की दुर्दशा के सवाल को भी वह एक बड़ा सवाल बना सका, नहीं तो पहले इसकी कोई चर्चा ही नहीं होती थी। लेकिन यह भी सही है कि नवउदारवादी दौर में राजसत्ता का जो दमनकारी चरित्र बनता जा रहा है, उसमें आंदोलन एवं प्रतिरोध करना दिन-ब-दिन मुश्किल होता जा रहा है। गांधी के देश में गांधी के रास्ते पर चलना कठिनतर होता जा रहा है।

27-28 मार्च 2010 को इलाहाबाद में देश के जनान्दोलनों और सामाजिक सरोकारों से जुड़े करीब एक सौ लोगों की बैठक इसी मकसद से हुई थी। इसका कोई ठोस नतीजा निकलेगा या नहीं, इस सवाल का जवाब भविष्य के गर्भ में है। लेकिन इतना तय है कि अब छोटे, एक-लक्षी आंदोलनों से काम नहीं चलेगा। देश को बचाने

के लिए परिवर्तन की धारा बहे, यह वक्त की पुकार है। आज के हालात 1973-74 से ज्यादा अलग नहीं हैं।

माओवादियों की विकास नीति क्या है?

माओवादियों के रास्ते के बारे में भी कई सवाल स्वयं अरुंधति राय के वृत्तान्त को पढ़ते हुए खड़े होते हैं। एक तो किस तरह का बर्बरीकरण सरल आदिवासी समाजों का हो रहा है, जब 17 साल की लड़की कमला कहती है कि उसे कोई और फिल्म अच्छी नहीं लगती? वह सिर्फ एम्बुश (घात लगाकर हमला) वीडियो देखती है, जिनमें मानव शरीरों के परखचे उड़ जाते हैं। या फिर वह माँ, जिसके बेटे को पुलिस ने मार दिया और लाश भी नहीं दी। वह कहती है कि वह खून का बदला खून से लेगी। या माओवादियों द्वारा विरोधी खेमे के आदिवासियों की सामूहिक हत्या। या किसी पुलिस के सिपाही का सिर धड़ से अलग कर देना। जब हम अदालतों द्वारा दी गई फाँसी और मृत्युदंड को भी गलत मानते हैं और उनके विरुद्ध अभियान चलाए जाते हैं तब क्या इस तरह की हत्याएँ उचित ठहराई जा सकती हैं? हरियाणा की खाप पंचायतें और तालिबानी जन अदालतें हमें भयानक लगती हैं तब क्या गारन्टी है कि माओवादी जन-अदालतों एव बन्दूकों की ताकत का दुरुपयोग नहीं होगा?

अन्तहीन हिंसा के इस दुश्चक्र में आखिरकार कौन मारे जा रहे हैं? क्या गरीब आदिवासी या पुलिस व अर्ध-फौजी बलों के सिपाही नहीं? नारायणपुर में रहने वाले 4000 मुखबिर कौन होंगे? क्या साधारण छोटे लोग नहीं? सलवा जुडुम में भी तो शामिल आदिवासी लड़के ही हैं। अरुंधति को एक माओवादी आदिवासी युवक ने बताया कि उसका सगा भाई सलवा जुडुम का 'विशेष पुलिस अधिकारी' है। वह चाहे भी तो अब कभी लौट नहीं सकता। ऐसा कैसे हो गया कि आदिवासी एक-दूसरे को मार रहे हैं? हर समाज में कुछ गलत तत्त्व होते हैं, जो लालच एवं दुष्टता के शिकार हो जाते हैं। लेकिन क्या उनकी सजा मौत ही होगी? क्या पश्चात्ताप, सुधार या माफी की कोई गुंजाइश नहीं होगी? यदि इस तरह की हिंसा को उचित माना जाएगा तो क्या तालिबानी आतंकवादियों को गलत कहा जा सकेगा? अपनी समझ के मुताबिक वे भी तो एक महान् और पवित्र उद्देश्य के लिए दूसरों को बम से उड़ा रहे हैं।

अरुंधति राय इन हालात के लिए भारतीय राजसत्ता को दोषी ठहराती हैं। वे बहुत हद तक सही हैं। लेकिन क्या किशोरी और किशोरियों के हाथों में बन्दूकें थमानेवाले माओवादियों की कोई जिम्मेदारी नहीं है? सोच-समझकर चुना गया चारू मजूमदार का सफाए (एनिहिलेशन) का यह रास्ता कहाँ पहुँचाएगा? क्या सचमुच इसकी राख से नया इनसानी समाज निकल पाएगा?

माओवादी नेता किशनजी कहते हैं कि वे 2050 तक दिल्ली में अपना झण्डा

फहरा देंगे। इसे मान भी लिया जाए तो इसका मतलब है कि 40 साल तक हिंसा का यह भयानक दौर चलता रहेगा। इसका क्या नतीजा होगा? क्या बाद के समाज पर भी इसकी छाया नहीं रहेगी? अभी तक जितनी भी हिंसक क्रांतियाँ हुई हैं, उन्होंने तानाशाही को ही जन्म दिया है। कारण बहुत साफ है। जिनके पास बन्दूक की ताकत होती है, उन पर इसका नशा भी चढ़ जाता है। फिर लम्बे समय तक हथियारबन्द युद्ध लड़ने वाले क्रांतिकारी संगठनों का ढाँचा लोकतान्त्रिक नहीं हो सकता। युद्ध में बहस या मतभेद की जगह नहीं होती। वहाँ तो कमांडर को हुक्म मानना ही है। इसीलिए नक्सलवादियों में जरा भी मतभेद होने पर टूट हो जाती है और कल तक का साथी आज का दुश्मन नम्बर एक हो जाता है।

ऐसे भूमिगत संघर्षों में असुरक्षा की भावना भी बहुत हावी रहती है। क्या मालूम कब कौन पुलिस का एजेन्ट निकल जाए? इसलिए जिन औजारों और तरीकों से आप लड़ रहे हैं, लड़ाई का नतीजा और वैकल्पिक समाज का चरित्र भी कहीं न कहीं उनसे प्रभावित होगा। गांधी ने साधन और साध्य की संगति की बात अकारण या अमूर्त सिद्धान्त के तौर पर नहीं की थी। उसके पीछे मानव समाज के ठोस अनुभव थे।

तर्क के लिए यह कहा जा सकता है कि पूँजीवादी व्यवस्था और राजसत्ता में भी बहुत हिंसा और तानाशाही छिपी है। और टूट तो गैर-हथियारबन्द आंदोलनों में भी होती है। व्यक्तिवादिता, गुटबाजी और तानाशाही उनमें भी बहुत है। किन्तु दूसरों का दोष दिखाने से अपना दोष कम नहीं हो जाता। नया समाज गढ़ने की इच्छा रखनेवालों को नए तरीके भी गढ़ने होंगे। खास तौर पर जब पिछली एक-डेढ़ सदी के अनुभव हमारे सामने हैं, जिनसे हम सीख सकते हैं।

हिंसा-अहिंसा की बहस अंतहीन है, क्योंकि अन्त में यह मामला तर्क का नहीं, विश्वास का बन जाता है। लेकिन एक ज्यादा महत्त्वपूर्ण सवाल है विकास के मॉडल का, जो अरुंधति राय के मन में भी उठा है। जो माओवादी पार्टी आज बॉक्साइट या लौह अयस्क के खनन का विरोध कर रही है, कल उसका राज आएगा तो क्या होगा? आधुनिक जीवन शैली, भोगवाद, समृद्धि, आधुनिक उद्योगों, आधुनिक टेकनालाजी, पर्यावरण आदि के बारे में उसके क्या विचार हैं? आधुनिक विकास में तो इस तरह का खनन, विस्थापन और विनाश निहित है।

कुछ समय पहले समाजवादी चिन्तक किशन पटनायक ने खनन परियोजनाओं के सन्दर्भ में यह बात उठाई थी कि मामला सिर्फ विस्थापन और जंगलों के विनाश का नहीं है। इतना ज्यादा खनिज निकालने की जरूरत क्या है और यह किसके लिए है? फेलिक्स और समरेन्द्र दास की ताजा किताब से और इसके पहले विज्ञान एवं पर्यावरण केन्द्र की खनन पर केन्द्रित नागरिक रपट से भी इसी तरह के सवाल निकलते हैं। इनके बारे में माओवादियों के विचार क्या हैं? क्या वे आधुनिक विकास

का मोह छोड़ने के लिए तैयार हैं?

ये सवाल पूछना इसीलिए जरूरी है क्योंकि मार्क्सवादी समूहों में इन पर काफी सम्भ्रान्ति, उलझन और अस्पष्टता रही है। नेपाल के दोनों प्रमुख माओवादी नेताओं प्रचण्ड और बाबूराम भट्टराई के जो साक्षात्कार 2008 में प्रकाशित हुए, वे हैरान करने वाले थे। उन्होंने कहा कि वे पनबिजली के लिए बड़े बाँध बनाएँगे, पर्यटन को बढ़ावा देंगे, खेती का आधुनिकीकरण करेंगे, सरकारी-निजी भागीदारी को बढ़ावा देंगे और विदेशी पूँजी को भी आमंत्रित करेंगे। विश्व व्यापार संगठन से बाहर आने के बारे में उनका कोई फैसला नहीं है। भारत के माओवादियों के विचार भी क्या इसी तरह के हैं या इनसे अलग हैं? अलग हैं तो कितना?

अरुंधति राय ने इस बात पर चुटकी ली कि कभी नक्सलवाद के प्रणेता चारु मजूमदार जो कहते थे, उस मंत्र का जाप आज नक्सलियों का दमन करने वाली भारत सरकार कर रही है 'चीन का रास्ता हमारा रास्ता है।' सवाल यह है कि चीन इस मुकाम पर कैसे पहुँचा? तीसरी दुनिया के अनूठे एवं प्रेरणास्पद साम्यवादी मॉडल से वह घोर पूँजीवादी मुकाम पर कैसे पहुँच गया? क्या इसके पीछे भी कहीं चीन के साम्यवादी शासकों के मन में आधुनिक विकास एवं समृद्धि की वही अवधारणा नहीं थी, जो पूँजीवादी औद्योगिक देशों की है? भारतीय माओवादियों की मंजिल क्या है? आज के चीन और उसके 'बाजार समाजवाद' के बारे में वे क्या सोचते हैं? अच्छा होता यदि अरुंधति राय इन सवालों को मन में न रखकर माओवादी नेताओं से पूछतीं, कुरेदतीं और उनके जवाब बाकी लोगों को बतातीं। उन पर एक बहस चल सकती थी। आखिर चीन की क्रान्ति भी बड़ी जबरदस्त थी, लाखों लोगों ने अपनी कुर्बानियाँ दी थीं। क्या फिर भारत में भी उतनी कुर्बानियाँ देकर उसी मुकाम पर पहुँचना है?

जब दन्तेवाड़ा का पुलिस अधीक्षक अरुंधति राय से कहता है कि अगर हर आदिवासी को एक टीवी दे दिया जाए तो उनका प्रतिरोध टूट सकता है, तो वह एक गहरी बात कह रहा है। अगर आदिवासी आज के वैश्विक बाजार, उपभोक्ता संस्कृति और उसकी ललक का हिस्सा बन गए तो उन्हें परास्त करना आसान हो जाएगा। मार्क्स ने धर्म को अफीम बताया था, पर समाजवादी चिन्तक सच्चिदानन्द सिन्हा ने उपभोक्तावादी संस्कृति को गुलाम मानिसकता की अफीम निरूपित किया है। इस तरह दन्तेवाड़ा में दो अलग संस्कृतियों, सोच और जीवन मूल्यों की टकराहट भी है। आधुनिक विकास की टक्कर माओवादियों के अस्तित्व से हो रही है। सवाल है कि माओवादियों की इस बारे में क्या दृष्टि है?

जैसे ही आधुनिक विकास पर सवाल उठते हैं, गांधी प्रासंगिक हो जाते हैं। अरुंधति राय ने माओवादियों को बन्दूकधारी गांधीवादी कहा है। किन्तु गांधी के इस पक्ष, हिंसा-अहिंसा पर माओवादी क्या सोचते हैं? कोई अरुंधति को भी बता दे कि गांधी का मतलब सिर्फ भूख हड़ताल या जंगल में मजबूरी में सादगी से रहना नहीं

है। न ही गांधीगीरी का मतलब महज किसी को फूल भेंट करना है। गांधी के पास एक वैकल्पिक विकास और वैकल्पिक सभ्यता की सोच है, जो समय के साथ ज्यादा जरूरी और ज्यादा प्रसंगिक होता जा रहा है।

बीसवीं सदी में तीसरी दुनिया में दो बड़े क्रान्तिकारी हुए हैं—गांधी और माओ। दोनों में कुछ समानताएँ होते हुए भी दोनों की नई दुनिया की कल्पनाएँ अलग-अलग थीं। माओ का रास्ता आजमाया जा चुका है। गांधी के सत्याग्रह के तरीके का उपयोग आजादी के आंदोलन में हुआ, किन्तु आजाद भारत के शासकों के विश्वासघात के कारण उनके विचारों का 'स्वराज' नहीं आ सका। अब दोनों विचारकों, उनकी विचारधाराओं और उनके प्रयोगों की सफलताओं/असफलताओं से सीखकर ही इक्कीसवीं सदी की क्रान्ति का पथ प्रशस्त हो सकेगा।

माओवाद, हिंसा और न्याय

के.बी. सक्सेना

माओवाद को मध्य वर्ग का पूरा बौद्धिक तबका सिर्फ एक नजरिए से देखता है, और वह है–हिंसा। चूँकि माओवादी विचारधारा हिंसक तरीके से सत्ता परिवर्तन करना चाहती है, इसलिए हम उसका विरोध करते हैं। माओवादी एक पार्टी है, उनकी एक विचारधारा है। लेकिन जिस इलाके में वे लोग काम करते हैं और वहाँ के जो लोग उनसे भावनात्मक लगाव रखते हैं, यह जरूरी नहीं है कि वे सभी लोग माओवादी पार्टी का हिस्सा हों। बहुत सारे लोग उनसे इसलिए जुड़ते हैं, क्योंकि उनकी समस्याओं का समाधान माओवादियों के जरिए होता है। यह भी हो सकता है कि बहुत से लोग दबाव की वजह से जुड़ते हों। ऐसे लोग अपने मकसद से और एक सीमित रूप में उनसे जुड़े होते हैं। माओवाद उनकी भी विचारधारा हो, ऐसा नहीं है। माओवादी पार्टी और ऐसे लोगों के बीच हमें फर्क जरूर करना चाहिए।

हिंसा का जो सवाल है, देखा गया है कि मध्य वर्ग या कोई भी ऐसा तबका जो स्थिर ढंग से रहता है, वह हिंसा का विरोध करता है। उन्हें डर रहता है कि हिंसा उनके पूरे जीवन को अस्थिर कर सकती है। लेकिन इस पूरे सवाल को इतने सीमित ढंग से देखने पर यह नहीं समझा जा सकता कि जनता का जो हिस्सा माओवादी पार्टी से जुड़ता है वह क्यों ऐसा करता है। जो लोग हिंसा का साधन अपना रहे हैं, वे क्यों ऐसा करते हैं। इसलिए हिंसा के सवाल पर विचार करना जरूरी है।

हमारे सामने दो तरह की हिंसा है। एक हिंसा वह है जो आप अपनी आँखों के सामने देखते हैं। जब माओवादी विस्फोट करते हैं, या पुलिस वाले मारे जाते हैं तो वह हिंसा आपकी आँखों के सामने आती हैं। उस पर चर्चाएँ होती हैं इससे यह धारणा बनती है कि यही एक हिंसा का स्वरूप है। जबकि एक दूसरी तरह की भी हिंसा है, जो आपकी आँखों के सामने नहीं आती। यह हिंसा हमारी सामाजिक व्यवस्था में अंतर्निहित है। इससे कुछ तबकों के लोग प्रतिदिन प्रभावित होते हैं। अगर इस हिंसा की चर्चा नहीं होती है, तो इसका मतलब यह है कि हम एक तरह

की हिंसा का तो विरोध कर रहे हैं, लेकिन दूसरी तरह की हिंसा की निन्दा करने की बात तो छोड़िए, हम उस पर विचार करने को भी तैयार नहीं हैं। इसलिए हम जब भी हिंसा की बात करें तो उसके जो बहु-आयाम हैं, उन्हें जरूर ध्यान में रखें।

यह गौर करने की बात है कि माओवाद को समर्थन क्यों मिल रहा है? जो विचारधारा 1967 में शुरू हुई और जिसे दमन के बाद पश्चिम बंगाल में खत्म कर दिया गया, आज वह क्यों मध्य भारत के बड़े हिस्से में फैल गई है? जबकि दमन की नीति आज भी कम नहीं हुई है। वह बढ़ती चली जा रही है। इसलिए हमें यह सोचने पर मजबूर होना चाहिए कि क्या हमारी जो नीति है, वह नक्सलवादी समस्या के मूल कारणों से जूझने को तैयार है? लेकिन यह बात चर्चा में अकसर नहीं आती है।

मैं कहना चाहता हूँ कि माओवादी और जो लोग माओवादी विचारधारा से जुड़े हुए हैं, उनमें किसी की भी हिंसा में दिलचस्पी नहीं है। हर व्यक्ति समाज में रहता है और सभी लोग शान्ति से रहना चाहते हैं। जो लोग हिंसा कर रहे हैं, वे भी शान्ति से रहना चाहते हैं। लेकिन वे क्यों हिंसा कर रहे हैं, इसे हम समझ लें तभी इस सवाल पर आगे बात करना उचित होगा। माओवाद के प्रसार के पाँच कारणों का मैं यहाँ जिक्र करना चाहूँगा। पहली बात है सरकार की नीतियों और उपलब्धियों में खाईं। लेकिन सभी नीतियों में खाईं नहीं है। कुछ नीतियाँ हैं जो कॉरपोरेट सेक्टर के लिए हैं और उसमें कोई खाईं नहीं है। तो किन नीतियों में खाईं है? वे नीतियाँ जो जमीन पर के तबकों को प्रभावित करती हैं। मसलन, भूमि सुधार की नीति, श्रम कानूनों की नीति, दलितों और आदिवासियों सम्बन्धी नीति—इन पर अमल नहीं होता। इनके लिए इतना बड़ा ढाँचा बना हुआ है। एक ढाँचा शासन का है, एक संविधान का, एक आयोगों का और एक फोर्स का। इन चारों ढाँचों से आम लोगों को इंसाफ मिलने की उम्मीद रहती है। जब इन चारों ढाँचों से लोग मायूस हो जाते हैं तो आप सोचिए कि लोग क्या करें?

हम भूमि सुधार की बात करते हैं तो हदबंदी (सीलिंग) लागू करना हो या भूदान ये सभी उपाय नाकाम हो गए हैं। बड़े किसानों ने तो अपने अधिकार ले लिए लेकिन गरीब किसानों के मामले में भूमि सुधरों पर अमल नहीं हुआ। सारी व्यवस्थाएं ऐसी कर दी गई हैं, ताकि भूमि सुधार लागू नहीं हो सके। मैंने एक आदिवासी को छह बार उसकी जमीन पर कब्जा दिलाया, जिसे किसी दूसरे ने हथिया लिया था लेकिन हर बार उसे बेदखल कर दिया गया। मैंने तब दारोगा को बुलाया। पूछा—आप अपना काम क्यों नहीं करते हैं? उसने कहा कि साहब आप कहिए तो मैं उस आदमी (दोषी) को ठीक कर दूँगा। यानी वह मुझसे यह अपेक्षा कर रहा था कि मैं आदिवासी को कब्जा दिलाने के लिए उसे गैर कानूनी तरीका अपनाने को कहूँ। वही दरोगा एक डाँट पर दूसरे लोगों को कब्जा दिला सकता है। मैं अपने को

एक सक्षम अधिकारी मानता हूँ। लेकिन इस व्यवस्था मैं अगर एक सक्षम अधिकारी भी गरीब तबकों को वह न्याय नहीं दिला सकता, जिसके वे हकदार हैं, तो वे लोग कहाँ जाएँगे? राँची में हाई कोर्ट ने आदिवासियों के पक्ष में फैसला दे दिया, लेकिन उस पर अमल नहीं हुआ। यही बात वाजिब मजदूरी की माँग करने पर देखने को मिलती है।

यह जो हिंसा है, उसकी तरफ कोई ध्यान नहीं देता। जबकि बौद्धिक ईमानदारी की बात यह है कि आप जब हिंसा की बात करें, तो दोनों तरह की हिंसा की बात करें। दोनों तरह की हिंसा की निंदा करें, तब तो ठीक है। लेकिन अगर हम एक की निन्दा करें और दूसरी की नहीं, तो इसका मतलब यह है कि हम वर्तमान अन्यायकारी व्यवस्था का परोक्ष रूप से समर्थन कर रहे हैं। अगर हिंसा को रोकना है तो हमें इस अन्यायकारी व्यवस्था का खंडन करना पड़ेगा।

अब दूसरे कारण पर गौर करें। बात दरअसल सिर्फ नीतियों पर अमल की ही नहीं है। बल्कि जब कोई अपने हक की माँग करता है, तो बजाय इसके कि उसे संवेदनशील जवाब मिले, उसका दमन किया जाता है। जो संस्थाएँ हमें न्याय और सुरक्षा दिलाने के लिए बनी हैं, वे नाकाम हो गई हैं। वे न्याय नहीं दिला पातीं। तो लोगों के पास क्या रास्ता है? ऐसे में लोगों को न्याय दिलाने के लिए संस्थाओं के बाहर बहुत बड़े आंदोलन हों तो शायद ये लोग हिंसा के पास नहीं जाएँगे। लेकिन आज ऐसे आंदोलन भी नहीं हैं। आज कितने लोग भूमि सुधार के बारे में बात करने को तैयार हैं? मुझे रांची के एक लेबर इंस्पेक्टर ने बताया कि उसे आदेश मिला है कि किसी रोजगारदाता की जाँच नहीं करनी है। वह जो लिखकर दे दे, उसे मान लेना है।

तीसरी बात यह है कि हमारा शासन असंवेदनशील हो गया है। सिर्फ समर्थ और पैरवी वाले लोगों की बात आज सुनी जाती है। जहाँ कॉरपोरेट पहुँच गए हैं, वहाँ जो पूँजीपति जमीन खरीदना चाहते हैं, उनके लोग राजस्व अधिकारी के कमरे में बैठते हैं। उनकी जीप पर राजस्व अधिकारी चलते हैं। पूँजीपति तय करते हैं कि किस बात को मंजूरी मिलनी चाहिए। पोस्को के इलाके में पहले तो कलिंगनगर फायरिंग में कई लोग मारे गए। अब खबर है कि सरकारी अधिकारी कॉरपोरेट के गुंडों से कहते हैं कि आप लोगों से निपटिए। कॉरपोरेट के लोग तय करते हैं कि उन्हें कौन-सी जमीन चाहिए। जो जमीन गरीबों में वितरण के लिए है, उसे वे माँग लेते हैं। इस तरह 1980 तक शासन में जो कुछ संवेदनशीलता थी, वह आज बिल्कुल खत्म हो गई है। आज कॉरपोरेट और सरकार के बीच कोई फर्क नहीं है। गरीबों को आज तीन मोर्चों पर लड़ना पड़ रहा है। उन्हें सरकार, पूँजी और दबंग लोगों से जूझना पड़ रहा है। इन तीनों का इतना बड़ा जमघट है कि उसके आगे गरीब कहाँ टिक पाएगा?

चौथी बात यह है कि जहाँ विरोध होता है, वहाँ सरकार की नीतियों में नागरिकों के बुनियादी अधिकारों का कोई खयाल नहीं रह जाता। कानून के शासन के सिद्धान्त पर पालन की हालत आज बदतर है। 1960 के दशक में जब हम लोग प्रशासन में आए थे, तब धारा 144 लागू करने के पहले बहुत सोच-विचार होता था। आज 144 लागू करने की जरूरत ही नहीं है, सीधे डंडा मारकर आपको हटाया जा सकता है। आज मानवाधिकारों का हनन इस हद तक है कि अगर हम असली हालात को जानने के लिए छत्तीसगढ़ जाना चाहें तो इसकी इजाजत नहीं मिलेगी।

इन हालात से लोगों में पूरी तरह असहाय होने का भाव पैदा होता है, उनमें निराशा पैदा होती है। इससे ऐसी स्थिति बनती है कि लोग माओवाद की तरफ आकर्षित होते हैं। इसका यह मतलब नहीं है कि वे माओवादी विचारधारा से प्रभावित हैं। न्याय दिलाने वाली कोई दूसरी विचारधारा आज मौजूद नहीं है, इसलिए भी लोग माओवादियों के पास जाते हैं। दूसरी तरफ मौजूदा लोकतन्त्र की हालत देखिए। संसद में कई बार माओवादी मामले पर बहस हुई। तब पाँच प्रतिशत भी ऐसे सांसद नहीं थे, जिन्होंने इस बात से अलग कोई बात कही कि पुलिस और सुरक्षा बलों की ताकत में बढ़ोत्तरी की जाए। यानी वहाँ सभी सुरक्षा केन्द्रित नीति का समर्थन करते हैं। इन हालात में लोग आखिर कहाँ जायेंगे?

इसके बावजूद, इस बात में कोई सन्देह नहीं कि हिंसा समस्या का समाधान नहीं है। मैं जानता हूँ लोग असहाय और निराश हैं, फिर भी यह बात बिल्कुल सही है कि हिंसा समाधान नहीं है। यह लोगों के नजरिए से भी समाधान नहीं है, और सरकार के नजरिए से भी नहीं। लोगों के नजरिए से इसलिए ठीक नहीं है, क्योंकि कोई हिंसा आपको आपके अधिकार नहीं दिला सकती। आन्ध्र प्रदेश में यह बात जाहिर हुई। नक्सलियों ने सरकारी जमीन पर भूमिहीनों को कब्जा दिला दिया, लेकिन जब उनकी सरकार से बातचीत हुई तब वे सरकार से इसकी मान्यता दिलवाने में नाकाम रहे। जब तक लोगों का खुला आंदोलन ना हो, जन गोलाबन्दी ना हो, लोग पारदर्शी तरीके से अपने अधिकार हासिल न कर सकें, तब कोई भी उन्हें उनके अधिकार नहीं दिला सकता।

सरकार के नजरिए से हिंसा इसलिए सही नहीं है, क्योंकि आप दहशत फैला कर, जवाबी हिंसा कर, दमन कर लोगों की शिकायतों को खत्म नहीं कर सकते। सरकार मानती है कि माओवाद मुख्य रूप से सुरक्षा केन्द्रित समस्या है। सरकार कहती है कि माओवादी आंतरिक सुरक्षा के लिए सबसे बड़ा खतरा हैं। लेकिन यह अगर एक लोकतान्त्रिक सरकार होती तो कहती कि सबसे बड़ा खतरा वे स्थितियाँ हैं, जिनकी वजह से लोग माओवाद की तरफ जा रहे हैं। अगर वह इतना भर भी कह देती तो उसके समझदारी भरे नजरिए का संकेत मिलता।

अगर नक्सली पुलिस की हत्या करते हैं तो पुलिस को आत्मरक्षा का अधिकार

है। आत्मरक्षा का अधिकार सबको है और यह सरकार को भी है। लेकिन मैं बात नजरिए की कर रहा हूँ। सारा विमर्श इसी बात पर चल रहा है कि माओवादी आंतरिक सुरक्षा के लिए सबसे बड़ा खतरा हैं। कोई इस बात की चर्चा नहीं करता कि इतनी बड़ी आबादी अलगाव की भावना से ग्रस्त होती जा रही है और उसका दायरा बढ़ता जा रहा है, यह लोकतन्त्र के लिए सबसे बड़ा खतरा है। इससे लोकतन्त्र की बुनियाद कमजोर हो रही है। आप पीछे ले जानेवाली नीतियों और कठोर कानूनों से कितने लोगों का भरोसा पा सकते हैं?

कठोर कानूनों के मामले में हमारी असंवेदनशीलता की हालत देखिए कि मणिपुर में संभ्रान्त परिवार की महिलाओं ने निर्वस्त्र होकर प्रदर्शन किया, वहाँ भी सरकार संवेदनशील नहीं हुई। इससे यह जाहिर हुआ कि राजनीति में जो नैतिकता होनी चाहिए, वह आज क्षीण हो गई है, और सिविल सोसायटी, जिसके हम सभी हिस्से हैं, वह सिर्फ मूक दर्शक है। कठोर कानूनों की वजह से लोकतान्त्रिक और नागरिक अधिकार खत्म होते जा रहे हैं। सिविल सोसायटी की इन कानूनों से पीड़ित लोगों के प्रति कोई सहानुभूति नहीं है।

ऐसा नहीं है कि हम यह नहीं समझते कि नक्सली हिंसा कर रहे हैं। हम इसे समझते हैं। लेकिन नक्सली जो हिंसा करते हैं, वह मीडिया में आती है। लेकिन पुलिस जो हिंसा कर रही है, मीडिया में उसकी एक खबर नहीं आती। हत्या और बलात्कार सम्बन्धी जो रपटें तैयार की गई हैं, उनकी जाँच करने को भी कोई तैयार नहीं है। लेकिन यह समझने की बात है कि अगर नीतियों से जुड़े मूल कारणों का समाधान नहीं हुआ तो कठोर कानूनों से कोई समस्या हल नहीं हो सकती। अगर नक्सली हमला करते हैं तो आत्मरक्षा सरकार का हक है। लेकिन यह अधिकार कानून के शासन के दायरे में है, हालाँकि कठोर कानूनों ने इस दायरे के उल्लंघन की स्थिति बना रखी है। छत्तीसगढ़ में नक्सलियों का विरोध करने के नाम पर सलवा जुडुम बनाया गया। यानी सरकार ने कानून-व्यवस्था बनाए रखने की अपनी जिम्मेदारी को 'आउटसोर्स' कर दिया। इस पर सुप्रीम कोर्ट ने भी एतराज जताया है। आखिर इसके पीछे क्या राज है? वजह है छत्तीसगढ़ में आदिवासियों की जमीन, जिसके नीचे समृद्ध खनिज भण्डार हैं, और उसे पूँजीपति हड़पना चाहते हैं। ऐसा कानून के तहत किसी जमीन के अधिग्रहण के लिए ग्राम सभा की मंजूरी जरूरी है। लेकिन इस पर भी पालन की जरूरत नहीं समझी जा रही है। माओवादी आंदोलन इसका कड़ा विरोध कर रहा है। इसलिए उसकी कमर तोड़ने के लिए ऐसे कदम उठाए जा रहे हैं।

तो कुल मिलाकर सरकार का नजरिया यह है कि माओवाद एक सुरक्षा केन्द्रित समस्या है—यह कानून और व्यवस्था की समस्या है; दूसरी बात यह कि विकास होने पर यह समस्या खत्म हो जाएगी; तीसरी बात यह कि मानवाधिकार कार्यकर्ता समस्या

पैदा कर रहे हैं और चौथी बात यह कि वह माओवादियों से तभी बातचीत होगी, जब वे हथियार डाल दें। लेकिन बातचीत की इस शर्त में दोमुँहापन है। उत्तर-पूर्व में नगालैंड, मिजो, बोडो लोगों से तो सरकार ने बिना उनके हथियार डाले ही बातचीत की। आन्ध्र प्रदेश में सरकार ने माओवादियों से बिना उनके समर्पण किए ही बातचीत की। कहने का मतलब यह है कि अगर आप हिंसा को रोकना चाहते हैं तो ऐसी पूर्व शर्त न रखिए कि बातचीत से जुड़ने वाला एक पक्ष मानने लगे कि बातचीत उसे खत्म करने की एक चाल है।

आन्ध्र प्रदेश में जब बातचीत हुई थी, तब माओवादियों ने कोई विचारधारात्मक शर्त नहीं रखी थी। उसमें सबसे बड़ा मुद्दा था जमीन का। इसलिए सिविल सोसायटी की तरफ से यह माँग उठनी चाहिए कि हिंसा का जवाब हिंसा नहीं होनी चाहिए। उससे बात कहीं आगे नहीं बढ़ सकती। फिर सरकार तो लोकतन्त्र के जरिए चुन कर आई है। वह कानून के दायरे में काम करती है और कानून बनाती है। इसलिए सरकार नक्सलवादियों के स्तर पर जाकर बात नहीं कर सकती। ऐसा करने पर सरकार के पास उसका नैतिक बल कहाँ रह जाएगा?

ये बातें कहने का क्या मतलब यह है कि इस समस्या का कोई शान्तिपूर्ण हल निकल सके और लोगों की शिकायतें दूर हो सकें, इसके लिए हमें इस समस्या के प्रति एक सोच बनाना होगा। हिंसा का विरोध करते हुए भी इसके विभिन्न आयामों को समझते हुए हमें कोई रास्ता निकालना होगा। हमारी समझ यह होनी चाहिए कि नक्सलवाद के फैलने के मूल कारणों को दूर किए बिना नक्सलवाद से निपटने की सरकारी कोशिश कामयाब नहीं हो सकती। हमें इसका विरोध करना चाहिए। सिर्फ तभी हिंसा का कोई समाधान निकल सकता है।

माओवाद और मानवाधिकार : कुछ सवाल

सत्येन्द्र रंजन

अरुंधति राय ने साफ-साफ कहा है कि वे विप्लवियों से (इंसरजेंट्स) के पक्ष में हैं। बतौर बुकर पुरस्कार विजेता लेखिका के रूप में मशहूर और अब अपने एक्टिविज्म की वजह चर्चित अरुंधति राय ने यह बात मुंबई में कमेटी फॉर प्रोटेक्शन ऑफ डेमोक्रेटिक राइट्स (सीपीडीआर) द्वारा आयोजित गोष्ठी में कही। गोष्ठी का विषय था—जनता के खिलाफ भारतीय राज्य का युद्ध।

अरुंधति राय ने कहा, 'आज विभिन्न प्रकार के प्रतिरोध मौजूद हैं और माओवादी उनमें एक छोर पर हैं। समस्या की जड़ में जमीन है। यह विद्रोह गम्भीर सवाल पूछ रहा है। यह लोकतन्त्र और सभ्यता के अर्थ पूछ रहा है। ये सवाल पहले भी पूछे गए हैं, लेकिन विश्वविद्यालयों और सेमिनारों में। लेकिन अब लाखों लोग यह सवाल पूछ रहे हैं। यही इस प्रतिरोध की खूबसूरती है।

यह कहना शायद गलत नहीं है कि अरुंधति राय आज माओवादी विद्रोह के लिए बुद्धिजीवी हलकों में मौजूद समर्थन की एक प्रतीक हैं। जिस संगठन ने यह गोष्ठी आयोजित की, उसकी छवि जन अधिकारों (जिसे अपेक्षाकृत ज्यादा व्यापक शब्द मानवाधिकार में शामिल माना जा सकता है) के लिए मुहिम चलाने वाले समूह के रूप में है। और जो विषय रखा गया, उसमें पक्षधरता खुद जाहिर है। यानी गोष्ठी के आयोजक और वहाँ आए वक्ता इस बात पर सहमत हैं कि भारतीय राज्य ने अपनी जनता के खिलाफ युद्ध छेड़ रखा है। जैसा कि अरुंधति राय ने कहा कि भारतीय राज्य के खिलाफ जो जन प्रतिरोध है, माओवादी उसी का एक हिस्सा हैं।

सहज अनुमान लगाया जा सकता है कि यह जगह मुम्बई के अलावा कोई दूसरी हो सकती थी, आयोजक संगठन सीपीडीआर के बजाय एपीडीआर, पीयूडीआर या कोई अन्य हो सकते थे और वक्ता अरुंधति राय की जगह महाश्वेता देवी या उनमें से कोई अन्य हो सकता था, जो माओवादी संघर्ष को इसी नजरिए से देखते हैं। यानी असली सवाल समझ या नजरिए का है। भारतीय राज्य के चरित्र की समझ। कथित तौर पर भारतीय राज्य के खिलाफ जारी प्रतिरोधों के स्वरूप और मकसद की समझ।

मुम्बई की उसी गोष्ठी में मौजूद और नागरिक अधिकार कार्यकर्ता के रूप में जाने जानेवाले गौतम 'नवलखा ने कहा, 'कानून के खिलाफ माओवादी नहीं गए हैं, बल्कि खुद भारत सरकार अपने संविधान का उल्लंघन कर रही है। 'उसने किसी भी प्रतिरोध के खिलाफ युद्ध छेड़ रखा है।' नवलखा ने कहा कि 'माओवादियों के पास हथियार उठा लेने के अलावा कोई और विकल्प नहीं है।' उन्होंने कहा, हम उनसे आखिर क्या कह रहे हैं? या तो अपनी जमीन का समर्पण कर दो या हथियार उठाओ। आप क्या सोचते है, वे क्या करें?' फिर उन्होंने कहा कि माओवाद के समर्थन को आज राज्य को चुनौती देना माना जा रहा है।

ऐसा सचमुच माना जा रहा है। याद कीजिए, माओवादियों से सम्बन्ध के आरोप में छत्तीसगढ़ के पीयूसीएल के कार्यकर्ता विनायक सेन करीब दो साल जेल में रहे। दिल्ली में गिरफ्तार माओवादी नेता कोबाड घांदी के खिलाफ फरवरी 2010 में दर्ज चार्जशीट में पुलिस ने गौतम नवलखा, जीएन साईबाबा, रोना विल्सन और दर्शन पाल समेत कई मानवाधिकार कार्यकर्ताओं एवं पीयूडीआर पीयूसीएल, एपीडीआर आदि जैसे नागरिक एवं लोकतान्त्रिक अधिकार संगठनों पर गैरकानूनी गतिविधियों में शामिल रहने का आरोप लगाया। यहाँ साफ तौर पर गैरकानूनी गतिविधियों का मतलब माओवादियों नक्सलवादियों से रिश्ता रखना या उनकी गतिविधियों को मदद पहुँचाने से है। चार्जशीट में कहा गया कि ये संगठन सीपीआई (माओवादी) का आधार बढ़ाने में अहम भूमिका निभा रहे हैं।

कुछ समय पहले केन्द्रीय गृह मन्त्रालय ने माओवाद का समर्थन करने वाले कार्यकर्ताओं और संगठनों के लिए खुली चेतावनी जारी की। ध्यान दिलाया गया कि ऐसा करना गैरकानूनी गतिविधि निरोधक कानून की धारा 39 के तहत अपराध है। भारतीय कम्युनिस्ट पार्टी (माओवादी) पर इसी कानून के तहत प्रतिबन्ध लगाया गया है। इसलिए उसका समर्थन करने वाले को दस साल की कैद या जुर्माना या दोनों सजाएँ हो सकती हैं।

मानवाधिकार संगठन या कार्यकर्ता पहली बार इस तरह के निशाने पर आए हों, ऐसा नहीं है। टकराव के इलाकों में अकसर यह देखने को मिला है कि टकराव के दोनों पक्ष—एक तरफ सुरक्षा बल और दूसरी तरफ अपने उद्देश्यों के लिए हिंसक लड़ाई लड़ रहे समूहों के बीच—खुद को नागरिक/लोकतांत्रिक/मानवाधिकार संगठन कहने वाले समूहों की एक भूमिका बन जाती है। यह भूमिका आम तौर पर सरकार या सुरक्षा बलों के लिए मुश्किलें खड़ी करती हैं। यह उनकी कार्रवाइयों को कई तरह के सवालों के घेरे में लाती है। ये सवाल सुरक्षा कार्रवाइयों के संविधान और कानून में वर्णित प्रावधानों की सीमा में न रहने से खड़े होते हैं। सबसे महत्त्वपूर्ण प्रश्न यह उठता है कि किसी विद्रोह और हिंसक संघर्ष को दबाने के लिए आखिर सरकार कहाँ तक जा सकती है? क्या वह खुद उन कायदों और कानूनों का उल्लंघन कर सकती

है, जिसके आधार पर उसकी जन-वैधता है? मानवाधिकारों के दायरे को अगर बड़ा कर देखा जाए तो सवाल यह भी उठता है कि आखिर विद्रोह या हिंसक संघर्षों के लिए जिम्मेदार कौन है? जिन वजहों से ये स्थितियाँ पैदा होती हैं, आखिर वे वजहें समाज में क्यों मौजूद हैं?

ये सवाल कठिन और तीखे हैं। सरकारों के पास अकसर इनका वैध और तार्किक जवाब नहीं होता। इसलिए सरकार और सुरक्षा बलों के पक्षधर पलटकर नागरिक/लोकतान्त्रिक/मानवाधिकार संगठनों पर वार करते हैं। पहला वार इन संगठनों की साख पर किया जाता है। पूछा जाता है कि आखिर ये संगठन किसके लिए या किसकी तरफ से काम कर रहे हैं? उनके होने का मैनडेट यानी जनादेश क्या है? उन्हें इन कामों के लिए संसाधन कहाँ से मिलते हैं? और ये संगठन तब कहाँ रहते हैं जब विद्रोही या हिंसक समूहों की तरफ से 'मानवाधिकारों का हनन' होता है?

आज माओवादियों बनाम सरकार की लड़ाई के सन्दर्भ में ये सवाल फिर से उठाए जा रहे हैं। चूँकि सीपीआई (माओवादी) एक प्रतिबंधित संगठन है, इसलिए उससे रिश्ता रखना या उसकी गतिविधियों में किसी भी तरह से मददगार बनना जुर्म है। ऐस में पुलिस अगर किसी कार्यकर्ता या संगठन को उनका साथी बता रही हो, तो इस बात की आशंका सचमुच रहती है कि उनके खिलाफ देर-सबेर कार्रवाई हो सकती है। इसलिए कोबाड घांदी के खिलाफ पेश चार्जशीट में नाम आने पर सम्बन्धित संगठनों का सतर्क होना और उस पर प्रतिवाद करना समझ में आता है।

बहरहाल, माओवाद का मौजूदा सन्दर्भ इन संगठनों और बुद्धिजीवियों के सामने सिर्फ सरकारी नजरिए से ही नहीं, जनतान्त्रिक नजरिए से भी कुछ सवाल खड़ा करता है। वजह उनका एकतरफा नजरिया है। इसकी एक मिसाल हमने मुम्बई की गोष्ठी में देखी। अगर आप विप्लवियों के साथ हैं, तो आप 'युद्ध' में भी एक पक्ष हैं। अब यह तो अपनी समझ और विश्लेषण की बात है 'युद्ध' राज्य ने छेड़ा है या राज्य के खिलाफ विप्लवियों ने। नागरिक/लोकतान्त्रिक/मानवाधिकार संगठन आम तौर पर आज कोशिश यह दिखाने की करते हैं कि वे इस 'युद्ध' में एक तटस्थ पर्यवेक्षक हैं। लेकिन प्रश्न है कि क्या सचमुच ऐसा होता है?

इस उदाहरण पर ध्यान दीजिए। अप्रैल 2010 में छत्तीसगढ़ के दांतेवाड़ा जिले में भारतीय कम्युनिस्ट पार्टी (माओवादी) के हमले में सीआरपीएफ के 76 जवान मारे गए। तब जन अधिकार संगठन 'पीपुल्स यूनियन फॉर डेमाक्रेटिक राइट्स' ने यह प्रतिक्रिया जताई, 'पीयूडीआर का मानना है कि 6 अप्रैल 2010 की सुबह दांतेवाड़ा में 70 जवानों की मौत सरकार की सरकार को ऑपरेशन ग्रीनहंट को आगे बढ़ाने की हठधर्मी नीति का दुर्भाग्यपूर्ण परिणाम है। चूँकि युद्ध भारत सरकार की प्राथमिकता है, इसलिए अगर लड़ाके मारे जाते हैं, तो उसके लिए सरकार ही दोषी

है। हम याद दिलाना चाहते हैं कि जब घात लगाकर हमला किया गया, तब सुरक्षा बल तीन दिन की कार्रवाई के बाद लौट रहे थे। नागरिक अधिकार संगठन के रूप में हम न तो सुरक्षा बलों के लड़ाकों की हत्या की निन्दा करते हैं और न माओवादी लड़ाकों की हत्या की या फिर किन्हीं लड़ाकों के मारे जाने की।'

माओवादियों के हमदर्द बुद्धिजीवी और 'पीपुल्स मार्च' पत्रिका के सम्पादक गोविन्दन कुट्टी ने एक अंग्रेजी टीवी चैनल पर यही बात कुछ और ज्यादा असंवेदनशील ढंग से कही। 'ऑपरेशन ग्रीनहंट' का सन्दर्भ देते हुए कहा कि सुरक्षा बल जंगल में शिकार करने गए थे, खुद शिकार हो गए। माओवादियों को आतंकवादी कहे जाने पर उन्होंने कड़ा एतराज किया और जोर दिया कि वे क्रान्तिकारी हैं।

पीपुल्स यूनियन फॉर सिविल लिबर्टीज (पीयूसीएल) ने सुरक्षा बलों की हत्या की निन्दा तो की, लेकिन इसके साथ ही बयान में यह भी जोड़ दिया, 'हम केन्द्र एवं राज्य सरकारों और माओवादियों से अपील करते हैं कि वे फौरन हिंसा का त्याग कर दें और रचनात्मक बातचीत में शामिल हों, ताकि कॉरपोरेट/सरकार द्वारा भूमि का जबरन अधिग्रहण, आदिवासी अधिकारों और विस्थापन जैसे जनता को प्रभावित करनेवाले असली मुद्दों का हल खोजा जा सके।' निहितार्थ साफ है। पीयूसीएल की राय में भी जनता को प्रभावित करने वाले असली मुद्दों के सन्दर्भ में माओवादी एक पक्ष हैं, जिनसे बातचीत होनी चाहिए।

क्या ये बयान मानव/जनतान्त्रिक/नागरिक अधिकारों के नाम पर खास राजनीति को आवरण और उसे साख प्रदान करने की कोशिश नहीं लगते? अब एक नागरिक अधिकार संगठन के रूप में पीयूडीआर की एक दूसरी भूमिका पर गौर करते हैं। मार्च 2010 की बात है। एक सुबह अखबारों में कई नागरिक अधिकार संगठनों और मानवाधिकार कार्यकर्ताओं के छपे एक बयान से खबर मिली कि सीपीआई (माओवादी) के प्रवक्ता आजाद का पुलिस ने 'अपहरण' कर लिया है। बयान में आशंका जताई गई कि पुलिस फर्जी मुठभेड़ में आजाद की हत्या कर सकती है और माँग की गई कि उन्हें फौरन कोर्ट में पेश किया जाए। खबर का स्रोत सीपीआई (माओवादी) का एक आन्तरिक पत्र था। दो दिन बाद एक ऐसे ही पत्र में बताया गया कि पार्टी को गलतफहमी हुई थी। आजाद महाराष्ट्र गए थे जहाँ से उनसे सम्पर्क टूट गया था। वे सकुशल हैं।

जाहिर है, मानवाधिकार कार्यकर्ताओं/संगठनों ने सीपीआई (माओवादी) के एक पत्र पर ब्रह्मवाक्य की तरह भरोसा किया। उसकी अपनी तरफ से पुष्टि की कोई कोशिश नहीं की और माओवादी पार्टी की आशंकाओं और माँग को सार्वजनिक बयान में उल्लिखित कर दिया। लेकिन जब आजाद से माओवादी पार्टी का सम्पर्क कायम हो गया तो वे खामोश बैठ गए। क्या इससे इन संगठनों की प्राथमिकता और भूमिका

पर सवाल खड़े नहीं होते?

भारत में मानवाधिकार आंदोलन का इतिहास अब लम्बा हो चुका है। अगर आजादी के पहले हुए प्रयासों को छोड़ दें, तब भी कम से कम 1960 के दशक से नागरिक अधिकारों की सुरक्षा की बात करने वाले संगठन मौजूद रहे हैं। इमरजेंसी और उसके बाद ऐसे संगठनों का और प्रसार हुआ। लेकिन धीरे-धीरे उनका पराभव हो गया। आज ये संगठन बेहद छोटे समूह के रूप में मौजूद हैं। सरकारें निःसन्देह उन पर इसलिए निशाना साधती हैं, क्योंकि वे अपने छोटे अस्तित्व के बावजूद सरकारों के लिए मुश्किलें खड़ी कर देते हैं। मई 2010 में जब माओवादियों ने नागरिकों और स्पेशल पुलिस अधिकारियों से भरी एक बस को उड़ा दिया, तो उस रोज गृह मंत्री चिदम्बरम ने इन संगठनों पर फिर निशाना साधा था। जब एक टीवी ऐंकर ने उनसे कहा कि वे इनके विरोध को नजरअन्दाज क्यों नहीं कर देते, तो चिदम्बरम ने कहा, इन संगठनों की प्रचार करने और गलतफहमियाँ पैदा करने की ताकत को आप कम करके आँक रहे हैं।

जाहिर है, सरकार का शिकंजा इन संगठनों पर तब कस जाता है, जब सुरक्षा बल किसी हिंसक विद्रोह से निपटने में जुटे होते हैं। लेकिन आज ये संगठन जनतान्त्रिक हलकों में भी मत-विभाजन की वजह बन गए हैं। ठीक उसी तरह जैसे माओवादी बने हुए हैं। क्या इसकी वजह यह है कि ये संगठन नागरिक या लोकतान्त्रिक अधिकारों की व्याख्या सामाजिक संरचना के व्यापक सवालों से अलग हटकर करते हैं? क्या सामाजिक एवं मानव विकास क्रम के सन्दर्भ से कटकर नागरिक अधिकारों का कोई राजनीतिक आधार बन सकता है और क्या बिना ऐसे आधार के इन अधिकारों की सुरक्षा संभव है? नागरिक या लोकतान्त्रिक अधिकारों की रक्षा के लिए काम करनेवाले सभी संगठनों को एक ही कोष्ठक में नहीं रखा जा सकता, मगर उनमें से कई संगठन लोगों के संवैधानिक अधिकारों की बात करते-करते किसी खास राजनीति का भी हिस्सा बन जाते हैं, यह बात अनुभव के आधार पर कही जा सकती है। वह राजनीति कई बार किसी उदार या उद्दात्त विचारधारा पर आधारित नहीं होती। खुद उस राजनीति या उस पर आधारित संघर्ष में मूलभूत मानवीय स्वतन्त्रता के लिए कोई जगह नहीं होती। लेकिन मौजूदा राज्य-व्यवस्था के अनिवार्य रूप से जन विरोधी होने की समझ ऐसे कुछ मानवाधिकार संगठनों को उन संघर्षों के पक्ष में खड़ा कर देती है। ऐसी गलती अनजाने में होती है या सचमुच कुछ कथित मानवाधिकार संगठन हिंसक लड़ाई लड़ रहे समूहों द्वारा अपने मोर्चे या ढाल के रूप बनाए जाते हैं, यह पड़ताल का विषय है। मगर इन संगठनों की यह भूमिका उन्हें बहुत-से लोगों की निगाहों में संदिग्ध कर देती है और इसी वजह से सरकार की दलीलों को बहुत-से आम लोग स्वीकार कर लेते हैं। इसकी एक मिसाल पंजाब में खालिस्तानी आतंकवाद के दौरान देखने को मिली थी। एक

और मिसाल कश्मीर में विद्रोह के सन्दर्भ में देखने को मिली।

बहरहाल, अभी विचार का सन्दर्भ माओवादी संघर्ष है, इसलिए हम अपनी बात को वहीं सीमित रखेंगे। सीपीआई (माओवादी) की गतिविधियों ने देश के बड़े हिस्से को संघर्ष क्षेत्र में तब्दील कर दिया है। यह पार्टी अपनी विचारधारा के मुताबिक सशस्त्र लड़ाई लड़ रही है, जिसका मकसद भारतीय राजसत्ता पर कब्जा करना है। सरल और साधारण शब्दों में इस बात को इसी रूप में रखा जाना चाहिए। मगर जब मानवाधिकार संगठनों से जुड़े कुछ लोग ऐसी कोशिश में शामिल दिखते हैं, जिससे यह सन्देश जाता है जैसे माओवादी न्याय की लड़ाई की अकेली धुरी हैं, तो ऐसे कार्यकर्ताओं की राजनीति या उनके राजनीतिक रुझान का सवाल जरूर खड़ा होता है। अगर मानवाधिकार कार्यकर्ता सुरक्षा बलों की ज्यादतियों को दर्ज कर रहे हों, तो इसे उनके स्वयंसेवी काम का हिस्सा माना जाएगा। लेकिन जब ये कार्यकर्ता सरकार और माओवादियों के बीच बातचीत के लिए मध्यस्थ बनने लगें या दो तरफ से बातचीत की पेशकश की चल रही चालों को समझते हुए भी बातचीत की वकालत करने लगें, तो यह सवाल और भी गम्भीर हो जाता है।

राजनीतिक समझ रखने वाला कोई भी व्यक्ति समझ सकता है कि सरकार और माओवादियों के बीच बातचीत के ये बात महज चालें हैं। केन्द्र सरकार लम्बे समय से माओवादियों को देश की आन्तरिक सुरक्षा के लिए सबसे बड़ा खतरा मानती रही है और अब अपने लिए अनुकूल स्थिति पाकर उसने उनके खिलाफ बड़ी कार्रवाई शुरू कर दी है।

उधर माओवादी भी किसी ऐसे मुद्दे के लिए नहीं लड़ रहे हैं, जिस पर बातचीत हो सके। वे राजसत्ता पर सशस्त्र कब्जे के लिए लड़ रहे हैं। उनकी अपनी एक विचारधारा है, जिस पर आधारित राज्य की स्थापना के लिए वे लड़ रहे हैं। इसलिए यहाँ अहम मुद्दा राज्य के स्वरूप या चरित्र की समझ है। माओवादी भारतीय राज्य को अर्ध औपनिवेशिक-अर्ध सामन्ती मानते हैं। ऐसे राज्य का अनिवार्य रूप से अपनी जनता से अन्तर्विरोध होता है। इसलिए उनके नजरिए से जन-युद्ध या सरकार द्वारा जनता के खिलाफ युद्ध की बातें समझ में आती हैं। क्या उनके पैरोकार बुद्धिजीवी और नागरिक/जनतान्त्रिक/मानवाधिकार संगठन इस समझ में उनके साथ हैं? अगर हाँ, तो उन्हें यह बात सार्वजनिक रूप से कहनी चाहिए।

माओवादी जो भी मुद्दे उठाते हैं, वो महज अपने 'जन-युद्ध' को आगे बढ़ाने की कार्यनीतिक या रणनीतिक चालें हैं। क्या उनके समर्थक बुद्धिजीवी या मानवाधिकार कार्यकर्ता यह सामान्य-सी बात नहीं समझते? या जब वे सरकार और माओवादियों के बीच बातचीत की वकालत करते हैं, तब ये सचमुच मानते हैं कि ऐसी बातचीत से समस्या हल हो सकती है? या वे ऐसी माँगे उठाकर जनता की निगाह में सरकार की साख एवं जन-वैधता खत्म करना चाहते हैं और यही उनका असली मकसद है?

गृह मंत्री चिदम्बरम जब कहते हैं कि इन संगठनों में प्रचार और गलतफहमी फैलाने की काफी क्षमता है तो सम्भवतः उपयुक्त सवाल ही उनके ध्यान में होते हैं। इसीलिए जब सरकार ने माओवादियों के खिलाफ सुरक्षा बलों की कार्रवाई शुरू की, तब एक नया रुझान सामने आया। माओवादियों की हिंसा या तोड़फोड की हर कार्रवाई के बाद केन्द्रीय गृह मन्त्रालय सार्वजनिक बयान जारी कर माओवादियों को कठघरे में खड़ा करने की कोशिश करने लगा। साथ ही माओवादियों के समर्थक बुद्धिजीवियों को भी चुनौती दी जाने लगी कि वे ऐसी कार्रवाइयों पर अपनी प्रतिक्रिया व्यक्त करें। इसी क्रम में माओवादियों से बातचीत की माँग उठाए जाने पर केन्द्रीय गृह मंत्री पी. चिदम्बरम ने यह शर्त रख दी कि अगर माओवादी हिंसा रोक दें तो सरकार उनसे हर मुद्दे पर बातचीत को तैयार है। इसके पहले सरकार का रुख यह होता था कि नक्सली या हथियारबन्द लड़ाई लड़ रहे किसी गुट या संगठन से वह तभी बात करेगी, जब वे हथियार डाल दें। चिदंबरम ने यह साफ किया कि वे अभी माओवादियों से हथियार डालने को नहीं कह रहे हैं और माओवादियों के पैरोकारों से कहा कि वे इस गुट को हिंसा छोड़कर बातचीत की मेज पर आने के लिए राजी करें।

इस पर लालगढ़ में सक्रिय माओवादी नेता कोटेश्वर राव उर्फ किशनजी ने 72 दिन तक संघर्ष विराम की पेशकश कर दी, बशर्ते केन्द्र अपनी कार्रवाई रोक दे। मगर इसके कुछ ही समय पहले सरकार से बातचीत के सवाल पर सीपीआई (माओवादी) ने अपना जो रुख अपनाया था, वह गौरतलब है। पार्टी की सेंट्रल कमेटी के प्रवक्ता आजाद ने कहा, 'माओवादियों से हथियार डाल देने के लिए कहना उन ऐतिहासिक एवं सामाजिक-आर्थिक पहलुओं के प्रति घोर अज्ञान को जाहिर करता है, जिनकी वजह से माओवादी आंदोलन का उभार हुआ है। इसके बावजूद दोनों पक्षों की तरफ से युद्धविराम पर सहमति बन सकती है, बशर्ते सरकार माओवादियों द्वारा हिंसा छोड़े जाने के बारे में अपना अतार्किक रुख छोड़ दे।' आजाद ने कहा कि सरकार को आत्मनिरीक्षण करना चाहिए और इस पर फैसला करना चाहिए कि क्या वह सरकारी आतंकवाद एवं जनता के खिलाफ अनियंत्रित हिंसा छोड़ने को तैयार है।

माओवादियों की माँग रही है कि अगर सरकार बातचीत चाहती है तो वह इसके लिए 'अनुकूल माहौल' बनाए। मगर इसमें पेच यह है कि माओवादी 'अनुकूल माहौल' की जो व्याख्या करते रहे हैं, अगर वह बन जाए तो फिर बातचीत की जरुरत ही नहीं रह जाएगी! अनुकूल माहौल' की फेहरिस्त लम्बी है। इसमें माओवाद प्रभावित इलाकों से अर्धसैनिक बलों की वापसी से लेकर पुलिस और अर्धसैनिक बलों के 'अमानवीय अत्याचारों' की जाँच, माओवादी पार्टी और उसके मोर्चा संगठनों के गिरफ्तार सभी लोगों की रिहाई, पार्टी पर से प्रतिबन्ध हटाना, छत्तीसगढ़ विशेष लोक सुरक्षा कानून समेत सभी कथित काले कानूनों को रद्द करना, सरकारी 'आतंक'

और सलवा जुडुम के अत्याचारों की वजह से विस्थापित हुए 'दो लाख आदिवासियों का पुनर्वास, बहुराष्ट्रीय कम्पनियों और व्यापारिक घरानों से खनन के लिए सभी सहमति पत्रों को रद्द करना, सभी विशेष आर्थिक क्षेत्र यानी एसईजेड को खत्म करना आदि शामिल हैं। अगर इन सभी बातों को सरकार बातचीत से पहले ही मान ले, तो सवाल है कि आखिर बातचीत किस मुद्दे पर होगी? क्या इस पर कि सीपीआई (माओवादी) के हाथ में देश की सत्ता के हस्तांतरण का तरीका क्या हो!

लोकतन्त्र में बातचीत निःसन्देह विवादों और मुद्दों को हल करने का सबसे बड़ा माध्यम है। लेकिन यह माध्यम तभी कारगर होता है जब मुद्दे ठोस और सुपरिभाषित हों। अगर मुद्दे महज असली मकसद को ढकने के लिए उठाए गए हों तो बातचीत से कुछ हासिल नहीं होता। असली सवाल यह है कि सीपीआई (माओवादी) क्या उन्हीं मुद्दों के लिए लड़ रही है, जो बताए गए हैं, या फिर उसका मकसद सशस्त्र क्रान्ति के जरिए देश की राजसत्ता पर कब्जा करना है? जो बुद्धिजीवी और संगठन माओवादियों से बातचीत की वकालत करते हैं, उन्हें इसका जवाब देना चाहिए। उन्हें यह भी बताना चाहिए कि क्या वे सीपीआई (माओवादी) के विचारों के मुताबिक क्रान्ति का समर्थन करते हैं? और अगर ऐसा है, तो उन्हें नागरिक/जनतान्त्रिक/मानवाधिकार संगठन के बजाय माओवादियों का मोर्चा संगठन क्यों नहीं समझा जाए?

आज यह सवाल इसलिए ज्यादा प्रासंगिक हो गया है, क्योंकि इन बुद्धिजीवियों और नागरिक/जनतान्त्रिक/मानवाधिकार संगठनों के विमर्श से यह धारणा बनाने की कोशिश हो रही है कि इस पूरे सन्दर्भ में सिर्फ दो पक्ष एक सरकार, जो अन्याय की प्रतीक है और दूसरे माओवादी जो न्याय के लिए लड़ रहे हैं। इस क्रम में माओवादियों द्वारा अपनाए जा रहे दुस्साहसी, अराजकतावादी और नकारवादी तौर-तरीकों को बिल्कुल नजरअन्दाज कर दिया गया है। इसलिए माओवादियों की गतिविधियों और इन नागरिक/जनतान्त्रिक/मानवाधिकार संगठनों के रुख से आज देश के जनतान्त्रिक हलकों में एक तरह की बेचैनी देखी जा रही है।

इसी स्थिति की एक और झलक इतिहासकार सुमित सरकार समेत कई बुद्धिजीवियों के एक बयान में देखने को मिली। उनके बयान का यह हिस्सा गौरतलब है, "कई इलाकों में माओवादी हिंसा के उभार में एक आम रुझान है। पहले लोगों को हाशिए पर धकेले जाने, विस्थापन या पुलिस एवं अर्धसैनिक बलों द्वारा आदिवासियों पर हिंसा के विरोध में पश्चिम बंगाल में 'पुलिस अत्याचार विरोधी जनसाधारनेर कमेटी' या उड़ीसा में चासी मुलिया आदिवासी संघ' जैसे अहिंसक संगठन उभरते हैं। फिर वहाँ माओवादी पहुँच जाते हैं और आंदोलन को हथियाकर उसे हिंसक स्वरूप देने की कोशिश करते हैं। सरकार और भी ज्यादा हिंसा के साथ उसका जवाब देती है, जिसके निशाने पर सिर्फ माओवादी नहीं बल्कि उनसे न जुड़े

आदिवासी भी बनते हैं। तब कुछ आदिवासी आत्मरक्षा में माओवादियों से जुड़ जाते हैं। छत्रधर महतो, लालमोहन टुडू, सिंगन्ना आदि जैसे उनके नेता या तो गिरफ्तार कर लिए जाते हैं या उन्हें फर्जी मुठभेड़ में मार डाला जाता है। बड़ी संख्या में आदिवासियों को माओवादी या उनका समर्थक बता दिया जाता है। उन्हें गिरफ्तार किया जाता है, मार डाला जाता है या आतंकित किया जाता है। सुरक्षा बलों के अनियंत्रित इस्तेमाल और लोगों के मौलिक अधिकारों के हनन की वजह से ऐसे मामलों में माओवादी हिंसा को वैधता मिल जाती है। दूसरी तरफ एक सशस्त्र समूह द्वारा एकतरफा और विचारधारा आधारित युद्ध की भाषा के इस्तेमाल से आम लोगों की राजनीतिक पहल धूमिल हो जाती है। इन लोगों की इस समूह की घोषणाओं में कोई भूमिका नहीं होती। इस क्रम में वहाँ के आम लोगों के मानवाधिकारों का भी हनन किया जाता है, जो आजीविका के लिए सरकारी विभागों में नौकरी करते हैं।"

इस पृष्ठभूमि में इन बुद्धिजीवियों की यह माँग तार्किक है कि सरकार को दरअसल इन आम लोगों और उनके संगठनों से बातचीत करनी चाहिए। यह बयान इस बात की भी मिसाल है कि माओवादियों की भूमिका पर देश के वाम-जनतान्त्रिक जनमत में एक राय नहीं है। जाहिर है, सरकार के अपने एजेंडे के लिए यह अनुकूल स्थिति है। सरकार सम्भवतः यह मानकर चल रही है कि इस वक्त मुख्यधारा या संसदीय दायरे में माओवादियों को लेकर जितना विरोध भाव है, उतना पिछले कई वर्षों में कभी नहीं था। इस दायरे में माओवादी लगभग पूरी हमदर्दी खो चुके हैं।

मार्क्सवादी कम्युनिस्ट पार्टी, उसके नेतृत्व वाला वाम मोर्चा और उनका समर्थक जनमत एक समय माओवादी समस्या को सिर्फ सुरक्षा के नजरिए से देखने का विरोध करता था। माओवाद से राजनीतिक रूप से निपटा जाए, यह जनमत इस बात की वकालत करता था। पिछड़े इलाकों के विकास और गरीब लोगों को न्याय दिलाने के कदम उठाकर माओवादियों को उनके समर्थक जनाधार से अलग किया जाए, ऐसे सुझाव जोरदार ढंग से दिए जाते थे। मई 2009 से पहले जब संयुक्त प्रगतिशील गठबन्धन की सरकार अपनी स्थिरता को लेकर आज की तरह निश्चिन्त नहीं थी, वह ऐसे सोच और इन जनमत की अनदेखी नहीं कर पाती थी।

मगर 2009 में हालात बदल गए। पिछले आम चुनाव ने मनमोहन सिंह सरकार को स्थिरता प्रदान की। इस बीच माओवादियों ने पिछले दो साल से पश्चिम बंगाल में जैसा व्यवहार किया, उससे वाम रुझान वाला देश का बड़ा जनमत न सिर्फ उनसे विरोध भाव, बल्कि वैर भाव भी रख रहा है। नन्दीग्राम और उसके बाद लालगढ़ में माओवादियों ने माकपा को अपना निशाना बनाया। माकपा की जड़ें खोदने की उनकी मंशा बहुत पुरानी है। सिंगुर और नन्दीग्राम में उद्योग लगाने के लिए खेती की जमीन के अधिग्रहण की पश्चिम बंगाल सरकार की कोशिशों ने राज्य के किसानों में जो असंतोष पैदा किया, उससे माओवादियों को इस मंशा को पूरा करने का मौका

मिल गया। इसके लिए उन्होंने ममता बनर्जी से अघोषित मोर्चा बनाया।

माओवादियों ने पश्चिम मेदिनीपुर जिले के लालगढ़ में अपनी हिंसक कार्रवाइयों में मानवीय संवदेना का हर खयाल छोड़ दिया। या यह भी कहा जा सकता है कि उनहोंने अपनी कार्रवाइयों को बर्बरता की हद तक पहुँचा दिया। लालगढ़ में माकपा के एक कार्यकर्ता की हत्या कर उन्होंने उसकी लाश कई दिनों तक चौराहे पर पड़ी रहने दी, ताकि माकपा समर्थकों के मन में खौफ बैठाया जा सके। इसकी तुलना अगर किसी पहले की मिसाल से की जा सकती है, तो वह 1990 के दशक के मध्य में तालिबान के हाथों काबुल में हुई नजीबुल्लाह की हत्या है। अफगानिस्तान के तत्कालीन राष्ट्रपति नजीबुल्लाह की लाश कई दिनों तक काबुल के एक चौराहे पर फाँसी दिए जाने के बाद लटकाकर रखी गई थी। लालगढ़ के सालबोनी के बोडो जामदा हाई स्कूल में माकपा सदस्य और स्कूल शिक्षक कार्तिक महतो की हत्या बर्बरता की एक दूसरी मिसाल थी। मोटरसाइकिल से आए माओवादियों ने 34 वर्षीय महतो की हत्या उस वक्त कर दी जब वे क्लास में बच्चों को पढ़ा रहे थे। माओवादियों ने इस बात का खयाल नहीं किया कि ऐसी घटना का बच्चों के मासूम मन पर क्या असर होगा। असल में 2009 से माओवादियों के हाथों सौ से ऊपर माकपा कार्यकर्ता मारे गए हैं। मानवाधिकार संगठनों की कोई राय इस बारे में सुनने को नहीं मिली।

दरअसल, एक अहम सवाल यह भी है कि आखिर नन्दीग्राम में किस बात की लड़ाई चल रही थी? जब सिंगुर के बाद वहाँ विस्थापन का विरोध हुआ तो पश्चिम बंगाल सरकार ने वहाँ बनने वाले केमिकल हब को रद्द करने की घोषणा कर दी। यह घोषणा 14 मार्च 2007 से काफी पहले कर दी गई थी, जिस रोज नन्दीग्राम में पुलिस फायरिंग हुई। लेकिन केमिकल हब रद्द होने के बावजूद वहाँ किलेबन्दी जारी रही। अब खुद माओवादी यह मान चुके हैं कि यह किलेबन्दी उनकी थी। वहाँ से माकपा समर्थकों को मार-मारकर भगाया गया। किलेबन्दी का हाल यह था कि पुलिस उस इलाके में प्रवेश नहीं कर सकती थी। प्रवेश की इसी कोशिश के दौरान 14 मार्च की फायरिंग हुई थी। मानवाधिकार संगठनों का इस बीच क्या फर्ज था? क्या उन्हें यह सच्चाई देश के सामने नहीं रखनी चाहिए थी? या माकपा समर्थकों का इसलिए कोई मानवाधिकार नहीं था, क्योंकि वे राज्य की सत्ताधारी पार्टी के समर्थक थे?

मानवाधिकार संगठनों की यह दलील होती है कि उनका काम सरकार और सुरक्षा बालों की निगरानी है। वे देखते हैं कि सुरक्षा एजेंसियाँ संवैधानिक दायरे में और खुद सरकार के बनाए कानूनों के मुताबिक काम कर रही हैं या नहीं। चूँकि सरकार खुद अपराधियों के स्तर पर नहीं उतर सकती, इसलिए उसकी कार्रवाइयों की निगरानी जरूरी है और यही काम ये संगठन करते हैं। उनका काम निजी समूहों की

गतिविधियों को देखना या उन पर नियंत्रण नहीं है। यह काम सरकार का है, लेकिन सरकार को यह काम संवैधानिक और कानूनी ढंग से करना चाहिए। यह बिल्कुल जायज दलील है और यही अधिकार समर्थक संगठनों का दायरा भी है। मगर मुश्किल तब आती है, जब सन्दर्भ राजनीतिक होता है।

माओवाद एक राजनीतिक विचारधारा है और सीपीआई (माओवादी) एक राजनीतिक लड़ाई लड़ रही है। यह अपराधियों का संगठन नहीं है। जब सन्दर्भ राजनीतिक हो, तब आप उस लड़ाई के बारे में अपनी राय जताने से नहीं बच सकते। आप यह सुविधा नहीं ले सकते कि आपकी गतिविधियों से किसी खास राजनीति को मदद पहुँचे, लेकिन आप उस राजनीति के परिणामों से बचे रहें। मसलन, माओवादियों और माकपा के संघर्ष पर मानवाधिकार आंदोलन को अपनी राय न सिर्फ रखनी चाहिए, बल्कि उसे व्यक्त भी करना चाहिए। गौरतलब है कि माकपा से राजनीतिक लाइन पर माओवादियों का विरोध चार दशक पुराना है। 1967 में माकपा से ही विद्रोह कर भारतीय कम्युनिस्ट आंदोलन की मार्क्सवादी-लेनिनवादी धारा अस्तित्व में आई थी, जिसे अब माओवाद कहा जाता है। नक्सलबाड़ी से किसान विद्रोह करते हुए नई धारा ने भारतीय राज्य को चुनौती दी थी, जिसे तब कुचल दिया गया था। माओवाद के समर्थक आज भी मानते हैं कि उन्हें कुचले जाने में इसलिए सरकार कामयाब हो गई, क्योंकि माकपा ने विद्रोह में उनका साथ नहीं दिया। माओवादी इसे 'गद्दारी' मानते हैं। बहरहाल, माकपा की लाइन तब राजनीतिक रूप से सफल रही और दस साल के अन्दर वह न सिर्फ पश्चिम बंगाल में सत्ता में आ गई, बल्कि वह भारतीय वामपंथ की मुख्यधारा बन गई। सत्ता में आते ही भूमि सुधार और पंचायती राज व्यवस्था लागू कर उसने अपना मजबूत जनाधार बना लिया। इसी की बदौलत वह 33 साल से सत्ता में है। लेकिन पिछले वर्षों के दौरान पनपे असंतोष और सिंगूर एवं नन्दीग्राम के औद्योगीकरण के नाकाम प्रयोगों ने अब उसके हाथ से सत्ता छिन जाने की वास्तविक स्थिति बना दी है।

माकपा की कमजोर हुई स्थिति का अन्दाजा लगाते हुए माओवादियों ने माकपा पर हमला बोल दिया। ममता बनर्जी से मिली आड़ का फायदा उठाकर उन्होंने पहले नन्दीग्राम से माकपा समर्थकों को खदेड़ा और शायद यह कहने में कोई अतिशयोक्ति नहीं है कि उन्होनें लालगढ़ में माकपा समर्थकों के खून की होली खेली है। यह सवाल प्रासंगिक है कि क्या उनसे बातचीत की वकालत करनेवाले बुद्धिजीवियों/मानवाधिकार कार्यकर्ताओं की इस बारे में भी कोई राय है?

माओवादियों की मुश्किल दरअसल यह है कि उनकी नीतियों और कार्यक्रम में अकसर समाज की वस्तुगत स्थितियों और विकासक्रम के मौजूदा स्तर की अनदेखी की जाती है। यह मनोगत सोच इस हद तक जाती है कि माकपा दुश्मन और ममता बनर्जी दोस्त नजर आने लगती हैं। बहरहाल यह एक हकीकत है कि

अपनी दुस्साहसी कार्रवाइयों से माओवादियों ने वाम जनमत के एक बड़े हिस्से की सहानुभूति खो दी है, इसलिए केन्द्र सरकार के लिए अब उनके खिलाफ कार्रवाई करना ज्यादा आसान हो गया है। ऐसी कार्रवाइयों में अकसर बहुत-से निर्दोष लोगों के मानवाधिकारों का हनन होता है, इसलिए बौद्धिक वर्ग का एक हिस्सा विचलित है। यह चिन्ता जायज है और नागरिक अधिकार के ऐसे हर हनन का विरोध जरूरी है। यह काम कठिन है क्योंकि मध्य वर्ग और मुख्यधारा कॉरपोरेट मीडिया में सरकार की इस राय से पूरी सहमति है कि माओवादी देश के लिए एक बड़ा खतरा हैं। चूँकि जिन तबकों के मूलभूत मानवाधिकारों का हनन हो रहा है, उनसे मध्य वर्ग का कोई सीधा लगाव या सम्पर्क नहीं है, इसलिए उसका सरकारी और कॉरपोरेट मीडिया के निहित स्वार्थी प्रचार में बह जाना आसान है।

दरअसल, ऐसे ही मौकों पर ऐसे नागरिक/लोकतान्त्रिक/मानवाधिकार संगठनों की जरूरत महसूस होती है, जो इस मध्य वर्ग के सहयोग से सरकार पर अपने संवैधानिक वचनबद्धताओं पर अमल के लिए दबाव बना पाते। लेकिन दुर्भाग्यवश इन संगठनों ने अपनी सक्रियता के पिछले चार या पाँच दशकों के इतिहास में भारतीय राष्ट्र, उसके विकास-क्रम और सामाजिक विकास के स्तर के सन्दर्भ में मानवाधिकारों की व्याख्या और मानवाधिकारों का राजनीतिक आधार बनाने की कोशिश नहीं की, जिससे सरकार एवं सुरक्षा एजेंसियों के लिए उन्हें हिंसक समूहों के साथ ब्राण्ड कर देना मुमकिन बना रहा है। और उनके बीच के कई संगठनों एवं कार्यकर्ताओं द्वारा सचमुच कुछ विद्रोही संगठनों का फ्रंट बन जाने से इन संगठनों के लिए स्थितियाँ ज्यादा प्रतिकूल हो गई हैं।

इसलिए अगर मौजूदा स्थिति से वे कोई सबक ले सकते हैं तो सबसे पहला यही है कि उन्हें न सिर्फ तटस्थ दिखना चाहिए, बल्कि वास्तव में होना भी चाहिए। अगर वे तटस्थ भूमिका नहीं अपना सकते, तो वे अपने समर्थन आधार में विस्तार भी नहीं कर सकते। इन संगठनों को अगर आम जन में साख बनानी है तो उन्हें मानवाधिकारों की मानव विकास-क्रम के सन्दर्भ में व्याख्या करनी चाहिए और खुद को किसी भी संगठन या पार्टी का ढाल नहीं बनने देना चाहिए। आज जरुरत इस बात की है कि नागरिकों के संवैधानिक अधिकारों की रक्षा की जाए और इसमें ऐसे संगठनों की बड़ी भूमिका है। लेकिन यह भूमिका वे तभी निभा सकते हैं, जब उनकी भूमिका सन्देहों से परे हो। दुर्भाग्य से आज ऐसा नहीं है। अरुंधति राय या उन जैसे वक्ताओं को मंच देकर और उनके मुँह से माओवादियों के संघर्ष की 'खूबसूरती' का बखान सुनकर ये नागरिक/जनतान्त्रिक/मानवाधिकार संगठन खुद अपनी साख को नुकसान पहुँचा रहे हैं, जो उनकी सबसे बड़ी ताकत होती है।

अपने गाँव में अपना राज

पुण्य प्रसून वाजपेयी

एक : समानान्तर सरकार का एक उदाहरण

मेरी शादी 2004 में हुई। पटना में झारखण्ड के चतरा जिले के टटरा गाँव से बारात आई। शादी के अगले दिन सुबह पाँच बजे ही विदाई हो गई। रास्ते में पति से पूछा—इतनी सुबह विदाई की जरूरत क्यों थी। आठ बजे भी निकल सकते थे। तब हमें रात बाहर ही बितानी पड़ती। क्यों? क्योंकि हमारे गाँव में शाम चार बजे के बाद किसी भी नए व्यक्ति की इंट्री नहीं हो सकती। ऐसा क्यों? बस यूँ ही। पहुँचोगी तो समझ जाओगी। पटना से गया। गया से चतरा। और चतरा से करीब बीस-पच्चीस किलोमीटर अन्दर जंगल के बीच टटरा। दोपहर करीब तीन बजे चतरा पहुँचे। और पौने चार बजे टटरा। गाँव के बाहर ही आदिवासियों ने भाड़े की एम्बेसेडर गाड़ी रोक ली। शादी के जोड़े में ही घर की चौखट पर उतरने से पहले गाँव की चौखट पर मुझे उतारा गया। उसके बाद पाँच आदिवासी महिलाओं ने मुझे घेर लिया। पाँचों महिलाओं के कन्धे पर बन्दूक लटक रही थी। पेट पर गोलियों की लड़ी बँधी थी। दो मेरे आगे, दो मेरे पीछे और एक साथ में खड़ी होकर मुझे चन्द फर्लांग दूर एक पेड़ की ओट में ले गई। मेरे सभी गहने उतरवाकर पहले मेरे शरीर में कुछ छुपा हुआ तो नहीं है...इसकी जाँच की गई और फिर सवाल-दर सवालों के जरिए मेरे पूरे खानदान के बारे में जानकारी ली गई। पिता क्या काम करते हैं, से लेकर घर में कौन-कौन हैं और खुद मैं कितना पढ़ी हूँ।

संतुष्ट होने के बाद एक बुजुर्ग सरीखे आदिवासी ने मेरे सारे गहने मुझे लौटाए और उसके बाद मैं अपने घर में घुस पाई। और मुझे जानकारी दी गई कि अब मैं इस गाँव की नागरिक हूँ। मैंने सोचा बिहार से झारखण्ड घुसने के दौरान भी किसी पुलिस ने हमारी गाड़ी नहीं रोकी, लेकिन गाँव में आदिवासियों ने जिस तरह सब कुछ खंगाल डाला, उसकी वजह की जानकारी मुझे अगले दिन से ही मिलने लगी। मायके आने की अगली सुबह ही 25 हजार रुपये वसूलने कुछ युवा आदिवासी लड़के

आए। पता चला यह लेवी है। गाँव की रक्षा करने वाले आदिवासियों का नियम है कि गाँव के जिस लड़के की शादी बाहर होगी, उसे बतौर लेवी 25 हजार रुपए देने होंगे और लड़की की शादी होने पर 10 हजार रुपए देने होंगे। लेकिन आदिवासी हैं कौन और जिस तरह आदिवासी लड़कियाँ बन्दूक टाँगे घूमती हैं इन्हें रोकने वाला कोई नहीं है, ऐसा क्यों है?

लेकिन हर सुबह और अगले दिन के साथ-साथ मुझे नई जानकारी मिलती। पहली बार देर शाम पटना यानी घर से मोबाइल पर फोन आया तो बात करने छत पर गई और जोर-जोर से बात कर रही थी तो अचानक फोन बन्द करने का निर्देश हो गया। घर के बाहर से आदिवासियों ने इशारा किया और घर के लोगों ने फोन बन्द करवा दिया। पता चला, देर शाम इस तरह फोन पर बात नहीं की जा सकती, क्योंकि खामोशी के बीच आवाज दूर तक गूँजती है और बाहरी किसी भी व्यक्ति को इसका एहसास हो सकता है कि यहाँ लोग रहते हैं, जिनके सम्बन्ध बाहर भी हैं। खासकर गोधूलि बेला यानी करीब चार-साढ़े चार के वक्त न तो बात की जा सकती है, न ही कोई घर से निकल सकता है। क्योंकि उस वक्त पुलिस पेट्रोलिंग की गाड़ियाँ गाहे-बगाहे गाँव के करीब से निकलती हैं। फिर फसल अच्छी होने पर लेवी के लिए दो बोरा चावल लेने के लिए तीन आदिवासी लड़के एक दिन फिर घर पर आए। पता चला चावल-गेहूँ से लेकर सब्जी तक बतौर लेवी हर घर से लिया जाता है और यह सब आदिवासियों समेत गाँव की रक्षा के लिए नियुक्त टीम के लिए होता है, जो सीधे माओवादियों के दिशा-निर्देश पर चलते हैं।

'माओवादी' शब्द भी मेरे लिए नया था। लेकिन धीरे-धीरे पता चला कि चतरा से लेकर पांकी तक करीब सवा सौ गाँव में इसी तरह माओवादियों की ही सरकार है और उन्हीं का दिशा निर्देश चलता है। हर घर से साल में दस हजार रुपए बतौर सुरक्षा लेवी लिए जाते हैं। टटरा में सिर्फ पच्चीस से तीस घर हैं और घने जंगल के बीचोबीच बसे इस गाँव की हर जरूरत के लिए उन्हीं आदिवासियों को कहना पड़ता है जो माओवादियों के नियम-कायदों को पूरा करने में जी-जान से लगे रहते हैं। उसकी एवज में गाँव के लोग लेवी देते हैं। गाँव में कुआँ खुदवाने से लेकर स्वास्थ्य केन्द्र और स्कूली शिक्षा की जरूरत, जो सरकार से पूरी होने चाहिए, उस पर भी इन्हीं माओवादियों की निगरानी में काम होता है। गाँववालों को कोई असुविधा न हो, इसकी जानकारी हमेशा यह आदिवासी लेते रहते हैं। मसलन मेरा भाई जब पटना से मिलने पहली बार गाँव आया तो मेरे पति ने पहले ही उनके आने की जानकारी इस गाँव रक्षक कमेटी को दे दी। चतरा से पांकी जानेवाली बस जब गाँव के बस स्टैड पर रुकी और मेरा भाई बस से उतरा तो उसके साथ ही समूची बस के यात्रियों को बन्दूकों से लैस आदिवासियों की एक पूरी टीम ने उतारा। सभी की जाँच की गई। बस के भीतर भी खोजबीन हुई। पुरुषों को आदिवासी लड़कों ने तो महिलाओं

को आदिवासी लड़कियों ने जाँचा-परखा, और फिर बस को रवाना किया। उसके बाद मेरे भाई के समूचे सामान को खुलवाकर देखा गया और घर में आने से पहले मैंने घर की चौखट से ही देखा तो लगातार उनसे पूछताछ की जा रही थी और वह हाथ ऊपर किए हर सवाल का जवाब दे रहे थे। फिर सारी जानकारी जब पहले से दी गई जानकारी से मेल खा गई तो ही भाई को घर जाने की इजाजत दी गई। और भाई ने घुसते ही कहा—तुम्हारे घर तो आना बड़ा मुश्किल काम है। ऐसी जाँच तो देश में कहीं नहीं होती। दो दिन भाई रहा। लेकिन उस दौरान उसे कोई परेशानी नहीं हुई सिवा शाम के बाद घर में कैद हो जाने के।

साल-दर-साल बीतते गए और मैं भी पूरी तरह गाँव की हो चुकी थी, फिर एक दिन मैंने स्कूल में बच्चों को पढ़ाने का जिक्र पति से किया। उसके बाद गाँव के उन बच्चों को पढ़ाने लगी जो दिन भर यूँ ही भटकते। फिर उन आदिवासियों के बच्चों को पढ़ाया, जिनके माँ-बाप बन्दूक लटकाए घूमते थे। एक दिन मुझे पता चला कि गाँव की तरफ से मेरा नाम ग्राम शिक्षक के लिए भेजा गया है। जैसे ही सरकार की तरफ से शिक्षकों की नियुक्ति होगी, वैसे ही मेरी नियुक्ति भी ग्राम शिक्षक के तौर पर हो जाएगी। उसकी एवज में मुझे साढ़े तीन-चार हजार मिलेंगे। लेकिन सरकारी नियुक्ति के बाद पैसे तो सरकार देती है, ऐसे में माओवादी कैसे मेरी तनख्वाह देंगे। तो पति ने बताया कि गाँव के लिए जो भी पैसा आता है, बीडीओ का काम है कि समूचा पैसा वह हर गाँव की रक्षा में लगे इन माओवादियों को दे दे। उसके बाद जरूरत मुताबिक सरकारी रकम को ग्रामीणों में बाँटा जाता है। ऐसे में ग्राम शिक्षक के तौर पर अगर मेरी तनख्वाह करीब चार हजार साढ़े तीन सौ रुपए तक आएगी तो हर महीने उसमें से पाँच सौ से सात सौ रुपए बच्चों की किताब और सलेट और बाकी जरूरतों पर खर्च किया जाएगा।

जो आदिवासी पहले दिन मेरी जाँच कर रहे थे, अब उन्हीं आदिवासी महिलाओं ने मुझसे आकर कहा कि बच्चों को पढ़ाने के बाद मैं उन्हें भी हफ्ते में एक दिन पढ़ा दूँ। गाँव से करीब आधे किलोमीटर दूर उन आदिवासियों की क्लास लगती जो दिन भर कन्धे पर बन्दूक उठाए गाँव-दर-गाँव रक्षा में जुटी रहतीं और लेवी वसूली से लेकर समूची व्यवस्था में जुटी रहतीं। इन सबसे मैं भी खुश हुई कि कुछ दिनों बाद से मैं भी घर के खर्चों में हाथ बँटा सकूँगी। गाँव की ही कुछ महिलाएँ प्रौढ़ शिक्षा कार्यक्रम के तहत कई वर्षों से पढ़ाती रही हैं। देर रात प्रौढ़ शिक्षा कार्यक्रम के तहत चलने वाली पढ़ाई में अकसर हथियारों को छोड़ कापी-कलम लेकर वही आदिवासी पढ़ने पहुँचते, जो दिन के उजाले में हथियारों के साथ गाँव में घूमते नजर आते।

लेकिन पिछले साल गाँव की दो घटनाओं ने मुझे अन्दर से हिला दिया। पहली घटना यह कि गाँव के एक लड़के की शादी तय हुई तो उसने 25 हजार लेवी देने से मना कर दिया। चूँकि गाँव में कभी कोई बारात नहीं आती तो लड़के ने इसका

विरोध कर कहा कि अगर बारात को आने नहीं दिया जाएगा तो वह लेवी भी नहीं देगा। माओवादी गाँव में बारात आने नहीं देते, क्योंकि उनका मानना है कि पुलिस बारात के बहाने गाँव में घुस सकती है। ऐसे में शादी करके जिस दिन वह लड़का अपनी पत्नी के साथ घर पर आया वैसे ही उस लड़के की हत्या माओवादियों ने कर दी। लड़की पहले दिन ही विधवा हो गई। वहीं उस लड़की को लेने जब उसके घरवाले अपनी गाड़ी से आ रहे थे तो अचानक गाड़ी गाँव की उस सड़क पर चली गई जिस पर माओवादियों ने विस्फोटक बिछा रखा था। चूँकि लड़की ने अपने घर वालों के बारे में पूरी जानकारी उनके आने से पहले माओवादियों को दे दी थी तो गाड़ी को बचाने के लिए विस्फोटक को उठाने एक आदिवासी लड़का गाड़ी के आगे खड़ा हो गया और दूसरा जैसे ही विस्फोटक के करीब से गाड़ी को निकलवाने का प्रयास कर रहा था तो विस्फोटक पर उस माओवादी आदिवासी लड़के का ही पाँव पड़ा और उसकी जान चली गई। लेकिन गाड़ी को आँच भी नहीं आई। सब कुछ समूचे गाँव के सामने हुआ। और उस लड़की ने भी अपने घर की चौखट से देखा कि उसके परिवार वाले कैसे बाल-बाल बचे और आदिवासी लड़कों ने कैसे बचाया।

माओवादियों की वजह से विधवा हुई लड़की अगले दिन जाने के बजाय उस आदिवासी लड़के के अन्तिम संस्कार के लिए गाँव में ही रुकी। और तीन दिन बाद ही अपने घरवालों के साथ अपने मायके राँची रवाना हुई। माओवादियों की तरफ से उस लड़की को आश्वासन दिया गया कि अगर वह गाँव वापस अपने पति के घर पर रहने आएगी तो उसके लिए भी कोई नौकरी गाँव के स्तर पर ही ग्राम पंचायत के जरिए वह कराने का प्रयास करेंगे। बीते छह महीनों से वह लड़की गाँव नहीं लौटी, लेकिन इस दौर में उस लड़के के घर से पहली बार सालाना 10 हजार की लेवी के अलावा और कोई लेवी नहीं ली गई।

मैं ग्रेजुएट हूँ और पटना जैसे शहर में पली-बढ़ी हूँ। लेकिन पहली बार टटरा गाँव में रहते हुए मैं यह महसूस ही नहीं कर पाती कि देश में ऐसी जगह भी है, जहाँ पुलिस प्रशासन, व्यवस्था सब कुछ अलग है। लेकिन गाँव में कभी बिजली नहीं जाती। पीने के पानी के लिए हैड पम्प और कुआँ तो पहले से था, लेकिन बीते दो साल से गाँव में नल भी लग गया। और जो पाइप लाइन बिछी, उसे बीडीओ ने उन्हीं आदिवासियों के सहयोग से बिछवाया जो पूरे गाँव में बन्दूक उठाए घूमते हैं और लेवी लेते हैं। नरेगा का पैसा भी माओवादियों के पास बीडीओ के जरिए आ जाता है। माओवादी सिर्फ गाँववालों के नाम या उन आदिवासियों का नाम अँगूठे के निशान के साथ, बीडीओ को दे देते हैं, जिससे लगे कि नरेगा का काम हो रहा है। माओवादी जो भी काम कराते हैं, उसके एवज में इसी पैसे से रकम बाँट देते हैं। नरेगा में सौ रुपया मिलता है तो माओवादी 45 रुपए देते हैं। लेकिन गाँव में जो भी काम होता है, उसे वहीं के लोग काम करते हैं। काम सभी के पास है। गाँव में भूखों मरने जैसी

स्थिति नहीं है। छह साल से रहते हुए मेरी सोच इतना ही बदली है कि 2004 में जब शादी हो के टटरा पहुँची थी, तब लगता था कि गाँववालों के बीच माओवादी हैं, अब लगता है किं माओवादियों के बीच हम हैं।

दो : लाठी खालि, गुली खालि...

लाठी खालि, गुली खालि/तेबू नाहि सोराज पालि/घरे नाथे अन किरे/कैसे बाची प्राण... है यह जिन्दगी का संघर्ष, लेकिन अँधेरे में गूँजती महिलाओं की यह आवाज एकदम छोटे बच्चों के लिए लोरी का काम करती है और धीरे-धीरे महिलाएँ जब आश्वस्त हो जाती हैं कि बच्चे सो गए तो वह अँधेरे में ही जंगल में निकलती हैं। गोंद, महुआ, मीठा जड़ और लकड़ी की छालों को बटोर रात के आखिरी पहर बीतने से पहले ही अपनी झोपड़ी में पहुँच जाती हैं। दर्द के जिस गीत को लोरी मानकर सोए बच्चे भी पौ फटते ही जागते हैं तो रात भर अगले दिन के भोजन का जुगाड़ कर लौटी यह आदिवासी महिलाएँ बच्चों को चावल-माड़ या फिर चावल-इमली का झोर खिलाती हैं। बूढ़े माँ-बाप भी यही कुछ खाते हैं और ये महिलाएँ सूरज चढ़ने से पहले ही रात में जंगल से बटोरे गए सामान को टोकरी में बाँधकर बाजार जाकर गोंद, महुआ, मीठा जड़ के बदले चावल लेकर घर पहुँच जाती हैं।

समूची दोपहर आराम करने के बाद गोधूलि में गाँव रक्षा दल की बैठक में शरीक होकर गाँव में तैनाती और लेवी वसूली के लिए निकलती हैं। साथ ही अगले दिन गाँव या जंगल में कहाँ किस जगह पर पहरा करना है, उसके बारे में रक्षा दल की बैठक में जानकारी मिलते ही अपने घर के कामकाज का रुटीन तय करती हैं। हमला कभी भी हो सकता है और दिन में कभी भी जंगल में कुछ बटोरने नहीं जाना है, यह आदेश गाँव रक्षा दल प्रमुख का है। छत्तीसगढ़-उड़ीसा के समीपवर्ती जंगल गाँवों में रहने वाली महिला आदिवासियों का नया सच यही है। दिन के उजाले में वर्दीधारी हमला कर सकते हैं इसलिए गाँव के गाँव जो जंगलों के बीच हैं या फिर जंगलों से सटे हैं, वहाँ सूरज की रोशनी दिन के उजाले में कर्फ्यू है। गाँव में कोई पुरुष आदिवासी नजर नहीं आता है। अधिकतर आदिवासी शहरों की तरफ चले गए हैं। शहर में काम भी है और जंगल गाँव से दूर भी है। शहर का मतलब जिला मुख्यालय। क्योंकि जिला मुख्यालय में वर्दीधारी ट्रक में सामान बन्द रखते हैं। उसके बाद जैसे ही वह जंगल और गाँव की दिशा में कदम बढ़ाते हैं, वैसे ही उनके कन्धों पर बड़े-बड़े हथियार नजर आने लगते हैं। हर गाँव रक्षा दल के प्रमुख ने निर्देश दिया है कि अगले आदेश तक महिलाएँ ही गाँव को सँभालेंगी। आदिवासी पुरुष और लड़के शहरों में बिना परिवार अकेले हैं। हाट-बाजार में माल ढुलाई से लेकर रिक्शा-ठेला खिंचने से लेकर किसी भी वैसे कामकाज में जहाँ शरीर काम दे, उन सभी कामों में अचानक आदिवासियों के नए चेहरे बढ़ गए हैं। गाँव में क्या हो रहा है या फिर गाँव में घर

वाले कैसे हैं या अन्न का कोई थैला अगर गाँव में घर पर भिजवाना है तो यह काम बस-ट्रक के वे ड्राइवर-कंडक्टर कर देते हैं, जिनका गाँव की तरफ से गुजरना लगा रहता है।

समूचे दिन में एक ही सरकारी बस आती है जो इसीलिए सुरक्षित है क्योंकि वहीं गाँव के बाहर से गाँव को जोड़ने का आसरा है। ऐसे में आदिवासी महिलाओं ने गाँव से लेकर घर तक को सँभाला है। जंगलों में भी महिलाओं की ही आवाज गूँजेगी। रात के अँधेरे में अपनी-अपनी बोली में आदिवासी महिलाओं के बीच संवाद में एक ही ऐसा शब्द है जो बार-बार दोहराया जाता है। वह है *छेरनी संग्राम* यानी वर्ग संग्राम। गाँव रक्षा प्रमुख ने आदिवासी महिलाओं को बताया है कि छेरनी संग्राम छिड़ चुका है। इसलिए जंगल में हर दूसरे गाँव की महिलाओं से जब रात के अँधेरे में किसी दूसरे गाँव की महिलाएँ मिलती हैं तो बातचीत में छेरनी संग्राम किसी कोड-वर्ड सरीखा होता है। और सारी बातचीत चाहे वह घर में अन्न के एक दाने के ना होने की हो या फिर बच्चों की बिगड़ती तबीयत की हो या शहर की बस से अन्न की झोली के आने की खबर हो या फिर हर रविवार को लगने वाले हाट में महुआ या गोंद के बदले कितने कटोरी चावल मिलने के सौदे की बात हो, हर बात से पहले छेरनी संग्राम का जिक्र कर बात यहीं से शुरू होती है कि गाँव रक्षा दल के सामने अब क्या मुश्किल है। हालात देखने पर साफ लगता कि गाँव की रक्षा करते हुए अन्न का जुगाड़ करना ही पूरे इलाके का जीवन है।

गरीबों को चाहे छत्तीसगढ़ सरकार दो रुपए चावल देने की बात कहे और उड़ीसा में यह तीन रुपए किलो मिले, लेकिन जंगल गाँव में एक गिलास महुए का मतलब दो कटोरी चावल और एक गिलास गोंद का मतलब एक कटोरी चावल है, जबकि मीठी जड़ और लकड़ी की झाल अगर गठ्ठर भर है तो ढाई कटोरी चावल मिल सकता है। एक कटोरी चावल का मतलब एक वक्त में दो लोगों का खाना। जो बस से झोली भर अन्न आता है उससे दो-तीन दिन ही खाना चलता है। शहर में मजदूरी करता आदिवासी नोट या चिल्लर नहीं गिनता, बल्कि बस के ड्राइवर-कंडक्टर को ही कमाई की रकम देकर छोली भर अन्न ले जाने को कहता है। जो हमेशा झोली के अन्न से ज्यादा होता है लेकिन आदिवासी जानता है कि बस वाला सबसे ईमानदार है क्योंकि छेरनी संग्राम छिड़ने पर उसकी जान तो कभी जा सकती है। वर्दीधारी उसे माओवादी मानकर मारेगा और माओवादी पर अगर हमला उसके गाँव में हो गया तो माओवादी उसे पुलिस का जासूस समझकर मारेगा। इसलिए गाँव तो तभी खाली होने लगे जब सीआरपीएफ के ट्रक गाँव जंगल में घूमने लगे और हर सरकारी इमारत में वर्दीधारी नजर आने लगे। प्राथमिक स्वास्थ्य केन्द्र और प्राथमिक स्कूल के अलावा पंचायत भवन ही इन जंगल गाँव में नजर आते हैं। जो मिट्टी का नहीं बाँस और खपरैल का बना है। कहीं-कहीं ईंट की दीवार भी है। और छेरनी संघर्ष

शुरू होते ही इन जगहों पर सब कुछ बन्द हो गया और वर्दीधारियों का खाना-पकाना, रात गुजारना और हर आने-जाने वाले आदिवासी से बोझा उठवाकर कुछ अन्न देकर सम्पर्क बनाने का सिलसिला शुरू हुआ। और इसके शुरू होते ही आदिवासी गाँव छोड़ खिसकने लगे। लेकिन गाँव रक्षा दल की महिलाएँ नहीं डिगीं। हर आठ गाँव पर एक रक्षा दल कमाण्डर, जिसके अधीन करीब सौ से ज्यादा आदिवासी। और इन सौ में भी साठ से ज्यादा महिलाएँ जो कहीं नहीं गईं।

बीते साल भर में सबसे ज्यादा हिंसा या कहें छेरनी संग्राम इस इलाके में हुआ है। इसका असर यही हुआ कि पुरुष आदिवासियों का क्षेत्र तो बदलता रहा लेकिन महिलाएँ नहीं डिगीं। नई समझ जो इस पूरे इलाके में हुई है, वह गाँवों को विकसित करने की है। यानी आदिवासियों की जरूरत के मुताबिक मुश्किल दौर में भी गाँव रक्षा दल काम करता रहे। ऐसे में गाँव की संख्या 8 से बढ़ाकर 15 से 20 की गई है जो महिलाओं की निगरानी में ही गाँव के हर परिवार की जरुरतों को जोड़कर सामूहिक जरुरत में तब्दील करने की दिशा में उठाया गया कदम है। यानी घर-घर की जरुरतों को मिलाकर अगर बीस गाँव के अन्न को एक साथ जोड़ा जाए तो गाँव रक्षा दल उसी के मुताबिक तय करे कि कितने लोग जंगल से भोजन जुगाड़ेंगे और कितने लोग शहरी बाजार जाकर जंगल के कंद-मूल का सौदा करेंगे और बाकी के कितने लोग रक्षा दल के जरिए पहरेदारी को अंजाम देंगे।

छेरनी संग्राम छिड़ने के बाद सामूहिकता का जीवन जीने के इन तौर-तरीकों के बीच गाँवों के आपसी सम्पर्क भी बढ़े हैं। साथ ही संग्राम की थियरी को सीधे जिन्दगी से जोड़ने की नायाब पहल भी इन इलाकों में शुरू हुई है।

मसलन 10 मार्च को बारूदी सुरंग में जर्जर हुई एक पुलिस जीप के पहिए को रक्षा दल ने एक ट्रक वाले को बेचा भी और उसकी एवज में दस किलो अनाज लाकर बताया भी कि जीप का एक पहिया चालीस आदमी का पेट भर सकता है। और इसी तरह संकट के दौर में हिसाब लगाकर जब एक ट्रकवाले को रक्षा दल ने रोका तो स्टेपनी का पहिया छीन लिया और लौटाया इसी शर्त पर कि अगली खेप में वह बीस किलो चावल लेकर आये। जंगल गाँवों से गुजरते अधिकतर ट्रकों में अकसर एक-दो बोरे चावल के जरूर रखे रहते हैं जो आवाजाही के लिए बतौर लेवी देने पर उन्हें रियायत हो जाती है। आदिवासियों के लिए सबसे ज्यादा सुकून तभी होता है, जब उन्हें चावल मिल जाए और जंगल से जमा किया गया महुआ वह खुद पिएँ। यह दिन उनके जश्न का होता है। लेकिन महिलाएँ इस दौर में कितनी अनुशासित हैं इसका अंदाज इसी से लग सकता है कि बीस गाँव जब एकजुट होते हैं, तो उनकी कमांडर भी महिला होती है और हर ग्रुप की नेता भी महिला। और यह स्थिति दंतेवाड़ा के बाद की हो ऐसा भी नहीं है। लेकिन दंतेवाड़ा की घटना के बाद छेरनी संग्राम के तौर-तरीके बदल जरूर गए हैं। कमोबेश हर गाँव के रक्षा दल के सामने

सबसे बड़ी चुनौती यही है कि यह अन्न के विकल्प को भी समझे। जैसे जंगल में कुछ पेड़ से निकलने वाले रस कितने फायदेमंद हैं। किन कंद-मूलों से शरीर कमजोर नहीं होगा यानी कैलोरी बराबर मिलेगी और जंगल गाँव से शहर को जोड़ने वाले वैकल्पिक रास्तों को बनाना भी रक्षा दलों के जिम्मे आ गया है। छेरनी संग्राम का लाभ माओवादियों को आदिवासियों के जरिये भी हो रहा है, क्योंकि जो आदिवासी शहर यानी जिला मुख्यालयों में भी जाकर रह रहे हैं, उनके गाँव लौटने पर गाँववाले शहर की स्थिति भी समझ पा रहे हैं, जहाँ दो जून की रोटी का जुगाड़ करना शहरी लोगों के लिए भी मुश्किल है।

खासकर जिन कामों को शहर में आदिवासी करते हैं, उन कामों से जुड़े लोगों के जरिए जब जिन्दगी की मुश्किलों की जानकारी उन्हें मिल रही है तो अपने जंगल गाँव को लेकर भी वह कहीं ज्यादा उग्र भी हो रहे हैं। यानी विकास की जिस धारा को शहर से गाँव पहुँचाने की बात वीडीओ से लेकर पंचायत के नेता तक करते हैं, उसके एवज में आदिवासी अब अपनी झोपड़ी को बचाने में ही असली सुकून मान रहे हैं। और वर्दीधारी की पहल आदिवासियों को उन्हीं परिस्थितियों के नजदीक ले जा रही है जिसे दिल्ली के हुक्मरान माओवाद या आतंकवाद कहने से नहीं कतराते। मुश्किल यही है कि दिल्ली से इन जंगल गाँव की दूरी है तो हजार से भी कम मील की, लेकिन विकास के आईने में यह दूरी सदियों की हो गई है। दिल्ली में बैठकर कोई सोच भी नहीं सकता कि आदिवासियों के दर्द का यह गीत—*लाठी खालि गुली खालि /तेबू नाहि सोराज पालि/घरे नाथे अन किरे/कैसे बाची प्राण ...उनके बच्चों के लिए लोरी है।*

अधिनायकवाद को निमन्त्रण

सच्चिदानन्द सिन्हा

किसी समस्या के समाधान के लिए उसकी सही पहचान सबसे पहली शर्त है। माओवादी हिंसा अगर समाप्त करनी है, तो सबसे पहले उसका सही आकलन जरूरी है। लेकिन जिस तरह केन्द्रीय गृह मंत्री पी. चिदम्बरम और लगभग पूरा भारतीय मीडिया 'माओवादी' और 'नक्सलवादी' शब्दों का घालमेल कर रहे हैं, उससे ऐसा लगता है कि वे समस्या को या तो समझते नहीं या फिर जान-बूझकर लोगों को इसके सम्बन्ध में भ्रम में रखना चाहते हैं। कम्युनिस्ट पार्टी (माओवादी) का अतीत भले ही नक्सली आंदोलन से जुड़ा हो, पर अब जो रूप वह ले रही है, वह उसे बाकी सभी नक्सली समूहों से अलग करता है। अभी देश के दर्जनों नक्सली समूहों में कोई भी तत्काल गुरिल्ला युद्ध के जरिए सत्ता में आने की बात नहीं करता, बल्कि उनमें से कई तो सांविधानिक निर्वाचनों के माध्यम से सत्ता की राजनीति में अपनी जगह बनाने में लगे हैं। वैसे, कयामत की उस घड़ी की कल्पना, कि शक्तिबल से सारे संसार का नक्शा, बदल दिया जाएगा, माकपा समेत सभी कम्युनिस्ट पार्टियों के अवचेतन में हमेशा बनी रहती है। लेकिन यह चेतना वास्तव में अपनी विशिष्टता के एहसास को बनाए रखने की आत्मवंचना भर है। और यह भावनात्मक जरूरत सम्मेलनों में लेनिन, स्तालिन और माओ की तसवीरें टाँग लेने भर से पूरी हो जाती है। बाकी सब कुछ चालू राजनीति की तर्ज पर चलता रहता है।

रूस की बोल्शेविक क्रान्ति के बाद से ही कम्युनिस्ट आंदोलन में एक धार्मिक निष्ठा का भाव बना रहा है, जो उसकी वैज्ञानिकता के तमाम दावों को झुठलाता रहा है। ब्रिटिश दार्शनिक बर्ट्रेंड रसेल रूसी क्रान्ति के थोड़े दिनों बाद ही रूस गए थे और उन्होंने वहाँ जो देखा, उसके आधार पर अपनी पुस्तक 'थ्योरी ऐंड प्रैक्टिस ऑफ बोल्शेविज्म' में जो आकलन किया, वह इस सन्दर्भ में बिलकुल सटीक बैठता है। रसेल ने यह भविष्यवाणी की थी कि रूस के कम्युनिस्ट आंदोलन का प्रभाव संसार पर वैसा ही पड़ेगा, जैसा इस्लाम का पड़ा था। दुर्योग से आज इसलामी चरमपंथ और माओवाद जैसा कम्युनिस्ट चरमपंथ कमोबेश एक ही तरह की आतंकवादी हिंसा में

संलग्न हैं।

दरअसल, किसी भी नियतिवाद में आस्था मानव समूहों को वैसी सभी अमानुषिक कामों के लिए प्रेरित करती है, जिन्हें आम तौर से समाज में निकृष्ट और त्याज्य माना गया है। इसी से जहाँ दो कट्टरपंथों की टक्कर होती है, हिंसा का रूप अधिक जघन्य होता है। इसी से पश्चिम बंगाल में माकपा और माओवादी टक्कर से हिंसा निर्ममता की सभी सीमाएँ पारकर जाती है। यहाँ इतिहास की नियति को लागू करने वाले स्वयंभू दावेदारों की टक्कर होती है। इस सन्दर्भ में चिदम्बरम का माओवादियों को बातचीत के लिए आमंत्रित करना हास्यास्पद लगता है। अगर यह मात्र दिखावा नहीं तो आखिर माओवादी ट्रेड यूनियनों की तरह माँगों की फेहरिस्त लेकर तो आएँगे नहीं, जिस पर कोई सौदाबाजी हो। वे तो उसी रास्ते से भारत में सत्ता पर कब्जा करना चाहते हैं, जिस रास्ते से माओ ने चीन पर किया था।

माओवादियों को आदिवासियों की जीवन पद्धति और वनों एवं खनिजों को बचाने की भी चिन्ता नहीं है। माओ के चीन में प्राकृतिक संसाधनों का औद्योगिक विकास के लिए जैसा दोहन होता रहा है, उसे देखकर ऐसा विश्वास नहीं होता। दरअसल, माओवादी आदिवासियों और उनके दुर्गम परिवेश को अपनी समानान्तर सत्ता का आधार भर बनाना चाहते हैं। इसलिए यह हमारे बुद्धिजीवियों की सदिच्छा से पैदा भ्रम है कि माओवाद आदिवासियों के परिवेश और उनकी स्थापित सत्ता को बचाने का प्रयास है। फिलहाल देश के आदिवासी और किसान भारी दबाव में हैं। राष्ट्र-राज्य विशाल पैमाने पर उनके जल, जंगल और जमीन को देशी-विदेशी कॉरपोरेट घरानों के हाथ बेच रहा है, बिना इस बात का लिहाज किए कि इन पर आजीविका के लिए निर्भर विशाल जन समुदाय का क्या होगा। जहाँ-तहाँ विशेषकर उड़ीसा और पश्चिम बंगाल के सिंगुर और लालगढ़ में इसके खिलाफ व्यापक प्रतिरोध भी हुए और हो रहे हैं। लेकिन तेज औद्योगिकीकरण का जो जुनून देश पर सवार है, उसके कारण इस प्रतिरोध को शक्ति के बल पर कुचलने का प्रयास हो रहा है। विडम्बना यह है कि देश की सभी स्थापित राजनीतिक पार्टियाँ विकास के इस मॉडल पर फिदा हैं। फिर भी वे राजनीतिक दल, जो आम लोगों के जीवन से करीब हैं, अपने आधार को बचाने के लिए प्रतिरोध में जहाँ-तहाँ खड़े होने को मजबूर हैं। कहीं-कहीं माओवाद डूबते को तिनके के सहारा जैसा दिखता है। देश की स्थापित सत्ता, जिसे मुल्क में निर्मित हो रही लाखों मोटरगाड़ियों को दौड़ाने के लिए चार, छह और आठ लेन की चिकनी सड़कें चाहिए, फैलते हवाई यातायात के लिए हवाई पट्टियाँ और विशाल मात्रा में ईंधन व बिजली चाहिए, किसानों और आदिवासियों के हितों का अतिक्रमण किए बगैर आठ-दस प्रतिशत की विकस दर हासिल नहीं कर सकती।

आधुनिक औद्योगिकीकरण कहीं भी 'नरमेध' के बगैर नहीं हुआ है—चाहे वह पश्चिमी देशों में पूँजीवादी व्यवस्था के तहत हुआ हो या रूस व चीन की कम्युनिस्ट

व्यवस्थाओं के भीतर। शायद इसीलिए मनोवैज्ञानिक माहौल बनाने के लिए माओवाद और नक्सलवाद जैसे शब्दों का पर्यायवाची के रूप में इस्तेमाल हो रहा है। इससे प्रतिरोध करने वालों के खिलाफ दमन चक्र को सरपट दौड़ाने में सुविधा होगी। यह एक खतरनाक खेल है। लोकतन्त्र का ढाँचा अत्यन्त नाजुक तन्तुओं से बुना होता है। जब मतभेद और शान्तिपूर्ण विरोध को विद्रोह और राष्ट्रद्रोह मानकर कुचलने की कोशिश होती है, तो लोकतन्त्र और अधिनायकवाद का फर्क मिटने लगता है। द्वितीय विश्व युद्ध के बाद अमेरिका में कम्युनिस्ट विरोध का एक ऐसा उन्माद सवार हुआ था कि ओपेनहाइमर जैसे वैज्ञानिक और चार्ली चैपलिन जैसे कलाकार कम्युनिस्ट घोषित किए जाने लगे थे। माओवादियो को भी आत्ममंथन की जरूरत है। आज का भारत शताब्दी पूर्व का चीन नहीं है। उस प्रयोग को यहाँ दोहराया नहीं जा सकता। हाँ, हिंसक क्रान्ति के प्रयास से यहाँ की अधिनायकवादी ताकतों को अपने उद्देश्यों को सफल बनाने का मौका जरूर मिल जाएगा।

क्रान्ति और हिंसा

सुरेन्द्र मोहन

एक ऐसी परिघटना जो सामाजिक व्यवस्था को मूलतः बदल दे, क्रान्ति कहलाती है। इस अर्थ में औद्योगिक क्रांति का उल्लेख होता है, परन्तु उसे पूर्णता प्राप्त करने में लम्बा समय लगा। बल्कि, यदि उन्नीसवीं सदी के अन्तिम दशक के पश्चिमी यूरोप से उसकी वर्तमान स्थिति का मिलान करें तो भी लगता है कि औद्योगिक क्रान्ति के बाद सूचना यान्त्रिकी और उससे पहले आणविक उर्जा क्रान्ति का भी आविर्भाव हो चुका है। परन्तु, इन क्रान्तियों में, यहाँ तक कि औद्योगिक क्रान्ति में भी, समाज में साम्पत्तिक सम्बन्ध मूलतः परिवर्तित नहीं हुए।

फ्रांसीसी, रूसी और चीनी क्रान्तियों का कार्यकाल उन क्रान्तियों जितना लम्बा नहीं था वे उनकी तुलना में जैसे एक झटके में पूरी हो गईं। फ्रांसीसी क्रान्ति सामन्ती निजाम के खिलाफ व्यापारी वर्ग और शिल्पियों के समुदायों द्वारा विद्रोह के रूप में सामने आई; चूँकि सामन्ती व्यवस्था के सिर पर सम्राट विराजमान था और उसे रोमन केथोलिक चर्च का पूरा समर्थन ही नहीं प्राप्त था, बल्कि वह उस व्यवस्था में भागीदार भी था, इसलिए। वह क्रान्ति उनके विरुद्ध भी थी। उसमें भारी रक्तपात हुआ; सम्राट, उसकी रानी और बहुत से सामन्तों की हत्या हुई, किन्तु क्रान्ति के दौरान ही एक ऐसा दौर आया जिसे इतिहासकार 'आतंक का राज' कहते हैं। क्रान्ति के सभी बड़े विचारवान नेताओं की भी हत्या हुई; और अन्ततः एक योद्धा सेनापति स्वयं सम्राट बन बैठा। नेपोलियन ने राज के कामकाज की विधियों को अपनी संहिता निर्धारित की; और उसे पूरे यूरोप से मनवाने के लिए सैनिक अभियान छेड़ा। वह अन्ततः रूस में हारा, क्योंकि उसके सैनिक उस देश की मरणांतिक सरदी का मुकाबला नहीं कर सके; और इसीलिए इतिहास में दर्ज कि उसे 'जनरल विंटर' ने पराजित किया। उसकी हार के बाद क्रान्ति में मारे गए सम्राट के वंशज सत्ता में वापस आ गए और राजशाही बहाल हो गई, जिसे हटाने के लिए एक और विद्रोह की जरूरत पड़ी। अलबत्ता सामन्ती व्यवस्था ने अपना रूप बदला और अकसर पूर्व सामन्त और धर्म गुरु व्यापार और उद्योगों जैसे काम-धन्धों में लगे। निःसन्देह, व्यापारी व शिल्पी

समुदाय और उद्योगपति उन बन्धनों और करों से मुक्त हो गए जो क्रान्ति से पहले उन पर लगे हुए थे। मुक्त व्यापार के पूँजीवादी सिद्धान्त की दुन्दुभि बजने लगी। शोषकों को एक वर्ग के स्थान पर दूसरे वर्ग के शोषक जनता की पीठ पर सवार हो गए।

इस खूनी क्रान्ति ने पहले तो अपने नेताओं की ही बलि ली, और फिर हर एक ऐसे व्यक्ति के सिर पर खतरा मँडराने लगा जो किसी क्रान्तिकारी का निजी शत्रु था। नेपोलियन ने भी वैसे सभी लोगों का खात्मा किया जो उसकी जी हुजूरी में नहीं थे। उसकी सेनाओं के विदेशों में अभियान ने भी लाखों लोगों के प्राण लिए। काम तब भी अधूरा रहा, सन् 1848 में भी विद्रोह हुआ और सन् 1871 में तो प्रसिद्ध श्रमिक वर्ग की पहली और पैरिस कम्यून वाली असफल क्रान्ति भी हुई। निश्चय ही, क्रान्तिकारियों ने उस असफलता से बहुत कुछ सीखा। फ्रेडरिक एंगल्स ने यह सिद्धान्त प्रतिपादित किया कि अब वैरिकेट (यातायात में रुकावटें) खड़ी करके क्रान्ति कर देने का समय चला गया है। वास्तव में, अन्तर्राष्ट्रीय समाजवादी और विशेषकर मार्क्सवादी आंदोलन में जो संशोधनवादी दौर चला, वह एक ओर पैरिस कम्यून की असफलता के इन नतीजों के कारण चला तो दूसरी ओर जर्मनी के चांसलर बिसमार्क द्वारा उस क्रान्ति के बाद राज्य द्वारा श्रमिकों की सामाजिक सुरक्षा सम्बन्धी शुरुआत के कारण। औद्योगिक क्रान्ति के कारण पश्चिमी यूरोप के सभी साम्राज्यवादी देशों में, उपनिवेशों की लूट के चलते, जो भारी खुशहाली आई उसके कुछ टुकड़े मजदूरों की बढ़ती हुई संख्या में भी बँटे, और इसका ही फल था कि पहले विश्व युद्ध (सन् 1914-49) में जर्मनी, फ्रांस व ब्रिटेन के समाजवादी और मजदूर आंदोलनों ने अपने अपने देश में राष्ट्रवादी भूमिका निभाई जिसे रूस के क्रान्तिकारी नेता लेनिन ने अन्तर्राष्ट्रीय मजदूर वर्ग के प्रति विश्वासघात बताया।

उसी युद्ध के दौरान सन् 1917 में, लेनिन की रूसी सोशल डेमोक्रेटिक लेबर पार्टी (बोल्शेविक) के नेतृत्व में वह प्रसिद्ध क्रान्ति हुई जिसे अक्टूबर क्रान्ति कहा जाता है। पहली बार राजशाही का खात्मा हुआ, सामन्तशाही समाप्त हो गई और मजदूरों, सिपाहियों और किसानों की सोवियतों (पंचायतों) का शासन स्थापित हुआ। उस क्रान्ति ने पूरी दुनिया को हिला दिया और भारत के दो महान् बुद्धि जीवी रवीन्द्रनाथ टैगौर और जवाहरलाल नेहरू ने क्रान्ति के दस-बारह वर्ष बाद रूस का भ्रमण करने के बाद उसकी प्रशंसा की। ब्रिटेन में सिडनी और बिआट्रिस वेब, फ्रांस में रोमॉं रोला और आन्द्र जीद और इटली में ग्राम्स्की ने भी उसे मानवता के इतिहास की गौरवपूर्ण घटना बताया। अलबत्ता उस चकाचौंध में न तो यह देखा गया कि लेनिन ने जब ड्यूमा (रूसी संसद) के लिए आम चुनाव कराए तो बहुमत किसानों की सोशल रिवोल्यूशनरी पार्टी को मिला जिसके निर्वाचित प्रतिनिधियों को लेनिन की लाल सेना के सिपाहियों ने ड्यूमा के सदन में प्रवेश ही नहीं करने दिया अर्थात्

अधिनायकवाद की शुरूआत आरंभ में ही हो गई। क्रान्ति के बीस वर्ष के बाद सोवियत रूस के शासक स्टालिन के विरोधियों के खिलाफ जो मुकदमे चलाए गए, जिन्हें 'मॉस्को ट्रायल्स' के नाम से जाना जाता है, उनमें सन् 1917 के शेष सभी नेताओं—कामेनेम व रुडेक बुखारिन आदि—को प्राण दण्ड दिया गया और ट्राटस्की को मेनिस्को में 1939 में हत्या कर दी गई। फ्रांसीसी क्रान्ति की ही तरह रूसी क्रान्ति ने अपने ही नायकों की बलि ले ली।

निःसन्देह, सोवियत रूस का उद्योगीकरण बहुत तेजी के साथ हुआ, और उसकी सेना ने दूसरे विश्व युद्ध में अप्रतिम वीरता के साथ जर्मनी के नाजी तानाशाह हिटलर के आक्रमण को पीछे धकेला। परन्तु खेती के समूहीकरण में सन् 1930-32 में लाखों किसानों के तीव्र प्रतिरोध के दमन के दुःखान्त को भुलाया नहीं जा सकता। खूनी क्रान्तियों के गर्भ से जो क्रान्तिकारी सत्ता हासिल करते हैं, उन्हें खूनी रास्ते से परहेज नहीं होता, न ही स्वतन्त्र जनता के दमन से। सोवियत संघ की कम्युनिस्ट पार्टी (बोल्शेविक) के बीसवें सम्मेलन (सन् 1950) में पार्टी के तत्कालीन जनरल के सेक्रेटरी ने स्टालिन की व्यक्ति पूजा और उसके अत्याचारों का जो उल्लेख किया है, वह भी वैसी क्रान्तियों की एक अन्य आयाम को रेखांकित करता है।

सोवियत रूस की क्रान्ति और उसके बाद उस देश की प्रगति की आलोचना करने वालों को उसके पक्षधर विगत नब्बे वर्षों से प्रति क्रयतिकारी पूँजीवाद के दलाल आदि की संज्ञा देते रहे हैं। वह ब्रेझनेव के शासन काल के भारी भ्रष्टाचार की कथाओं को भी झूठ मानते हैं। बहरहाल, यह परिस्थिति कि क्रान्ति के दौरान और उसके बाद बीस वर्ष की अवधि में पूँजीवादी सामन्ती शोषण के खात्मे के बाद सन् 1956 में स्टालिन की व्यक्ति पूजा सामने आई और पचहत्तर वर्ष पूरे होते-होते येल्तसिन का शासन स्थापित हो गया जो देश को अवाध गति से पूँजीवाद के रास्ते पर धकेलता गया तो इस पूरे इतिहास का विलेषण करके उन भौतिक, सामाजिक व आर्थिक दोनों आधारों की खोज करनी चाहिए, जिनके कारण यह स्थितियाँ आ गईं। इस सन्दर्भ में, अपनी जवानी में प्रतिबद्ध कम्युनिस्ट रहे डॉ. पी सी. जोशी की पुस्तक 'मेरी विचार यात्रा' बहुत कुछ प्रकाश डालती है।

चीन में क्रान्ति हुई सन् 1949 में। उसकी ऐतिहासिक भूमिका भी 1930-37 में माओ के नेतृत्व में जन मुक्ति सेना की सात वर्ष लम्बी यात्रा जिसके दौरान वह किसानों को सामन्ती व महाजनी शोषकों से निजात दिलाती रही और जापान के आक्रमण के विरुद्ध राष्ट्रीय स्वाधीनता संग्राम की अगुआई। उस क्रान्ति में किसानों ने प्रमुख भाग लिया, और इसलिए उस समुदाय का वैसा दमन नहीं हुआ जैसा सोवियत रूस में। चीन ने आर्थिक और सामाजिक प्रगति में अन्य देशों को पीछे छोड़ दिया; समता के आधार पर नई सभ्यता निर्माण करने का सपना सँजोया। किन्तु, खूनी क्रान्ति के जो अनिवार्य परिणाम फ्रांस व रूस में आए, उनसे वह भी

बच न सका। तीनों देशों में क्रांति ने लोकतन्त्र के स्थान पर अधिनायकवाद को भोगा। फ्रांस और रूस की क्रान्ति की तरह चीन में भी क्रान्ति के एक महान नेता लियो शाओ ची को पूँजीवाद का राही कहकर सन् 1964 में बन्दी बनाया, जबकि वे चीन के राष्ट्रपति पद पर विराजमान थे और उनके अन्य प्रमुख साथियों जैसे लिन चियाओ और द. पेंग को भी दण्डित किया गया। सन् 1978 अर्थात् 30 वर्ष बीतने से पहले ही, 'चार आधुनिकीकरणों' के नाम पर सम्पत्ति के निजीकरण की जो नीति लिन त्साओ पिंग ने चलाई, उसके फलस्वरूप चीन की विकास दर तो बहुत ऊँची रही है, लेकिन उत्तर-पश्चिम की चीन की जनता करोड़ों की संख्या में विस्थापित होकर पूर्व व दक्षिण में रोजी-रोटी के लिए भटक रही है। पूँजीवाद में जो आन्तरिक उपनिवेश बन जाते हैं, वैसे ही आन्तरिक उपनिवेश चीन में भी उभर रहे हैं।

खूनी क्रान्तियों के इस इतिहास से हम देखते हैं कि अकस्मात आमूल क्रान्ति कुछ ऐसी बुनियादी दुर्बलताओं को खत्म नहीं कर पाती जो उसे खींचकर प्रतिक्रान्ति के मार्ग पर ले जाती हैं। उन दुर्बलताओं में हैं–

एक, जनता में क्रान्तिकारी विचारों की स्वीकृति का न होना;

दो, कुल आबादी की तुलना में क्रान्तिकारियों और उनके सक्रिय सहयोगियों की न्यून संख्या,

तीन, क्रान्ति की तैयारी में अनिवार्य गोपनीयता, जो शास्त्रों को एकत्रित करने, साथियों को उनका प्रशिक्षण देने, उन्हें अनुशासित रखने और संगठन को राज्य व शोषक वर्ग की निगाहों से बचाने के लिए जरूरी है;

चार, इस गोपनीयता के चलते क्रान्तिकारी संगठन में लोकतन्त्र का अभाव,

पाँच, इसी गोपनीयता के चलते सामान्य जनता से दूरी,

छह, शस्त्रों को हासिल करने और पेशेवर क्रान्तिकारियों के भरण-पोषण की व्यवस्था करने में संसाधन जुटाने के उद्देश्य से असामाजिक साधनों का अनुसरण और साधन शुचिता का परित्याग।

सात, इस पूरी प्रक्रिया में नेताओं में भी उस आपसी साहचर्य का न बन पाना जो उन्हें परस्पर विश्वास सूत्रों में बाँध सके।

जनता की सामूहिक संगठन शक्ति में अविश्वास और केवल शस्त्रों पर पूरा भरोसा सशस्त्र क्रान्तिकारी की सबसे घातक भूल होती है। किन्तु वह मनोवैज्ञानिक प्रक्रिया क्या है जो क्रान्तिकारी के करुणा के उस स्रोत को सोखती रहती है, जिसने उसे, जनता की दारुण दशा दिखाकर क्रान्ति का मार्ग चुनने को उद्यत किया? क्रान्तिकारी सत्ता प्राप्ति से पहले अपने साथियों के प्रति शंकालु रहता है कि कहीं वे शोषकों के बहकावे में तो नहीं आ गए, द्रोही तो नहीं बन गए। तब और बाद में भी लोकतान्त्रिक प्रक्रिया के अभाव में, नेता प्रतिद्वन्द्वियों से भी आशंकित रहता है। क्रान्ति के लिए प्रतिबद्ध पेशेवर क्रान्तिकारियों को ही पार्टी का नेतृत्व मिल जाता

है, इस स्थिति के खतरों से जर्मनी की कम्युनिस्ट क्रान्तिकारी रोजा लक्जेमबर्ग ने भी लेनिन को चेताया था।

गोपनीयता के लम्बे दौर, जनता से कटे हुए जीवन साथियों के साथ भी अंतरंग साहचर्य की कमी और भागमभाग जीवन पद्धति के साथ-साथ शंकालु व चौकस स्वभाव का जो मनोवैज्ञानिक प्रभाव क्रान्तिकारी सैनिकों व उनके नेताओं पर पड़ता है वह उनकी मानसिकता में ही कुछ विकृतियाँ ला देता है, और स्नेह व करुणा की मानवीय अवस्थाओं को सोखता रहता है। इसीलिए क्रान्ति अपने नायकों की ही बलि लेती है। सत्ता प्राप्ति के बाद क्रूर स्वभाव अधिनायकवाद को आधीन विकृत बना देती है। ऐसी क्रान्ति जो अन्ततः वैसे पूँजीवाद को जन्म देती है जो रूस व चीन में आ गया है या नेपोलियन की सैनिक तानाशाही को, आखिर किस काम की है? किसी भी ऐसी क्रान्ति से क्या कहीं लेनिन की वह उक्ति चरितार्थ हुई है कि मेहनतकशों की तानाशाही 2 प्रतिशत पर 98 प्रतिशत की तानाशाही है? एक ही राजनीतिक दल, जो सिद्धान्ततः मेहनतकश वर्ग का प्रतिनिधि होता है, उस पर अधिनायकत्व करता है, पार्टी की केन्द्रीय समिति, पार्टी के अन्दर लोकतन्त्र के अभाव में, पार्टी पर भी अधिनायकत्व जमा लेती है और उसका नेता, इसी के चलते व्यक्ति पूजा की प्रवृत्ति को जन्म देता है। यूँ भी पूरा नेतृत्व, निहत्थी और शोषित जनता का त्राता बन जाता है जिसे उसकी ऋणी होनी चाहिए। सत्ताधारी क्रान्तिकारी सशस्त्र और सर्वसत्ता के अधिपति होते हैं। निहत्थी जनता उनके अधीन रहती है। क्रान्ति और हिंसा के इस आपसी अंतर्विरोध को समझना हर एक मूल परिवर्तनकारी के लिए अनिवार्य होना चाहिए।

पूँजीवाद और माओवाद : कुछ नोट्स

अभय तिवारी

अन्तर्राष्ट्रीय स्तर पर ऊर्जा उत्पादन के लिए तेल पर निर्भरता और उसका विश्व अर्थव्यवस्था का केन्द्रीय धुरी बने होना चिन्ता का विषय इसलिए है कि तेल एक सीमित संसाधन है। आनेवाले समय में उसके कारण पूँजीवाद में बड़े संकट उठ खड़े होने वाले हैं। उसके विकल्प के तौर पर बायोफ्यूल की जो बात की जा रही है, वह खाद्यान्न की कीमतों और सुलभता की समस्या को सुलझाने के बजाय और उलझा देगा। मगर फिर भी इस मामले में उम्मीद है कि मानव अन्वेषणशीलता संकट आने तक कोई न कोई हल पा ही लेगी। दूसरी समस्या अधिक गहरी और भयंकर है।

योरोप और अमरीका में पूँजीवाद के विकास में जिस तरह से पृथ्वी के संसाधनों का दोहन हुआ है अगर उसी दर से संसाधनों का दोहन भारत और चीन और उसके बाद अफ्रीका के देशों के भी विकास के लिए हो तो पृथ्वी की वर्तमान सूरत को बचाए रख पाना लगभग असम्भव माना जा रहा है। विशेषज्ञ कहते हैं कि दोनों देशों को अपनी अर्थव्यवस्था चलाने के लिए एक-एक स्वतन्त्र पृथ्वी चाहिए होगी। मिसाल के लिए अमरीका और योरोप में आदमियों और कारों का जो अनुपात है अगर चीन और भारत में वही सूरत बन जाय तो होने वाले प्रदूषण की कल्पना ही विकट है। अगर इस जहान में विष्णु जैसा कोई ईश्वर है तो जरूर ही उनके दरबार में पृथ्वी रूपी गाय अपने अति दोहन और अति शोषण की शिकायत करती, और पूँजीवाद और भूमण्डलीकरण नाम के दो दैत्यों से अपनी रक्षा के लिए प्रभु के आगे गुहार करती होगी।

सवाल यह है कि क्या मैं पूँजीवाद के पक्ष में हूँ? क्या मैं उसे एक आदर्श मानवीय व्यवस्था मानता हूँ? इसे ऐसे समझें कि मैं पूँजीवाद के समर्थन में नारे नहीं लगाता लेकिन मैं पूँजीवाद का विरोध करने के लिए सामन्ती, अर्ध-सामन्ती सम्बन्धों और व्यवस्थाओं के पक्ष में भी नहीं खड़ा हो जाता। पूँजीवाद इतिहास की कोई पहली व्यवस्था नहीं जो शोषण पर आधारित है। दास प्रथा और सामन्तवादी कृषि

व्यवस्थाओं में अधिक शोषण था, हालाँकि उनमें कुछ ऐसे मानवीय तत्त्व थे जो पूँजीवाद में एकदम बिला गए हैं, जैसेः प्रकृति के साथ तादात्म्य और मनुष्य की अपनी अनुभूतियों के संसार में गहरी पैठ। लेकिन उन तत्त्वों के प्रति चाह रखने के बावजूद हमारे लिए उन व्यवस्थाओं में वापस जाना न सम्भव है और न वांछित।

आदिवासियों का मामला थोड़ा जटिल है। माना जा सकता है कि उनका जीवन और उनका सामाजिक तन्त्र दोनों किस्म के शोषण से रहित है। न तो वे एक-दूसरे का शोषण करते हैं और न ही प्रकृति का। (हालाँकि करते जरूर हैं, मगर अपेक्षाकृत रूप से कम), अरुंधति की रिपोर्ट के ही अनुसार पहले आदिवासी मुखिया बाकी गाँव वालों का शोषण करते थे—सबसे ज्यादा जमीन हड़पना, अपने खेत में काम करवाना, फसल में हिस्सा लेना आदि। बताइए यह शोषण आदमी का कितना गहरा स्वभाव है? आदमी क्या, मैंने देखा है कि कुतिया का एक पिल्ला दूसरे को धकेलकर उसके हिस्से का भी दूध पी जाता है। बड़ा पेड़ छोटे पेड़ का पानी पी जाता है, धूप छीन जाता है। कहाँ तक घुसा है यह शोषण दास-प्रथा, सामन्तवाद और पूँजीवाद में, ये दोनों तरह के शोषण उत्तरोत्तर प्रबल होते जाते हैं।

पूँजीवाद प्रकृति का इस बुरी तरह से शोषण कर रहा है कि पूरी मनुष्य जाति का अस्तित्व संकट में आ गया है। आदमी और आदमी के बीच की खाईं इतनी चौड़ी और गहरी पहले कभी न थी, जितनी अब है। पूँजीवाद का प्रभाव इतना व्यापक है कि कोई भी व्यक्ति इस व्यवस्था के बाहर रहकर अपनी बसर नहीं कर सकता। कोई सोचे कि मैं नकारता हूँ इस व्यवस्था को और चाहे कि मैं समाज से दूर चला जाऊँ, तो वो मुमकिन नहीं। पानी समेत प्रकृति के सारे तत्त्वों का कमोडीफिकेशन हो चुका है। एक हवा बची है, लेकिन शहरों में अब ऑक्सीजन बार भी बन रहे हैं, जहाँ जाकर आप कुछ मिनट तक शुद्ध हवा के मास्क पहनकर तरो-ताजा हो सकते हैं। सारे जंगल, सारे जानवर, कीड़े-मकोड़े गिने और पहचाने जा चुके हैं। पहले वे सर्कस के दल में आप तक आते थे और अब आप नेशनल पार्क्स में जाकर उनका बेहतर उपभोग कर सकते हैं।

यह बाजार सर्वव्यापी है। आदिवासी इलाको को भी ये अपने घेरे में लेकर उनकी संपदा को रिसोर्स और उन आदिवासियों को उपभोक्ता बना देना चाहता है। यह एक दोहरे शोषण की नीति है और आदिवासी अपने आदिकालिक जीवन की रक्षा करने के लिए पूरे जी-जान से लड़ रहे हैं। मुझे उनके साथ सहानुभूति है। उन्हें अपनी आदिम जीवन की रक्षा करने का पूरा हक है। लेकिन वो उनकी लड़ाई है, मेरी नहीं। मैं यह नहीं समझता कि उनकी लड़ाई में मेरी मुक्ति के बीज भी छिपे हैं। माओवादी समझते हैं और उनके साथ, उनकी लड़ाई लड़ रहे हैं, इस विश्वास से कि यह लड़ाई पूँजीवाद को परास्त करने की लड़ाई है। उनकी इस समझ पर मेरे और बहुत से दूसरे लागों के बहुत सारे सवाल हैं।

पूँजीवाद ने क्या आदमी के जीवन में कुछ सार्थक बदलाव भी किया है? मनुष्यता के विकास में क्या उसका कोई योगदान है? क्या वो मनुष्यता का ही एक एक्सप्रेशन है, या आदमी के भीतर बैठे किसी शैतान का? जीवन को और समाज को इतना संगठित करने और इतना केन्द्रीकृत करने के पीछे पूँजीवाद की क्या प्रेरणा है?

केन्द्रीकरण अकेले पूँजीवाद का ही लक्षण नहीं है। सत्ता और संपदा के कुछ व्यक्तियों और घरानों और कारपोरेशन्स में केन्द्रित हो जाने की बार-बार दुहाई दी जाती है। यह समझना चाहिए कि यह वो जमाना नहीं है कि धन को धनवान धरती के भीतर गाड़कर रखता है। पूँजी वैसा धन नहीं है, उसे समाज में वापस निवेश करने से ही वह पूँजी बनी रहती है। संपदा सार्वजनिक है किसी की निजी सम्पत्ति नहीं। लेकिन यह जो केन्द्रीकरण दिखाई दे रहा, वही एक स्थिति के बाद विकेन्द्रीकरण भी बन जाएगा, ऐसा मैं सोचता हूँ।

आदमी का शरीर भी एक केन्द्रीकृत संरचना है और मानव समाज की संरचना आदमी की अभिव्यक्ति है। अलग-अलग समयों पर अलग-अलग व्यक्तियों और समूहों के छोटे-बड़े योगदानों से विभिन्न गतियों में विकसित होती हुई यह संरचना अभी भी आदमी के स्वभाव की सम्पूर्ण अभिव्यक्ति नहीं है। ऐसा नहीं है कि सामाजिक संरचना में कुछ ऐसे तत्त्व हैं जो मनुष्य के स्वभाव से बाहर के हैं। लालच और शोषण अगर सामाजिक संरचना में बुना हुआ है तो वह आदमी के स्वभाव से ही निकला है। यहाँ यह सवाल मौजूँ बनता है कि अगर हिंसा, लालच और शोषण आदमी के स्वभाव का अविभाज्य गुण हैं तो क्या एक ऐसा समाज बनना सम्भव है जिसमें ये बातें अनुपस्थित हों? और अगर है भी तो क्या वो समाज आदमी के स्वभाव की सच्ची अभिव्यक्ति होगा? इस सवाल का एकमात्र तार्किक जवाब मुझे यही लगता है कि हिंसा, लालच और शोषण मनुष्य का सच्चा स्वभाव नहीं है। और अगर ऐसा है तो इन वृत्तियों से हीन उस सच्चे स्वभाव को पाए बिना, ऐसा सच्चा समाज बनाना कैसे मुमकिन है? कुछ लोग यह भी तर्क कर सकते हैं कि असल में मनुष्य का स्वभाव 'कुछ नहीं' है, वह जो है वह अपने समाज की निर्मिति है। क्या वाकई? क्या सामाजिक व्यवस्था अचानक एक दिन आसमान से उतर आई, किसी मनुष्य (या मनुष्यों) ने नहीं बनाई?

अलग-अलग समाज, सभी समाज आदमी के स्वभाव की अपूर्ण अभिव्यक्तियाँ हैं। क्योंकि, एक तो, मनुष्य का स्वभाव कोई एक स्थिर और निश्चित प्रत्यय है भी नहीं; और दूसरे आदमी की सामाजिक संरचना अभी भी विकसित हो रही है। मनुष्य प्रकृति की सबसे जटिल संरचना है और मनुष्य का समाज जटिल से जटिलतर की ओर बढ़ रहा है। आदिम आदिवासी समाज, सरलतम और आज का पूँजीवादी समाज

जटिलतर संरचना है। यहाँ दूसरा मौजूँ सवाल यह है कि कम अपूर्ण अभिव्यक्ति की बनिस्बत अधिक अपूर्ण अभिव्यक्ति को तरजीह देना क्या उचित है? जहाँ तक मैं समझता हूँ, कोई भी आदिवासी समाज में लौट चलने की वकालत नहीं कर रहा, मगर मौके पर इस बिन्दु पर सफाई बना लेना मुझे उचित लगा।

अब यह पूछा जाना चाहिए कि माओवादी कौन हैं? आज की तारीख में दो तरह के माओवादी हैं : एक तो आदिवासी लड़ाके जो बन्दूक लेकर सुरक्षा बलों से लड़ रहे हैं और दूसरे वे माओवादी जिन्होंने उन आदिवासियों के हाथ में बन्दूक दी है। यहाँ पर कुछ लोगों को आपत्ति हो सकती है कि आदिवासी एक लम्बी लड़ाई लड़ रहे हैं, पहले तीर-कमान से लड़ते थे, अब बन्दूक से लड़ रहे हैं; सम्भव है, ठीक है। लेकिन यह भी मानना होगा कि वह बन्दूक उन्होंने अपने जंगल में नहीं उगाई। किसी ने बाहर से लाकर उनके हाथ में दी है। मैं उन लोगों की बात करना चाहता हूँ। ये कौन लोग हैं? ये मार्क्सवादी हैं, लेनिनवादी हैं, माओवादी हैं, नक्सलवादी हैं?

ये सुशिक्षित मध्यमवर्गीय या पेटी बूर्जुआ हैं जो युवाओं की सहज स्वप्नवृत्ति के प्रभाव में, समाज परिवर्तन की अवधारणाओं से लैस, क्रान्ति की राह पर निकल पड़ते हैं। क्रान्ति एक जबरदस्त एडवेंचर है, जोखिम है, रोमांच है, रोमांस है। हर युवा इन सब के प्रति सहज ही आकर्षित होता है। और उस सामाजिक क्रान्ति को सम्भव करने के लिए जनता के बीच जाना होता है और ऐसी जनता के बीच जिसका शोषण हो रहा हो। लेकिन माओवादियों को ऐसी जनता शहर में नहीं मिलती, उसके लिए वे ऐसे गाँवों में जाते हैं जहाँ सामन्ती सम्बन्ध अभी भी प्रबल है या ऐसे जंगल में जहाँ 'सभ्यता' के चरण न गए हों। और उस जनता को क्रान्ति के लिए तैयार करते हैं।

वे खुद अपने को जनता के रूप में स्वीकार नहीं करते हैं और जनता न होने की शर्म में हमेशा अपनी वर्ग चेतना से लड़ते रहते हैं। भले ही उनके वर्ग की माली हालत पश्चिमी देशों के सर्वहारा से बदतर हो, फिर भी वे अपने को जनता नहीं मान पाते और जनता की तलाश में अपने आप से दूर, बड़ी दूर चले जाते हैं। इस जनता के उद्धार के लिए ये अपना सर्वस्व न्योछावर कर देते हैं। और उनके पेटी बूर्जुआ वर्ग के दूसरे सदस्य जो ऐसा नहीं कर पाते, वे उन्हें घृणा की नजर से देखते हैं। वे पेटी बूर्जुआ से आत्म-त्याग की उम्मीद रखते हैं और अपनी तथाकथित जनता से अपने स्वार्थ के लिए बन्दूक उठा लेने की न सिर्फ उम्मीद करते हैं बल्कि उसे इसके लिए लगातार प्रेरित करते हैं। जब ये जनता के पास आते हैं तो ये पहले से ही तय कर चुके होते हैं कि समाज क्या है, जनता क्या है, क्रान्ति क्या है, क्रान्ति का रास्ता क्या है। वे सिर्फ़ जनता को उस तरफ हाँकते हैं। जनता 'उनके उस सपने' का निमित्त है, जो जनता के हित के लिए उन्होंने देखा है। वे जनता से बेहतर जनता का हित जानते हैं और उसके लिए जनता को, उनके न्यायोचित असंतोष को, एक

युद्ध में बदल देना वो उचित समझते हैं।

ये लोग उग्र हैं क्योंकि इनका विश्वास समझौते में नहीं, संघर्ष में है। इसी बात को खींचकर यह भी कहा जा सकता है कि ये लोग रोमांच की तलाश में वे नौजवान हैं जो अपनी लड़ाई नहीं खोज सके, इसलिए दूसरों की लड़ाई में भाग लेने आ गए। ऐसा नहीं है कि इनके अपने जीवन में सब कुछ कुशल मंगल है और वहाँ लड़ाई की कोई सम्भावना नहीं। उनकी सामाजिक पृष्ठभूमि के जीवन में भी, उनके निजी जीवन में तमाम मुद्दे हैं जहाँ वे संघर्ष कर सकते हैं, लेकिन नहीं करते, क्योंकि अपने स्वयं के जीवन संघर्ष को पहचानने की क्षमता से हीन हैं और अगर पहचानते भी हैं तो उसे किस शिल्प में अभिव्यक्त करें, ये नहीं समझ पाते, और शिल्प भी जानते हैं तो उसे क्रान्ति की राह के लायक न मानकर खारिज कर देते हैं, क्योंकि उसके लिए लड़ना, चिन्तित होना, परेशान होना उनके लिए एक शर्म का विषय है, जिसे वे पेटी बुर्जुआ चिन्तन मानते हैं।

आज देश में इतना बड़ा सर्वहारा वर्ग पैदा हो चुका है, लेकिन उनको कोई खबर नहीं। डॉक्टर, पत्रकार, लेखक, अभिनेता, और गीतकार, संगीतकार, गायक सभी वेज लेबर में तब्दील हो चुके हैं। न तो उनके पास उत्पादन के औजार हैं और न ही उत्पाद के साथ कोई रिश्ता। वे वास्तविक और सच्चे तौर पर अपनी रचना और उत्पाद से विलगित है। लेकिन माओवादी ही नहीं, भारत की कोई कम्युनिस्ट पार्टी उन्हें सर्वहारा नहीं मानती। वे बुद्धिजीवी हैं कलाकार, पेटी बुर्जुआ हैं जिनका काम जनता के साथ सहानुभूति करना और जनता के आंदोलन में अपनी शिरकत करना है। न तो वे जनता की परिभाषा में आते है, न उनकी संस्कृति, जन संस्कृति है और न ही उन का अपना कोई आंदोलन हो सकता है। क्योंकि वे खाए-पिए, अघाए हुए लोग हैं।

सच बात तो ये है कि ये दूसरी तरह के माओवादी, जिनकी बात मैं कर रहा हूँ, वही भगवा पहनकर युद्ध करनेवाले क्रान्तिकारी हैं जिनको आप बंकिम के *आनन्दमठ* में देखते हैं। ये भौतिकवादी नहीं, ये आदर्शवादी हैं। ये त्याग करने, अपने जीवन का बलिदान करने निकले हैं।

लेकिन यहाँ पर ये याद रहे कि ये लोग हमारे समाज के सबसे नेक, सबसे ईमानदार और संवेदनशील लोग हैं। पर क्या नेक, ईमानदार और संवेदनशील होना ही काफी है? क्या अच्छी नीयत और अच्छे अंजाम में सीधा-सीधा रिश्ता होता है? अब जैसे संवेदनशील तो और भी मिल जाएँगे, जीवन के तमाम हलकों में, लेकिन इनके जैसे ईमानदार सिर्फ़ एक और संगठन में मिलते हैं, वह है राष्ट्रीय स्वयंसेवक संघ। आरएसएस के लोगों से मुझे और तमाम दूसरे लोगों को शिकायत है, लेकिन उनकी ईमानदारी से कोई इनकार नहीं कर सकता। एक और ईमानदार और निष्ठावान और अपने ध्येय के लिए समर्पित लोग हैं जो अपने विश्वास के लिए जी जान लड़ा देते हैं। वे है आतंकवादी, आत्मघाती आतंकवादी। इस दलील के आधार

पर मुझे लगने लाग है कि ईमानदारी, निष्ठा, समर्पण, संवेदनशीलता, और आदर्शवादिता वो लक्षण नहीं हैं जो समाज में अमन और समृद्धि के कारक होते हैं।

हमारे समाज में पूँजीवाद के सकारात्मक पहलू की समझ गैर-मौजूद है। हम हमेशा पूँजीवाद को पिछले समाज के या वर्तमान समाज के नजरिए से देखते हैं और हो रही उथल-पुथल के लिए उसे जिम्मेदार मानते हैं, और गरियाते हैं। जैसे हम हमेशा ये दुहाई देते हैं कि पूँजीवाद यहाँ पर सामन्ती तत्त्वों से समझौता कर रहा है, उससे लड़ नहीं रहा। पूँजीवाद किसी से लड़ना नहीं चाहता। वो बाजार को, वस्तुओं को, सुविधाओं को दूर-दूर तक फैलाना चाहता है। और इसके लिए वह सबसे सरल रास्ता पकड़ता है। भ्रष्टाचार आसान राह है, ईमानदारी बड़ी कठिन है। ईमानदारी अड़ियल है, बेलोच है, भ्रष्टाचार बड़ा लचीला है। ईमानदार आदमी सिर्फ़ अपने आदर्शों की सोचता है, भ्रष्ट आदमी समझौते का, बीच का रास्ता तलाशता है। पूँजीवाद भ्रष्ट है क्योंकि पूँजीवाद अपनी प्रकृति में ही समझौतापरस्त है।

पूँजी क्या है? मार्क्स के शब्दों में, पूँजी सरप्लस लेबर है। यानी मजदूर की उचित मजदूरी का न दिया गया हिस्सा, जो पूँजीपति मजदूर को न देकर अपने पास रख लेता है, वही पूँजी है। लेकिन ध्यान देने वाली बात ये है कि पूँजीपति पूँजी को अपने पलंग के नीचे जमीन में गाड़कर नहीं रखता, जैसे कि मध्य युग में सभी लोग रखते थे। वह पूँजी को समाज में वापस निवेश कर देता है। इस निवेश के जरिए समाज में नई संपदा और नई नौकरियों की सृष्टि होती है। यह संपदा कही जाती है कि किसी अम्बानी या टाटा की सम्पत्ति है मगर असल में वो एक पब्लिक प्रापर्टी परोक्ष रूप से बन चुकी है। क्योंकि उसका मालिकाना आज की तारीख में प्राइवेट लिमिटेड नहीं बल्कि पब्लिक लिमिटेड है। ये सही है कि उस संस्थान से होने वाले मुनाफे का सबसे बड़ा हिस्सा उस अम्बानी की जेब में जा रहा है लेकिन वह अहम नहीं है। अहम है क्रिएशन ऑफ वेल्थ। तर्क यह दिया जाता है कि पूँजीवाद, जो प्राकृतिक संपदा पहले से मौजूद है उसका कमोडिफिकेशन करता है। ठीक है, पानी और जमीन जैसी चीजों के साथ यही हो रहा है। लेकिन बिजली, सड़क और टेलेकाम, इन्टरनेट जैसी सुविधाओं के बारे में क्या कहा जाएगा? ये सचमुच क्रिएशन ऑफ वेल्थ हैं।

इस पर सवाल यह आता है कि अगर यह है भी तो क्या ऐसा सम्भव नहीं हो सकता कि इस संपदा की रचना के काम को सरकार अपने हाथ में ले ले और उसे इस तरह से अंजाम दे, जिसमें आदमी का शोषण कम से कम हो? मेरा मानना है कि ये नहीं हो सकता। इसके प्रयोग किए गए और असफल हो गए। इसलिए असफल हो गए, क्योंकि सरकार द्वारा उसे अंजाम देने के लिए उसके लिए एक नीति होनी पड़ेगी और एक योजना होनी पड़ेगी और उसका कार्यान्वयन होना पड़ेगा। ये सब तभी हो सकता है कि जब आप ठीक-ठीक जानते हों कि पहुँचना कहाँ है?

पूँजीवादी व्यवस्था एक विकसित होती हुई हस्ती है। उसके विकास का पूर्वानुमान किया जा सकता है लेकिन उसमें गलतियाँ होने की सम्भावना बहुत बढ़ जाएगी। किसी पेड़ के विकास का पथ हम जानते हैं, लेकिन अगर हम उसके विकास को नियोजित करने लगें तो हम बजाय उसे मदद करने के उसमें बाधा बन जाएँगे। लेकिन पेड़ सिर्फ़ उपमा है और पूँजीवाद अपनी गति में बहुत तोड़-फोड़ करता है, इसलिए अलग-अलग मौकों पर कभी ढीली, कभी कठोर नीति की जरूरत होती है।

यहाँ पर यह समझ लेना भी जरूरी है कि पूँजीवाद कोई आसमान से लाई गई और दुनिया पर थोपी गई व्यवस्था नहीं है। वह मनुष्य के हजारों साल के स्वाभाविक विकास की एक मंजिल है। मनुष्य की स्वाभाविक अभिव्यक्ति है। किसी एक आदमी और किसी एक समाज और किसी एक देश की नहीं, पूरी मनुष्यता की स्वाभाविक अभिव्यक्ति। पूँजीवाद कैसे विकसित होगा, इसका निर्धारण करने और उसकी पूर्वयोजना करने की कोशिश सोशलिस्ट सरकारें ही नहीं, दुनिया का हर कारपोरेशन करता है, हर निवेशक करता है। वो अपने निजी मुनाफे के लिए शोषण की किसी भी हद तक जाता है और भ्रष्टाचार के मार्फत लोकतान्त्रिक सरकारों में बैठे अपने पिट्ठुओं से दमनकारी नीतियाँ और कानून बनवाता है।

लेकिन इन निजी मुनाफों के पार पूँजीवाद की वृहत्तर गति को भी देखना चाहिए। वह कर क्या कर रहा है? वह अधिक से अधिक लोगों तक अधिक से अधिक सुविधाएँ और उत्पाद पहुँचाने की तरफ उन्मुख है। और यह एक ऐसी शै है जो हर कारपोरेशन, हर निवेशक और हर सरकार की खींचतान की हर सम्भव कोशिश के बावजूद स्वतन्त्र है। इसकी एक अपनी चाल है, एक अपनी गति है, एक अपना चरित्र है। क्योंकि करोड़ों-करोड़ों लोग जो इस तन्त्र का हिस्सा हैं, इसे प्रभावित कर रहे हैं। जो लोग माल बना रहे हैं, जो ढो रहे हैं, जो प्रचार कर रहे हैं, जो बेच रहे हैं, जो खरीद रहे हैं, सब। सब की मिली-जुली अभिव्यक्ति है यह पूँजीवाद। उनके रंग-ढंग, पसन्द-नापसन्द, चाहतों और आकांक्षाओं से बनता है उसका चरित्र, और तय होती है उसकी गति। कोई सरकार उसे तय नहीं कर सकती, करेगी तो गलत कर बैठेगी, जैसी करती रही है। इसी अर्थ में पूँजीवाद लोकतन्त्र का जुड़वाँ भाई है। इस बात को एक उदाहरण से समझें—फ्रांस में सरकोजी ने बुर्के पर बैन लगाया, लेकिन वहाँ के स्टोर डिजाइनर बुर्का बना और बेच रहे हैं। आम चुनावों में मुसलमानों की नापसन्दगी का यह मुद्दा एक प्रेशर ग्रुप की तरह पार्टियों के बीच महत्त्वपूर्ण हो जाएगा और बड़े दलों की हार-जीत में निर्णयक भी हो जाएगा, सम्भवतः।

ये समझने की जरूरत है कि आदिवासी इलाके, जो पृथ्वी पर जीवन के तैयार हो रहे उस नए कलेवर की हद के बाहर रह गए सुदूरतम इलाके बने हुए थे जिसे

पूँजीवाद या औद्योगीकरण कहा जाता है। उन इलाकों में इस तरह का संघर्ष उभरना दो तरह के संकेत देता है : एक तो यह कि विश्वस्तरीय बदलाव हर कोने-अँतरे में घुसकर उसे प्रभावित किए बिना नहीं रहने वाला, दूसरे यह कि मानवाधिकार और पर्यावरण के सवालों से रगड़कर पूँजीवाद का दमनकारी चरित्र सुधर सकता है। पूरी तरह न भी सही तो आम जन के बीच में ये सवाल एक जनमत रचेंगे और फिर उसके प्रत्युत्तर में पूँजीवाद को अपनी नीतियाँ बदलनी ही पड़ेंगी, क्योंकि जनमत ही पूँजीवाद की वह ईंट है जिसके सहारे से वो अपना पेट भरता है। और ठीक इसी वजह से वह लगातार उसे नियंत्रण करने की कोशिशें करता है। किसी सामन्त या बादशाह को कभी ये परवाह नहीं करनी पड़ी कि लोग क्या सोचते हैं। सच तो ये है कि आज तक अल्पमत ही बहुमत पर राज करता आया है, यह पहली बार है कि बहुमत अल्पमत पर हावी हो रहा है। यह अलग मसला है कि अल्पकालिक मुनाफे के लिए पूँजीवाद अल्पमत को भी तोड़-मरोड़कर बहुमत के चोले में बेचने की तरकीबें करता रहता है।

राज्य के खिलाफ मोटे तौर पर एक शिकायत तो है कि वह जंगल और जमीन को पूँजीवादियों के हवाले कर देना चाहती है जो आदिवासियों को बेदखल कर के जंगल को उजाड़ देंगे और पहले से खतरे में पड़े पर्यावरण का संकट और गहराएँगे। इसका एक अलग जवाब बनता है, जो नीतिगत है। लेकिन इसके अलावा जितनी भी शिकायतें हैं वो किसी आदिवासी समाज के विरुद्ध किसी विशेष पूर्वाग्रह से नहीं उपजती हैं, जैसा कि दिखाने की कोशिश की जाती है। अत्याचारों की अनदेखी, दमन, बलात्कार और भ्रष्टाचार जैसी घटनाएँ सिर्फ इसलिए होती हैं क्योंकि उन इलाकों में न सिर्फ आर्थिक पिछड़ापन है बल्कि सामाजिक पिछड़ापन भी है। लोकतान्त्रिक और मानवाधिकार की चेतना इस देश में जनमी हुई नहीं है। यूरोप जिस नवजागरण की संतान है, जिसने मानवाधिकार आदि की चेतना को जन्म दिया, नवजागरणहीन समाज, बुढ़ाए हुए बीमार समाज से उस चेतना की उम्मीद करना कुछ ज्यादती है। मुझे लगता है हमारी सरकार को थोड़ी कड़ाई और मुस्तैदी और मध्य वर्ग के सचेत तबके को थोड़ा धीरज अपनाने की जरूरत है।

माओवादी आंदोलन के साथ समस्या यह नहीं है कि वे आदिवासियों के मुद्दे उठा रहे हैं और पूँजीवाद की मुखालफत कर रहे हैं। सरकार को सबसे अखरने वाली बात ये है कि वे राज्य को चुनौती दे रहे हैं। वे एक समानान्तर सत्ता बनकर उभर रहे हैं। वे न सिर्फ आदिवासियों के राजनीतिक और सामाजिक जीवन के सभी पहलू सम्हाल रहे हैं, बल्कि लोकतान्त्रिक पूँजीवादी राज्य की ही तरह अपने अस्तित्व की राह में आने वाले किसी भी रोड़े को हटाने में उसी क्रूरता का प्रदर्शन कर रहे हैं जिसके लिए परम्परागत राज्य जाना जाता है। चूँकि दोनों एक ही जैसे हैं, एक ही चरित्र

के हैं, और एक-दूसरे के प्रतिबिम्ब हैं, इसीलिए दोनों एक-दूसरे को मिटा देने के लिए इस तरह आमादा हैं। एक जंगल में एक ही-सी प्रबल हिंसा वाले दो शेर नहीं रह सकते। एक को दूसरे को मारना होगा या अपने इलाके से बाहर करना होगा। इस लिहाज से दोनों ही प्रकृति के पुराने कानून का पालन कर रहे हैं।

सुना गया है कि माओवादी आदिवासी गाँवों में बड़ा अच्छा प्रशासन चला रहे हैं। मगर जो उनकी बात न माने उसे गोली मार देते हैं। इस दुनिया का जितना नुकसान सच्चे और आदर्शवादी लोगों ने किया है उतना किसी ने नहीं किया। सच्चाई, आदर्श इन सब में एक तरह की शुद्धता है। हिटलर भी एक शुद्धतावादी था; वह एक शुद्ध आर्य प्रजाति तैयार करना चाहता था। वह मानता था कि चूँकि वह शुद्ध व सही है, इसलिए गलत और अशुद्ध लोगों को गोली मार देने का उसे हक है। माओवादी कोई काम करने से पहले बहुमत की राय थोड़ी पूछते हैं; जिसको सही-सही गलत समझते हैं, गोली मार देते हैं।

कुछ लोग, जिनमें सुदर्शिनी और सुतर्किणी अरुंधति भी हैं, बार-बार इन्हीं लोगों के हवाले से पूछते हैं कि क्या यही मासूम आन्तरिक सुरक्षा के लिए खतरा हैं? जब अरुंधति कन्धे पर बन्दूक लटकाए मासूमों को देखती हैं तो उनका मोहित हो जाना स्वाभाविक है। उनकी जगह मैं होता तो मैं भी मोहित हो गया होता। हिंसा में एक शुद्धता है, एक सरलता है जो शहर के लोगों की भ्रष्ट समझौते की जिन्दगी जीने से विरूप हो गए उनके चरित्र और चेहरे में नहीं मिलती। ऐसी सुन्दरता आप बाघ में भी देख सकते हैं। बाघ जब हिंसा करता है तो अपनी जरूरत, अपने अस्तित्व के लिए करता है। जिसका उसे कोई पाप नहीं लगता, बाघ का चेहरा निर्दोष बना रहता है और सम्भवतः आत्मा भी निर्मल बनी रहती होगी। इसी तर्क से अपने अस्तित्व की रक्षा कर रहे आदिवासियों को भी पाप न लगना चाहिए। और इसी वजह से उनके चेहरे और आत्मा में कोई मैल न पाकर अरुंधति सम्मोहित हो चली होंगी।

इस देश में एक बड़ा आंदोलन 'सेव टाइगर' का भी चल रहा है। अकसर कुछ लोग अरुंधति पर यह आरोप भी लगाते हैं कि वे टाइगर की ही तरह आदिवासियों को भी, संकटग्रस्त प्रजाति की तरह, उनके जंगलों में संरक्षित देखना चाहती हैं। मैं उनसे सहमत नहीं हूँ, बावजूद उन दोनों—टाइगर और आदिवासी—के बीच आदिम सौन्दर्य की एकरूपता के। मेरे अनुसार, अरुंधति आदमी और जानवर में अन्तर करना जानती हैं।

मुश्किल सिर्फ इतनी है कि जब आदिवासी सीआरपीएफ के 75 नौजवानों की हत्या करते हैं, जिन्होंने अभी तक उनके गाँवों को नहीं जलाया था और उनकी औरतों का बलात्कार नहीं किया था, और जो बन्दूक लेकर आदिवासियों से लड़ने का काम सिर्फ इसलिए कर रहे थे कि उनका अपना अस्तित्व संकट में था और पुलिस की नौकरी उसकी रक्षार्थ ही थी, तो क्या तब चित्रगुप्त के लिए इन हत्याओं को पाप

के खाते से दूर रखने में दुविधा का सामना न करना होता होगा?

आजकल टीवी पर नक्सली बहसों की अगुआई करते हुए अर्णव गोस्वामी दलील देते हैं कि उन हमदर्दों को भी ग्रीनहण्ट के दायरे में लाना चाहिए जो इन माओवादियों से मिलते-जुलते और उनके बारे में लेखादि लिखते हैं। निश्चित ही उनका इशारा अरुंधति राय की ओर होता है। मध्य वर्ग में माओवादियों के विरोधियों का एक बड़ा तबका उनसे लगभग नफरत करनेलगा है और शायद इसीलिए कैपिटलिस्ट मीडिया ने अरुंधति का लगभग बॉयकाट कर रखा है। अर्णव गोस्वामी जैसे लोगों में यह नफरत सबसे घिनौने तरीके से बाहर आती है जो लगभग फासिस्टी सीमा पर है। मैं अरुंधति से सहमत नहीं हूँ, लेकिन मैं अरुंधति के बोलने से सहमत हूँ। उन्हें बोलना चाहिए और पूरे जोर से बोलना चाहिए, और हम सबको चाहिए कि उनको सुनें। भले न सहमत हों। हमारा लोकतन्त्र उनकी नकार की आवाज से मजबूत होता है। और जो वे बोलती हैं वह एक कड़वी सच्चाई है। आदिवासी इस देश और समाज की मुख्यधारा से बाहर हाशिये पर पड़े लोग हैं जिनकी आवाज को मुख्यधारा में जगह नहीं है; अरुंधति उनकी आवाज हैं।

अरुंधति कितनी सुन्दर हैं और कितना अच्छा बोलती हैं। भाषा और भावों पर उनका कैसा एकाधिकार है! उनके चेहरे पर उच्च नैतिक बोध की एक आध्यात्मिक चमक है। अपने मधुर स्वर में वे जो बोलती हैं, लगता है कोई देवी बोल रही है। उनके जैसी कोई दूसरी स्त्री सामाजिक जीवन में नहीं है। मैं लगभग उनसे प्रेम करता हूँ और उनकी हर बात से सहमत होना चाहता हूँ। लेकिन मेरे भीतर प्रेम की, रूमान की नदी सूख चुकी है। काश, मैं उन पर आँख मूँदकर भरोसा कर सकता; मेरा शुष्क विवेक, मेरे रुक्ष तर्क मुझे उस देवी से उलझा रहे हैं, मेरा ईश्वर मुझे क्षमा करे!

सुनीति कुमार चटर्जी के अनुसार भारत में आज जो चार प्रकार के जन पाए जाते हैं—निषाद (ऑस्ट्रिक; कोल, भील, शबर), किरात (मंगोलाइड, पर्वतीय क्षेत्रों में रहने वाले चीनी-तिब्बती भाषा मूल के), द्रविड़ (दास, द्रविड़, नाग) और आर्य (भारोपीय) इनमें आदिवासी निषाद सबसे पुराने हैं। किरात, द्रविड़ और आर्य जनों में लम्बे समय तक हुई वर्ण संकरता के चलते ये तीनों संस्कृतियाँ और जन आपस में घुल-मिल गए हैं। लेकिन निषाद संस्कृति ने जंगल के जीवन में खुद को सीमित कर अपने आदिम स्वरूप को अब तक बनाए रखा है। मुख्य धारा ने उनके साथ अन्याय और अनदेखा किया है। लेकिन आज के पहले कभी ऐसा मौका नहीं आया कि आदिवासी जीवन, और मुख्यधारा का समाज इतना आमने-सामने आ गया हो। ये पूँजीवाद की विराटता के चलते हो रहा है। इतना तो तय है वे कटे हुए नहीं रह सकते। बाहर के समाज ने उन्हे बुरी तरह से न सिर्फ घेर लिया है, बल्कि अपनी लड़ाई में फँसा भी लिया है। इस लड़ाई में पूँजीवाद जीतें या माओवादी, आदिवासी जीवन अब पहले

वाली स्थिति में बना नहीं रह सकता। वह बदल चुका है। सवाल यह है कि वे अपने पर्यावरण को कितना बचाए रख पाते हैं, जिसके साथ वे एकता महसूस करते हैं?

माओवादियों के लिए आदिवासियों को उनका पर्यावरण, उनका जंगल, उनकी जमीन दिला देना उनका लक्ष्य नहीं है। वे इस देश में न्यू डेमोक्रेसी कायम करना चाहते हैं, क्योंकि यह देश अभी भी अर्ध-सामन्ती, अर्ध-औपनिवेशिक अवस्था में फँसा हुआ है। न्यू डेमोक्रेसी के बाद वह पूँजी का विकास करके समाजवाद के रास्ते पर बढ़ चलेंगे और मार्क्स और माओ के सपने का समाज बनाएँगे। न तो उनके पास न्यू डेमोक्रेसी की बहुत कोई व्यावहारिक धारणा है और न ही पूँजी के विकास को लेकर कोई ठोस योजना। न जाने क्यों वे ये भी नहीं देख पाते कि राज्य के द्वारा पूँजी के विकास का मॉडल बुरी तरह नाकाम हो चुका है और चीन तक ने बिना लोकतन्त्र लाए पूँजी के लिए खुला बाजार खोल दिया है। मजे की बात ये सोचने की है कि अगर माओवादी चीन में होते तो क्या करते? क्योंकि वहाँ तो भारत के पासंग बराबर भी लोकतन्त्र नहीं है और पूँजी के विकास के लिए जनता की यथास्थिति का दमन वहाँ जिस तरह होता है उसे जानकर सिंगुर के किसान बुद्धदेव बाबू के प्रति अपने प्रतिरोध को लेकर कुछ अपराध-बोध पाल सकते हैं।

सर्वहार वर्ग के पक्ष से विकास करने वाली व्यवस्थाओं का रेकार्ड बहुत रक्तरंजित रहा है। और मजे की बात ये है कि सत्तर साल तक सोवियत संघ में समाजवाद रहने के बाद जब वहाँ लोकतन्त्र आया तो ऐसा नहीं था कि वहाँ वर्ग विभेद बिला चुके थे? वे समाज में मौजूद बने रहे, भले ही सुप्तावस्था में--यह विचित्र बात कैसे सम्भव हुई? इसका क्या अर्थ है? तो इतना सब प्रपंच किसलिए, जब मनुष्य के मिजाज में कोई परिवर्तन आना ही नहीं है?

सलवा जुडुम को सुप्रीम कोर्ट ने मानवाधिकार आयोग की एक रपट के आधार पर बन्द करने का आदेश दे दिया जिसमें उसके ऊपर व्यापक स्तर पर मानवाधिकार हनन का आरोप था। लेकिन क्या माओवादी मानवाधिकार हनन के आरोप से मुक्त हो सकते हैं? क्या वे मानवाधिकार में विश्वास करते हैं? क्या है मानवाधिकार? दोषी को सजा देने का प्रावधान हर व्यवस्था में है। आरोपी के दोष साबित होने के पहले तक दोषी के अधिकार के इर्द-गिर्द ही मानवाधिकारों का ताना-बाना है। मगर माओवादी तो इसी बात को दोष मानते हैं कि अगर कोई उनको लेवी देने से इनकार करे या उनकी लड़ाई में उनका साथ न दे।

मजे की बात ये भी है कि जो लोग देश में लोकतन्त्र न होने की दुहाई देते नहीं थकते, वे सुप्रीम कोर्ट द्वारा सलवा जुडुम पर बंदिश के आदेश को, राज्य और व्यवस्था के चरित्र का आकलन करते वक्त उसे शामिल करना बिलकुल गोल कर जाते हैं। वे यह भी नहीं देखते कि माओवादियों से कैसे निबटा जाए, इस बात पर भी सरकार एकमत नहीं है। केन्द्र सरकार, राज्य सरकारें, अलग-अलग मंत्री, यहाँ

तक कि सेना प्रमुख भी अलग राय रखते हैं और उसे खुले मंच से बोलते हैं। ये स्वप्नदर्शियों के स्वप्नों का जनतन्त्र भले न हो, पर ये जनतंत्र के लक्षण नहीं हैं तो और किसके हैं?

लेकिन शायद जब वे कहते हैं कि इस देश में लोकतन्त्र नहीं आया तो वे जहाँ हैं, उसको केन्द्र में रखकर बोलते हैं और जब हम उसे सुनते हैं तो हम जहाँ है, उसमें रहकर सुनते हैं। दोनों अपनी-अपनी जगह सही हैं। शहरों में अपेक्षाकृत लोकतन्त्र काफी मजबूत है और गाँव में लोकतन्त्र अभी दूर के ढोल हैं, और सुहानेवाली बात तो दीगर ही है।

लेकिन हर समाज में हर काल में ऐसे लोग होते हें जो हर बात का नकारात्मक पहलू ही देखते हैं, उन्हें हमेशा लगता है कि दुनिया बद-से-बदतर होती जा रही है। वे बार-बार ये कहते हैं—*सब कुछ सड़ रहा है, खोखला हो रहा है, मर रहा है।* वे कहते हैं, *पहले का आम बड़ा मीठा होता था, अब तो आम खाने लायक नहीं रहा, आम में स्वाद खत्म हो रहा है।* बिना इस बात को खयाल में लाए कि इस देश में जनतन्त्र था कब, जो सड़ कर खोखला हो गया? अगर आदिवासियों के बीच में मैलन्यूट्रीशन है, एबजेक्ट पावर्टी है तो यह क्या अभी दस-बीस साल का परिणाम है? यह तो हजारों सालों से है। और इसलिए है कि वहाँ पूँजीवाद कह लीजिए, विकास कह लीजिए जो नाम भी है उस कल्याणकारी प्रभाव का, वह नहीं पहुँचा है।

लेकिन अगर सरकार रोड बनाने जाए, मिसाल के लिए, और बिना किसानों को उचित प्रतिदान दिए कुछ खेतों को अधिग्रहीत कर ले तो वे इसका प्रतिरोध करते हुए कुछ ऐसा सुर ले लेते हैं कि जिसमें उचित प्रतिदान का आंदोलन, रोड की मुखालफत का आंदोलन बन जाता है। पूँजीवादी प्रगति के तमाम प्रतीक चिह्न क्रिकेट स्टेडियम, शॉपिंग मॉल्स, एअरपोर्ट, सबके विरुद्ध किसानी जीवन के चिह्नों को, जन संस्कृति के रूप में भिड़ा दिया जाता है। उचित मुआवजे का आंदोलन, पूँजीवादी विकास के विरोध का आंदोलन बन जाता है। फिर शिकायत ये लगातार बनी रहती है कि देखिए कितना पिछड़ापन, कितनी गरीबी है, कितना कुपोषण है। चालीस बरस तक तो समाजवादी राह पर चलकर कहीं नहीं पहुँचने के बाद अभी कुछ विकास होना शुरू हुआ है। सब कुछ पलक झपकते सम्भव नहीं, क्योंकि ये पूरा विकास ट्रिकल डाउन सिद्धान्त पर धरा हुआ है। विकास की दूसरी अवधारणा, मैं भी चाहता हूँ कि हो, कोई तो विकल्प हो, जिसमें कम से कम तकलीफ से अधिक से अधिक लोगों को समृद्ध किया जा सके। ऐसा कोई विकल्प बनना जरूर चाहिए, लेकिन वह सिर्फ विरोध और प्रतिरोध से नहीं बनेगा, हिंसा से तो बिलकुल नहीं।

अमेरिका और यूरोप में पूँजीवाद के खिलाफ प्रतिरोध एक उन्नत स्तर का है। वहाँ पूँजी का विकास हो चुका है। वहाँ का समाज जो अगले स्तर में जाने के लिए बेचैन है। लेकिन भारत जैसे देश में पूँजी का विरोध का अर्थ है विकास का विरोध,

प्रगति का विरोध। इस प्रस्थापना में एक आधारभूत अड़चन है : पर्यावरण। उसका क्या हल है, मैंन नहीं जानता। लेकिन जो इस बात को मुझसे बेहतर समझते हैं या समझने का दावा करते हैं, वे माओवाद के पाले में कैसे जाकर खड़े हो सकते हैं, जबकि माओवाद की पर्यावरण के प्रति कोई घोषित नीति नहीं है?

माइन का विरोध करनेवालों ने पूरे जंगल को लैडमाइनों से भर दिया है। यह जंगल की, पर्यावरण की रक्षा हो रही है या उसे युद्ध के उन्माद में एक दूसरे अफगानिस्तान में बदला जा रहा है? इस पर मीर तकी मीर का एक शेर याद आता हैं :

अब की जुनूँ में फासला
शायद न कुछ रहे
दामन के चाक का और
गरीबाँ के चाक का

(दामन का अर्थ कमर से नीचे पहनने का वस्त्र होता है, आँचल नहीं जैसा कि आम समझ है, और गरीबाँ तो आप जानते ही हैं।)

अरुंधति की रपट से पता चलता है कि जब आदिवासी गाँव में लोग रेडियो पर सुनते हैं कि नितीश और गुरुजी 'नक्सल तो हमारे भटके हुए बच्चे हैं' 'जैसी बात कर रहे हैं तो वे हँस पड़ते हैं क्योंकि 'वे जानते हैं कि उनके नाखून और दाँत निकालने के कार्यक्रम से आप घड़ियाँ मिला सकते हैं।' यह हैरानी की बात नहीं है कि आदिवासी ऐसे किसी नेता पर यकीन नहीं करते जो उनके प्रति मुलायमियत बरत रहा हो। मगर ऐसा क्यों है? क्या वे अपने अनुभव से ऐसा जानते हैं जैसे हम गहरे तौर पर जानते हैं कि सारे नेता चोर और हरामी होते हैं, या यह माओवादी की शिक्षा का अंग है जिसमें किसी भी नरमी को छिपी हुई तेजी का संकेत समझो ताकि लड़ने का तेवर कभी मद्धम न पड़ने पाए? अगर ऐसा है तो यह दुनिया को सिर्फ और सिर्फ अपने पूर्वाग्रह से ही देखने की जिद है, कि हमने तो तय कर लिया है कि मुख्य धारा हमारे खिलाफ है और हमें उनसे आर-पार का युद्ध करना है। अगर आप फौज भेजते हैं तो हमारी बात की पुष्टि होती है और अगर आप फौज न भेजकर अमन की बातें करते हो तो हम जानते हैं कि ये ढकोसला है और हम आप की बात पर हँसते हुए फौज के आने की तैयारी करते जाते हैं।

बहुत सारे अन्याय जो मुख्य धारा के समाज में होते रहे हैं, होते हैं, वे आदिवासी समाज में भी पाए जाते हैं—जैसे स्त्रियों के प्रति भेदभाव या मुखिया द्वारा बाकी लोगों के साथ अन्याय। माओवादी इन पुरातन मान्यताओं और रिवाजों के खिलाफ भी लड़ते हैं। मजे की बात ये है कि पूँजीवाद भी उनके खिलाफ लड़ रहा है, उसके ऊपरी सन्देश पर मत जाइए, वे जो जीवन बना रहे है उसे देखिए। वह हर पुरानी चीज को कचरे में डाल रहा है। नए मूल्य गढ़ रहा है। पुराने को नष्ट करने के पाप के

लिए माओवादी तब उसकी निन्दा करते हैं और अपने स्तर पर वही काम करते हैं। यह बड़ी अजब बात है कि माओवादी ऐतिहासिक भौतिकवाद में विश्वास रखने के बावजूद आदिवासी-खेतिहर समाज में नए मूल्य के बीज डाल रहे हैं और उम्मीद कर रहे हैं कि बिना स्थितियाँ बदले ही मूल्य पक्के पेड़ बन जाएँगे और आगे तक फल देते रहेंगे। जब उत्पादन के मोड में फर्क नहीं आया है तो इस बात की क्या गारण्टी है कि माओवादी सरबराहों के हटते ही पुराने मूल्य वापस न लौट आएँगे? सलवा जुडुम वाले माओवादियों का विरोध करते हुए उन पुरानी मान्यताओं की पुनर्स्थापना का भी नारा लगाते हैं जिन्हें माओवादियों ने रोका है, जैसे औरतों को बीज न बोने देना, उन्हें पेड़ पर न चढ़ने देना, और एक से अधिक शादी की आजादी लेना। वैसे ही जैसे भाजपा एक उग्र हिन्दुत्व का रूप धरकर आती है।

पुलिसवालों द्वारा की जा रही मुठभेड़ों में किए गए फर्जी एनकाउन्टर और माओवादियों द्वारा जन अदालत के तुरत-फुरत न्याय में फर्क यह है कि जहाँ पुलिसवालों के एन्काउन्टर को कानून की मान्यता नहीं मिली हुई है और राज्य उस नृशंसता की भर्त्सना करता है और उसके लिए मौका पड़ने पर अपराधी पुलिस वालों को दण्डित भी करता है। लेकिन जनता की सामूहिक शिरकत वाली जन अदालतों का न्याय उस नृशंसता को संस्थाबद्ध न्याय को चोला पहना देता है। जिसे अरुंधति इसलिए भारतीय अदालत के न्याय से ऊपर इसलिए मानती हैं क्योंकि उसमें जनता साक्षात उपस्थित है और फैसले की भागीदार है। दूसरी तरफ उनका मानना है कि सुप्रीम कोर्ट के न्यायाधीश, जनसमूह और उसकी आकांक्षाओं से बहुत पहले कट चुके हैं। इस राज्य की घिसटती हुई न्याय व्यवस्था के बारे में तो हम बहुत सुन चुके हैं, लेकिन जन अदालतों पर अरुंधति की बात के सन्दर्भ में नीत्शे का एक वचन याद करने योग्य है, 'व्यक्तियों में पागलपन और वहशत एक अपवाद है लेकिन समूह में हमेशा एक नियम।' अकेला आदमी दंगा नहीं करता, दंगा एक सामूहिक व्यवहार है। इस तर्क को खींचकर यहाँ तक ले जाया जा सकता है कि सामूहिकता एक पाशविक वृत्ति है और निजता एक मानवीय गुण। यह बात पूरी तरह से भले ठीक न भी हो, पर इसमें सच्चाई के अंश जरूर हैं।

अरुंधति दंतेवाड़ा में माओवादियों द्वारा की गई 76 सुरक्षाकर्मियों की हत्या की भर्त्सना करने से इनकार करती हैं। उनका तर्क है कि वे सताए हुए लोग हैं और उनके द्वारा बचाव में की गई प्रतिहिंसा की तुलना राज्य की संरचनात्मक हिंसा से नहीं की जा सकती। ये सिर्फ एक चतुर तर्क लगता है ताकि इस तुलना को अनैतिक बताकर इसका सामना करने से बचा जा सके, क्योंकि अरुंधति के डिसकोर्स का पूरा संसार, हिंसा और अन्याय की अनैतिकता के आधार पर खड़ा किया गया है।

76 सुरक्षाकर्मियों की ये हत्या आदिवासियों ने नहीं की, माओवादियों ने की।

एक सोची-समझी नीति के तहत की। क्या है वह नीति? वह नीति है दुश्मन को एक कठोर सबक सिखाने की नीति, अपने इरादों की अटलता का सीधा सन्देश देने की नीति। माओवादी दण्डकारण्य में एक पार्टी की तरह नहीं, एक समान्तर राज्य की तरह काम कर रहे हैं, जैसा कि अरुंधति ने स्वयं अपनी रपट में लिखा है। उनकी जनताना सरकारें सेना, अर्थव्यवस्था, कृषि, संचार, शिक्षा, स्वास्थ्य और सबसे महत्त्वपूर्ण न्याय, सभी मूलभूत अंगों का संचालन कर रही हैं।

यह कोई बेचारगी की, हताशा की आत्मघाती हिंसा नहीं है जैसे कि फिलीस्तीनी खुदकुश बम करते थे, और कुछ अभी भी करते हैं। यह सजग, सचेत बचाव की नहीं और अपनी पहलकदमी वाली हमले के चरित्र की हिंसा है। अगर माओवादी चाहते तो उनमें से कुछ को जीवित भी छोड़ देते, गिरफ्तार करते, मुकदमा चलाते। उस न्याय का परिचय देते जिसकी अपेक्षा वो भारत सरकार से करते हैं। लेकिन उन्होंने ऐसा कुछ नहीं किया, उन्होंने सब की हत्या की। जो बच गए वे गफलत में बच गए। क्या यह अजीब नहीं है कि अरुंधति के दो मापदण्ड हैं—एक माओवादियों के लिए और दूसरा राज्य के लिए?

अरुंधति मानती हैं कि भारत एक सवर्ण हिन्दू राज्य है क्योंकि *यहाँ मुसलमानों, दलितों, ईसाईयों, सिखों, आदिवासियों, कम्युनिस्टों और प्रतिरोध करने वाले गरीबों पर अत्याचार होता है।* ठीक है। लेकिन यह कैसा सवर्ण हिन्दू राज्य है, जिसमें सवर्णों की सत्ता की रक्षा के लिए नहीं, दलितों और पिछड़ों को सत्ता में शामिल करने के लिए कानून बनते हैं? यह कैसा सवर्ण हिन्दू राज्य है जिसमें तमिलनाडु से लेकर उत्तर प्रदेश तक सत्ता पर दलित राजनीति का वर्चस्व है और सवर्ण हिन्दू राज्य ब्राह्मणों को दलितों की जीहुजुरी और चरणवन्दना तक लगा देखते हुए भी निरपेक्ष बना रहता है? यह कैसा सवर्ण हिन्दू राज्य है, जिसमें देश की अनेक समस्याओं के लिए ब्राह्मणवाद और ब्राह्मणों को निरन्तर न सिर्फ दोषी ठहराया जाता है, बल्कि गरियाया भी जाता है, और हर समझदार ब्राह्मण अपनी परम्परा और जाति के प्रति अपराधबोध से ग्रस्त रहता है? यह कैसा सवर्ण हिन्दू राज्य है जिसमें मनुस्मृति और चाणक्य के अर्थशास्त्र में विहित विशेष अधिकारों के विपरीत, ब्राह्मण की अवमानना पर कोई विशेष अपराध नहीं बनता, जबकि दलित के सम्मान की रक्षा के लिए हर सम्भव जगह बनाई जा रही है? अरुंधति जैसी विद्वान और सचेत महिला भी इस अन्तर को देख पाने और चिह्नित करने में क्यों चूक जाती हैं कि इस राज्य में अब अगर कोई बायस है तो अब दलितों और पिछड़ों के पक्ष में?

इस 'सवर्ण हिन्दू राज्य' पर अरुंधति समेत सभी माओवादियों का एक दूसरे आकलन से आरोप है कि इस देश को साम्राज्यवादी शक्तियाँ यानी अमेरिका आदि और उनके दलाल यानी सोनिया गांधी, मनमोहन सिंह, अजीम प्रेम जी, अम्बानी बन्धु, टाटा आदि चला रहे हैं। अगर सचमुच ऐसा है तो क्या वे मानते हैं कि इस

सवर्ण हिन्दू आग्रह की जड़ अमेरिका तक जाती है? और क्या अरुंधति यह मानती हैं कि टाटा, सोनिया और मनमोहन हो सकते हैं पारसी, ईसाई और सिख, मगर चिन्ता सवर्ण हिन्दू हितों की करते हैं? और अगर अरुंधति यह मानती हैं कि अम्बानी अपनी नीतियाँ तय करते वक्त हिन्दू हित की चिन्ता करते हैं तो मैं उन पर सिर्फ हँस सकता हूँ, और कुछ नहीं।

असल में यह उनकी समझ का दोष है जो राज्य के चरित्र और समाज के चरित्र में भेद नहीं कर पा रही। न तो यहाँ की पूँजी का कोई सवर्ण और हिन्दू चरित्र है और न ही राज्य का। लेकिन राज्य और पूँजी जिस समाज में व्यवहार कर रहे हैं वह एक लम्बे समय तक सवर्णों के प्रभुत्व में रहा है। लेकिन इस अवधि में भी मुस्लिम शासन का वह छ सौ साल का और दो सौ साल का वह काल है, जब अंग्रेज प्रबल रहे। फिर भी यह सच है कि आज भारतीय समाज की मुख्य धारा में एक सवर्ण हिन्दू तबके की प्रबल उपस्थिति है। और अगर समाज में सवर्ण हिन्दू प्रबल हैं भी तो उसको लेकर इतना विचलित होने की क्या जरूरत है? सवर्ण हिन्दू भी इसी समाज का अंग हैं और उनको भी फलने-फूलने का पूरा हक है। हजारों सालों से उन्होंने अपने प्रभुत्व का जो लाभ लिया उसकी खानापूरी एक सकारात्मक भेदभाव (आरक्षण) के जरिए की जा रही है जिससे एक दूसरी सूरत पैदा हो रही है। उत्तर प्रदेश के लाखों ब्राह्मण परिवार ऐसे हैं जिनमें जवान बेटी-बेटों के पास न नौकरी है न धन्धा। वे अरुंधति के इस आरोप पर मुँह बा देंगे। उनके अनुसार अगर उनको अनुसूचित जाति या जनजाति का प्रमाण मिल जाता तो उनकी समस्या हल हो जाती।

अरुंधति के आरोप का जवाब एक जवाबी आरोप हो सकता है। हो क्या सकता है। वह यह कि *इस देश को साम्राज्यवादी देशों में बैठी चर्च और चर्च की संस्थाएँ, इस देश में उनके दलालों के जरिए चला रही हैं। कांग्रेस और बड़े मीडिया घरानों से लेकर बड़े पूँजीपतियों में उनकी पैठ है। सोनिया गांधी उसकी मुख्य एजेंट हैं, जिन्होंने कांग्रेस पार्टी की सभी मुख्य जिम्मेदारियाँ ईसाइयों को सौंप रखी हैं। प्रणय राय और सुजाता, अरुंधति राय उनके सेनापति हैं जो अपनी रिश्तेदारी जाहिर होने देते हैं, न उनकी ईसाइयत कि कहीं उनकी साजिश खुल न जाए? मार्क्सवादी और खासकर माओवादी भी इस साजिश में शामिल हैं। ये जहाँ सक्रिय होते हैं, धर्म परिवर्तन होने लगते हैं। चर्च की एक शाखा है जो खुले तौर पर इस तरह के माओवादी आंदोलनों की वकालत करती रही है। अनेक माओवादी नेता ईसाई हैं। इन सब तथ्यों की रौशनी में ये सिद्ध होता है कि भारतीय राज्य (और पूँजी भी, उसे भी लपेटने में क्या जाता है) एक कट्टरवादी ईसाई संस्था है।* इसका क्या जवाब है? यहाँ आप चाहें तो हँस सकते हैं।

मुसलमानों पर अत्याचार की भी हरदम दुहाई देने वालों को यह समझना चाहिए

कि इस देश के विभाजन के वक्त मुसलमानों का अभिजात वर्ग, जो ईरान, तूरान आदि से आया था और जिसने इस देश में छह सौ सालों तक शासन किया था। अंग्रेजों में जाने के बाद की एक तनतांत्रिक व्यवस्था में एक अल्पसंख्यक की कम महत्त्व की भूमिका में धकेल दिए जाने को तैयार नहीं था। और इसीलिए उसने अपने लिए एक नए खास मुसलमानों का राष्ट्र बनाने का रास्ता चुन लिया और पूरे देश से निकल-निकलकर वहाँ चला गया। बच कौन रहा? बचे वे रहे जो किसी बाहरी देश से नहीं आए थे। इसी देश में हजारों सालों से रह रहे थे, शायद शूद्र या दलित रूप में और फिर बौद्धों के रूप में। वे तब भी पिछड़े हुए थे और आज भी पिछड़े हुए हैं। वे राज्य या समाज की किसी साजिश की तहत पिछाड़े नहीं गए हैं। मुसलमानों के अभिजात वर्ग के जिस हिस्से ने इसी देश में रहने का चुनाव किया, उसके प्रति न तो राज्य कोई भेदभाव करता है और न ही समाज। और वे किस लिहाज से किसी से पीछे हैं? क्या एक गहरे तौर पर सवर्ण, हिन्दू, साम्प्रदायिक समाज फिल्मों में खानों और क्रिकेट में पठानों को लेकर इतना लड़िया सकता है?

हिन्दू-मुस्लिम तनाव की राजनीति की असफलता ही इसका सबसे बड़ा सबूत है कि तथाकथित हिन्दुत्व न तो बहुसंख्यक लोगों के मानस में है और न राज्य के चरित्र में। अगर ऐसा होता तो मस्जिद तोड़ने के लिए न इतना आंदोलन करना पड़ता और न एक मन्दिर बनाने के लिए इतना इन्तजार। उल्लेखनीय है कि तुर्की में पुराने गिरजाघरों को मस्जिदों में बदलने में न कोई आंदोलन चलाना पड़ा था और न कोई देर लगी थी। यहाँ आंदोलन करना पड़ा क्योंकि लोगों को कोई फर्क नहीं पड़ता था, उन्हें उत्तेजक भाषणों से भड़काना पड़ा। और उतने सब के बावजूद भाजपा कभी बहुमत न पा सकी और अब वापस मध्य मार्ग तलाश रही है। दंगों के हालात और परिणाम के आधार पर चरित्र आकलन करना भूल है—दंगे अस्थायी पागलपन होते हैं—टेम्परेरी मैडनेस। अपराधियों को उचित दण्ड मिलने में देर, किसी राज्य के चरित्र का द्योतक नहीं, बल्कि तात्कालिक निहित स्वार्थों और भ्रष्टाचार के लक्षण हैं।

समस्याएँ हैं; कमजोरों, अल्पसंख्यकों के साथ अन्याय होता रहा है, मगर कोई भी परिवर्तन रातों-रात नहीं होता। बीमार को चंगा करने के लिए बिजली के झटके नहीं, ओषधि चाहिए होती है। और पिछड़ापन सिर्फ शूद्रों, दलितों के सोच में ही नहीं, सवर्णों के सोच में भी है। समाज में उसकी उपस्थिति और आम जीवन में उसके व्यवहार को राज्य के चरित्र की तरह चिह्नित कर देना, मुझे तो बचकाना चिन्तन लगता है। और उस पिछड़ेपन को बदलने की ताकत किसी क्रान्तिकारी पार्टी में नहीं, बल्कि सिर्फ पूँजीवाद में है। क्रान्तिकारी दलों का हिंसक हस्तक्षेप जातीय नरसंहारों को जन्म देता है। जबकि बिना किसी बहस, किसी जनजागरण अभियान, बिना किसी धरना, जुलूस, प्रदर्शन और बिना किसी नरसंहार के शहर में विस्थापित होकर

दलित ठेकेदारी कर रहे हैं और तमाम सवर्ण उनके नीचे मजदूरी कर रहे हैं। माओवादियों का बदलाव का रास्ता जबरदस्ती का रास्ता है जबकि पूँजीवाद (भले ही दलाल) सहज़ रास्ता है।

एक समय में मेरा भी यह विचार बना था कि *आतंकवादी इस भ्रष्ट संसार में अकेले ऐसे लोग बचे हैं जो ईमान और सच्चरित्रता से अपने जीवन को निर्देशित कर रहे हैं, जबकि* पूँजी उन सारे तत्त्वों को पोषित कर रही है, जिन्हें इब्राहिमी परम्परा में 'सेवेन डेडली सिन्स' के बतौर पहचाना गया है। हालाँकि अब मेरा मानना है कि वे सिर्फ और सिर्फ प्रतिगामी शक्तियाँ हैं जो खून-खराबे के सिवा कुछ नहीं लाएँगी और न ही वे किसी और चीज के काबिल हैं, क्योंकि सिर्फ अपने को ही सही समझने का बोध उनके अन्दर इतना तगड़ा जमा हुआ है कि वे सारे उन लोगों को जो उनके रास्ते पर नहीं चल रहे, पथभ्रष्ट और इसीलिए मारे जाने योग्य घोषित कर देते हैं। पाकिस्तान में आजकल जो मुसलमान ही मुसलमानों की हत्या कर रहे हैं, वह इसी चिन्तन का परिणाम है।

सी. पी. आई. (माओइस्ट) के महासचिव कॉमरेड गणपति भारत के शासक वर्ग को प्रतिक्रियावादी कहते हैं जो प्रगतिशील का विलोम है और जिसका अर्थ होता है आगे बढ़ने के बजाय पीछे की अवस्था में लौटने वाला। मैं समझ नहीं पाता कि किस परिभाषा से माओवादी अपने आप को प्रगतिशील और राज्य को प्रतिक्रियावादी मानते हैं। यहाँ तक कि गुजरात में मुस्लिमों के नरसंहार के आरोपी मोदी भी अपनी आर्थिक नीतियों में प्रतिक्रियावादी नहीं कहे जा सकते, क्योंकि वह उस पूँजीवाद को बढ़ावा दे रही हैं जो जाति, धर्म और राष्ट्रीयता जैसे बनवाटी विभाजकों को गला देता है जबकि इस्लामी आतंकवादी जो शरियत को दुबारा लागू करने के लिए हर जगह संघर्ष कर रहे हैं, उन्हें कॉमरेड प्रगतिशील शक्ति मानते हैं।

कॉमरेड गणपति आतंकवादियों की पक्षधरता एक अलग नजरिए से करते हैं—कॉमरेड मानते हैं कि *तालिबान, अल कायदा आदि प्रगतिशील शक्तियाँ हैं, क्योंकि वे अमरीकी साम्राज्यवाद से संघर्ष कर रहे हैं और उसके नाश में क्रान्तिकारी शक्तियों का सहयोग कर रहे हैं। भूमण्डलीय साम्राज्यवाद के विनाश से इस्लामी जनता अपनी दकियानूसी विचारधारा से जाग उठेगी और वर्गहीन समाज बनाने की और बढ़ चलेगी।* पता नहीं कॉमरेड यह क्यों भूल जाते हैं कि इस्लाम खुद एक वक्त में साम्राज्यवादी विचारधारा था और तब इस आर्थिक साम्राज्यवाद का नामोनिशाँ भी नहीं था। यह भूमण्डलीय साम्राज्यवाद, पुराने स्वरूप को नष्ट कर रहा है तो कॉमरेड को लग रहा है कि पुराना प्रगतिशील है, क्रातिकारी है और नया प्रतिक्रियावादी। कैसे सर के बल खड़े है कौम?

माओवादियों के पक्ष की एक बात यह है कि जिनकी लड़ाई लड़ रहे हैं, जिनके हितों की रक्षा की बात करते हैं उस जनता के साथ बिलकुल घुले-मिले हुए हैं। जनता और उनके प्रतिनिधियों में कोई बाधा नहीं है। दूसरी तरफ पूँजीवाद तन्त्र के राज्य और जनता के बीच इतने-इतने संस्थान और उनकी जटिलताओं की इतनी दूरी है कि माओवादी व्यवस्था बड़ी सरल और सुलभ और जनतान्त्रिक मालूम देती है। आदेश देने वाले लोगों और पालन करने वाले लोगों के बीच एक सीधा संवाद है, ऐसा आभास होता है। उनका यह गुण वरेण्य लगता है।

एक तरफ माओवादी हैं जिनके केन्द्रीय नेतृत्व की तलाश पुलिस दिन-रात करती है, और जब वे अपना महाधिवेशन करते हैं जिसमें उनके सारे छोटे-बड़े नेता एक जगह इकट्ठा होते हैं तो किसी को कानो-कान खबर नहीं होती। पूरा पुलिस और गुप्तचर तन्त्र बेकार है, क्योंकि वे एक ऐसा आदमी भी नहीं खोज पाते जो माओवादियों की इस अधिवेशन का पता-ठिकाना उन तक पहुँचा दे। दूसरी तरफ हमारे संसदीय लोकतन्त्र के राजनेता हैं जो निर्वाचित होने के पहले और बाद में भी जनता से दस हाथ की दूरी पर रहते हैं। एक्स, वाई, जेड सुरक्षा के घेरे में रहते हैं। पुलिस बल का एक बड़ा हिस्सा सिर्फ इनकी सुरक्षा के लिए तैनात रहता है।

एक तरफ नेता और जनता में जमीनी, ठोस, गहरा रिश्ता है। दूसरी तरफ अब हालात यहाँ तक पहुँच गए हैं कि संसदीय लोकतन्त्र के नेता और जनता सिर्फ आभासी तल पर रूबरू हो सकते हैं। क्या पहला सम्बन्ध एक ऐसे गुजरे जमाने का अवशेष है जो सिर्फ आदिवासी इलाकों में ही सम्भव है जहाँ मानवीय प्रगति के चिह्न नहीं पहुँचे हैं? और दूसरा उस नए जीवन की पदचाप, जिसमें वास्तविक से अधिक आभासी महत्त्वपूर्ण हो जाएगा?

यह कुछ माँ और बच्चे के सम्बन्ध जैसा है जिसमें माँ से बच्चा उत्तरोत्तर दूर ही होता जाता है; यह ब्रह्मण्ड की उस अवधारणा जैसा है जिसमें सबसे पहले एक सिंगुलैरिटी में सिमटा हुआ था, लेकिन अब सब कुछ एक-दूसरे से दूर भाग रहा है; यह ईश्वर की उन कल्पनाओं जैसा है जिसमें पहले सब कुछ एक ही तत्त्व में संयुक्त रहता है और फिर माया उसे जटिल और जटिलतर बनाती जाती है।

बावजूद इन आकर्षक उपमाओं के, हमारी गहरी से गहरी कामनाओं की प्रेरणा इसी संयुक्त भाव की सरलता, इसी एकत्व, इसी तौहीद, इसी जमीनी, और ठोस रिश्ते की ओर होती है। मगर अजीब बात ये है कि इन आन्तरिक प्रेरणाओं और हमारे संघर्ष के बावजूद, जमाना है कि विविधता और जटिलता और विलगाव की दिशा में भागा चला जा रहा है।

यह पूछने पर कि क्या वे अपना आंदोलन अहिंसा के साथ नहीं चला सकते, कॉमरेड गणपति पलटकर पूछते हैं कि ये आप को राज्य से पूछना चाहिए कि वे

प्रतिरोध के शान्तिपूर्ण तरीकों का हिंसक दमन क्यों करते हैं? शान्तिपूर्ण जुलूसों पर लाठीचार्ज और फायरिंग क्यों करते हैं? हड़ताल करने वालों को जेलों में ठूँसकर यंत्रणा क्यों देते हैं? वे पूछते हैं कि वे पुलिस वालों को क्यों अनुमति देते हैं कि वे औरतों से बलात्कार करें? सही सवाल हैं!

मगर दूसरी जगह गणपति साफ कहते हैं कि वे एक बड़े भूखण्ड को युद्ध क्षेत्र में तब्दील करना चाहते हैं–"The general direction of the Congress is to intensify the people's war and to take the war to all fronts. Concretely it decided to take the guerrilla war to a higher level of mobile war in the areas where guerrilla war is in an advanced stage and to expand the areas of armed struggle to as many states as possible. The destruction of the enemy forces has come into the immediate agenda in these areas without which it is very difficult to consolidate our gains or to advance further. Likewise, there is an immediate need to transform a vast area into the war zone so that there is enough room for manoeuvrability for our guerrilla forces."

हालाँकि इस युद्धघोष का आधार यही समझ है कि बिना लड़े अन्याय से मुक्ति नहीं है। यह एक केन्द्रीय सवाल है जो आम मध्य वर्ग को व्यथित करता है कि क्या अन्याय से मुक्ति बिना युद्ध के सम्भव नहीं? मार्क्सवादी मानते हैं कि नहीं। मेरे खयाल से गांधी के बाद से इस समझ में विश्व स्तर पर अन्तर आया जरूर है। लेकिन यहाँ पर यह भी याद रखना चाहिए कि हिंसा प्रकृति के साथ-साथ मनुष्य के भी स्वभाव का एक अविभाज्य हिस्सा है। पर मुश्किल तब होती है जब माओवादी राज्य की आलोचना का मुख्य आधार हिंसा को ही बनाते हैं, और उसे ही खत्म करने के लिए युद्ध छेड़े हुए हैं। मैं यहाँ जाकर उलझता हूँ कि अगर माओवादी सफल हो भी गए तो क्या नए समाज में हिंसा का कोई स्थान न होगा? हिंसा अपने आप में कोई चीज तो नहीं है न...वह तो अन्याय करने का एक हथियार है.... और अगर माओवादी समेत, कृष्ण व मोहम्मद आदि महापुरुषों को स्मरण किया जाय तो न्याय करने का भी।

इन सारे महापुरुषों को नमन है, लेकिन यह सच है कि आग से आग को नहीं बुझाया जा सकता। इस मामले में बुद्ध, ईसा, और गांधी का मुरीद हूँ: हिंसा से हिंसा का शमन नहीं होता। न तो राज्य हिंसा से माओवाद का नाश कर सकता है और न ही माओवादी हिंसा से अन्याय का अन्त करके न्याय के युग का सूत्रपात कर सकते हैं। हिंसा से बस अल्पकालीन सत्ता का परिवर्तन मुमकिन है, जो हमने होते हुए देखा भी है। अहिंसा वाली डगर लम्बी है, लेकिन उम्मीद की जाए कि

पक्की है।

कॉमरेड गणपति अपने देश को साम्राज्यवाद के चंगुल से छुड़ाने के लिए सत्ता को हासिल करने के हिंसक रास्तों की वकालत करते हैं। हिंसक रास्तों की बात तो हम जानते हैं, लेकिन जब वे देश कहते हैं तो साफ नहीं होता कि उनका अर्थ क्या है। क्योंकि वे राष्ट्रीयता के नाम पर चल रहे लगभग हर अलगाववादी आंदोलन का समर्थन करते हैं। कश्मीरी राष्ट्रीयता के नाम पर कश्मीर में जो चीजें होती रही हैं, लगभग उसी स्वभाव की चीजें या उनकी अनुगूँज, शिव सेना और मनसे की नीतियों में देखी जा सकती है। यह जानना दिलचस्प होगा कि मनसे पर कॉमरेड के क्या विचार होंगे।

अर्ध-सामन्ती परिभाषा के चलते माओवादी सिर्फ उन्हीं इलाकों में सक्रिय हो पाते हैं जहाँ अभी भी सामन्ती तत्त्व बचे हैं। नहीं तो उत्तर प्रदेश और बिहार जैसे पिछड़े इलाकों से भी बड़े पैमाने पर शहरों में विस्थापन हो रहा है। बीवियों और पूर्वजों के जरिए ही बस गाँवों से रिश्ता बच पा रहा है। लेकिन माओवादी गाँव और आदिवासी क्षेत्रों को ही क्रान्ति का केन्द्र मान रहे हैं। बहुत मुमकिन है वे कुछ इलाके आजाद करा भी ले, जाएँ, मगर उसके बाद क्या? क्या वे आदिवासी या कृषि समाज में ही एक उत्तम न्यायपूर्ण व्यवस्था बनाने लगेंगे? या पूँजी का विकास करेंगे? कैसे करेंगे अनैतिक पूँजी के बरक्स एक नैतिक पूँजी का विकास? इस पर उनके पास कोई सफाई नहीं है।

एक बात और समझने की है। सम्पन्नता बैठे-ठाले किसी समाज में नहीं आती और न किसी दूसरे के आसरे से आती है। उस समाज के लोगों को ही उद्यम करना होता है। हर समय दूसरों पर उँगली उठाकर इलजाम लगाना काफी नहीं होता कि तुमने मेरे विकास के लिए कुछ नहीं किया। बंजर भूमि से आनेवाले मारवाड़ी जबरदस्त उद्यमशील होते हैं, जबकि मुठ्ठी भर दाने फेंककर खाने-पीने के प्रति निश्चिन्त हो जाने वाले गंगा प्रदेश के लोग शायद सबसे काहिल। अगर गंगा प्रदेश में विकास नहीं हुआ है तो इसके लिए सामाजिक बेड़ियों के अलावा इस बात की भी भूमिका है। और इसके लिए उन्हें मारवाड़ियों, गुजरातियों यहाँ तक कि तकसीम के बाद शरणार्थियों के रूप में आए और अब बेहद सम्पन्न पंजाबियों को दोषी नहीं ठहराना चाहिए कि वे हमारा शोषण करते हैं। मुश्किल असल में यह है कि गंगा प्रदेश के लोग, या कोई और दूसरे लोग जो इस बीमारी का शिकार हैं, स्वयं अपनी प्रतिभाओं और क्षमताओं का ठीक से शोषण नहीं करते। यहाँ शोषण का प्रयोग भूल से नहीं, जानबूझ कर किया गया है—उसके सकारात्मक अर्थ में।

भौतिक उन्नति और सांसारिक संपदा की आकांक्षाओं की पूर्ति, करुणा व त्याग जैसे आध्यात्मिक मूल्यों के रास्ते न होगी, स्वार्थ सिद्धि से ही होगी। संतोष का धन चाहिए तो मार्क्स का नहीं, गांधी के ग्राम स्वराज का रास्ता देखिए। मगर उसके

अलग हाहाकार हैं। बुद्ध की तरह मध्य मार्ग दिखाने वाला कौन है?

क्रान्तिकारियों की कार्य पद्धति में दो दौर देखने में आते हैं। एक जब वे स्थापित सत्ता का विरोध कर रहे होते हैं तो वे धरना, प्रदर्शन, जुलूस, हड़ताल से लेकर हिंसक कार्रवाइयों तक में संलग्न होते हैं और समाज में असंतोष को बढ़ावा देते हुए गृह-युद्ध की स्थिति की ओर खींचते जाते हैं। दूसरा दौर तब आता है जब वे, जिन भी कारणों के चलते, सत्ता पर काबिज हो जाते हैं। इस दौर में वे ये मानकर चलते हैं कि वे और सिर्फ वे ही, जनता और उसकी आकांक्षाओं के सच्चे प्रतिनिधि हैं। इसलिए ऐसी किसी भी आवाज का वो दमन करने लगते हैं जो उनकी समझ के खिलाफ हो। धरना, प्रदर्शन, जुलूस, हड़ताल जैसी शान्तिपूर्ण तरीकों का भी हिंसक दमन किया जाता है। इसके अनगिनत उदाहरण हमारे इतिहास में मौजूद हैं। इन दोनों दौरों में एक चीज अलबत्ता जरूर समान रहती है, वह है उनके सही होने, और सब कुछ जानने का एहसास।

मजे की बात यह है कि अरुंधति स्वयं इस आशंका के प्रति सजग हैं कि जो पार्टी आज जनता के हितों की पैरोकार बनी हुई है, वही पार्टी सत्ता में आते ही अपना चरित्र बदल देगी। लेकिन वे इस भविष्य के डर को दरकिनार कर आज की लड़ाई लड़ना चाहती हैं। मुझे फिर लगता है कि यह समस्यामूलक है। ये अनुभव से न सीखने जैसा है। और वह भी तब जबकि माओवादी घोषित रूप से अपना उद्देश्य आदिवासी जीवन और जंगल को अक्षुण रखना नहीं, बल्कि इस देश में नवजनवादी क्रान्ति करना बताते हैं।

कैसे आएगी यह नवजनवादी क्रान्ति? मनुष्य के इतिहास का सबसे उन्नत, सबसे न्यायपूर्ण, सबसे सभ्य समाज बनाने के लिए माओवादी किन शक्तियों को गोलबन्द कर रहे हैं? क्या वे शक्तियाँ आज के समाज के सबसे उन्नत उत्पादन सम्बन्धों से उपजी हैं? नहीं, बिलकुल नहीं! वे तो आज की तारीख में जो सबसे पिछड़े, सबसे पुरातन उत्पादन सम्बन्धों वाले समाज से आने वाले आदिवासी लोग हैं, छोटे या भूमिहीन किसान हैं। तो फिर जब उन्हें इस पुरातन अवस्था से सामाजिक परिवर्तन की सबसे आगे की पाँत में ले जाकर खड़ा कर दिया जएगा तो वे कैसे नेतृत्व करेंगे? क्योंकि आज तो आप उन्हें परिवर्तन के पक्ष में नहीं, बल्कि परिवर्तन के विरुद्ध गोलबन्द कर रहे हैं।

इसके बरखिलाफ शहरों में, एक नया सर्वहारा पैदा हो रहा है, जो मजदूर की किसी भी पहचानी हुई परिभाषा में फिट नहीं होता। वो जींस और बेसबौल कैप पहनता है, अंग्रेजी बोलता है। वह धर्म, जाति और देश के बन्धनों से लगभग टूट चुका है। वह बीपीओज और मॉल्स में काम करता है। अखबारों और मीडिया में काम करता है। उसके न तो काम के कोई नियत घण्टे है और न ही श्रमिक कानून के कोई लाभ उसे मिलते हैं। वह वकील है, डॉक्टर है, अध्यापक है, पत्रकार है, गायक

है, चित्रकार है, अभिनेता है, लेखक है। अपने उत्पादन के साधनों पर उसका कोई अधिकार नहीं है, और अपने उत्पाद से वो विलगित है। उसके पास खोने के लिए वो सारी चीजें हैं जो उसने कर्ज लेकर खरीदी है। शायद उसी के लिए मियाँ गालिब ने लिखा था, 'कर्ज की पीते थे मय और समझते थे कि हाँ, रंग लाएगी हमारी फाकामस्ती एक दिन।' वह नया मजदूर है, वह नया सर्वहारा है। लेकिन न वह यह बात जानता है और न ही देश की कोई कम्युनिस्ट पार्टी, माओवादी तो बिलकुल नहीं।

भारत की अवरुद्ध क्रान्ति

प्रेम सिंह

यह सही है कि माओवादी भारतीय राज्य को लगातार छापामार युद्ध चलाकर उखाड़ फेंकना चाहते हैं। उनकी यह विचारधारात्मक और रणनीतिक प्रतिबद्धता और योजना नई नहीं है। जब भारत आजाद हो रहा था; उसका संविधान बन रहा था; उसके बाद वह एक कल्याणकारी राज्य की भूमिका में था, तब से हिंसक क्रान्ति में विश्वास रखने वाले मार्क्सवादी भारतीय राज्य को उखाड़ फेंकने का विचार रखते रहे हैं। चालीस के दशक के उत्तरार्द्ध में हुए तेलंगाना और तेभागा के हिंसक विद्रोहों में इसकी स्पष्ट झलक मिलती है। साठ के दशक में भारत-चीन युद्ध के बाद भारतीय कम्युनिस्ट पार्टी (सीपीआई) में टूट होती है। रूस के बजाय चीन की लाइन का समर्थन करने वाले मार्क्सवादी 1964 में अलग भारतीय कम्युनिस्ट पार्टी (सीपीएम) बना लेते हैं। सीपीएम के कुछ सदस्य चारु मजुमदार के नेतृत्व में 1967 में उत्तर बंगाल के इलाके नक्सलबाड़ी में सशस्त्र विद्रोह करते हैं। विद्रोह चीन की क्रान्ति और उसके नेता माओ-त्से तुंग को आदर्श मानकर किया गया। चारु मजूमदार ने प्रसिद्ध नारा दिया : 'चीन के चेयरमैन हमारे चेयरमैन'। माओवाद के समर्थक सीपीएम से अलग होकर चारु मजूमदार के नेतृत्व में 1969 में भारतीय कम्युनिस्ट पार्टी (मार्क्सवादी-लेनिनवादी) का गठन करते हैं। नक्सलबाड़ी के विद्रोह के साथ शुरू हुआ माओवादी आंदोलन देश के कई हिस्सों में फैल जाता है।

माओवाद के पहले उभार का पश्चिम बंगाल की राज्य सरकार ने सख्ती से दमन किया। 1972 में चारु मजूमदार की जेल में मृत्यु हो जाती है। उनके जीवन काल में ही उनकी लाइन और नेतृत्व को लेकर विवाद उठने शुरू हो गए थे। उनके बाद माओवादी आंदोलन के कई गुट, संस्करण, नेता और प्रयोग हुए। वह आन्ध्र प्रदेश, तमिलनाडु, केरल, उड़ीसा, बिहार, पंजाब, महाराष्ट्र आदि प्रदेशों में फैला। माओवादियों में विचारधारा और लाइन को लेकर आन्तरिक विवाद और कभी-कभार खूनी संघर्ष भी हुआ। माओवादी आंदोलन के इस पहले उठान में अस्सी के दशक में ठहराव आ गया। लेकिन तब तक 'वर्ग शत्रु के सफाए' और भारतीय राज्य को सशस्त्र विद्रोह

से उखाड़ फेंकने की जो लकीर उसने डाली, वह भारत जैसे विषमताग्रस्त देश में जल्दी मिटने वाली नहीं थी। हालाँकि, जैसा कि हम आगे देखेंगे, इस दौर के अनुभव से यह भी तय हो गया कि माओवादी रास्ते से कभी भी भारत में क्रान्ति नहीं होगी, भले ही वह लम्बे समय तक शासक वर्ग के एक हिस्से और उसके प्रभाव में गरीबों के एक हिस्से के आकर्षण का केन्द्र बना रह सकता है।

नब्बे के दशक में माओवाद का फिर से उभार होता है, हालाँकि उसकी विचारधारा और रणनीति पुरानी ही रहती है। उस विचारधारा और रणनीति के भारतीय यथार्थ के साथ सम्बन्ध पर हम थोड़ा आगे विचार करेंगे। पहले यह देख लें कि माओवादियों के हमले के खिलाफ सैनिक ताकत से राज्य की हिफाजत का ऐलान करने वालों ने भारतीय राज्य की क्या स्थिति बनाकर रखी है पिछले बीस सालों में यह स्पष्ट हो चुका है कि उन्होंने भारतीय राज्य को अन्तर्राष्ट्रीय स्तर पर नवउदारवादी वैश्विक संस्थाओं का गुलाम और राष्ट्रीय स्तर पर स्वार्थी गिरोहों का अड्डा बना दिया है। यह राज्य उन्हें इसलिए चाहिए क्योंकि उसमें उनकी बेईमानी, झूठ, दलाली, पाखण्ड, अन्धविश्वास, और नंगापन खुलकर चलते हैं; साम्प्रदायिकता, जातिवाद, वंशवाद, परिवारवाद, क्षेत्रवाद, धनबल, और बाहुबल की राजनीति चलती है; साहित्य, कला, संस्कृति, भाषा, धर्म, शिक्षा, स्वास्थ्य, यहाँ तक कि मानवीय सम्बन्ध मुनाफा कमाने का जरिया होते हैं; देश के संसाधन दलाली खाकर देशी-विदेशी बहुराष्ट्रीय कम्पनियों को बेचे जाते हैं; विश्व बैंक, अन्तर्राष्ट्रीय मुद्रा कोष, विश्व व्यापार संगठन, बहुराष्ट्रीय कम्पनियों और सबसे ऊपर साम्राज्यवादी अमेरिका के आदेश पर उनके हित के लिए, देश की सम्प्रभुता गिरवी रखकर, संविधान विरोधी कानून बनाए जाते हैं और करार किए जाते हैं; नागरिक स्वतन्त्रता एवं अधिकारों के लिए आवाज उठाने वाले नागरिक समाज को बात-बात में देशद्रोही प्रचारित किया जाता; वाजिब अधिकारों के लिए लोकतान्त्रिक ढंग से लड़ने वालों को पहले बरगलाया जाता है, अड़ने पर उनका सख्ती से दमन किया जाता है; हिंसा का जवाब तो हिंसा से दिया ही जाता है। ये सब मनुष्य, समाज और राष्ट्र-विरोधी धतकर्म करने के बावजूद वे ठाठ से भारी राष्ट्रवादी होने का चोला पहनते हैं।

दन्तेवाड़ा की घटना के बाद छिड़ी बहस में नवउदारवादी और सम्प्रदायवादी माओवादियों के खिलाफ एक स्वर में बोले हैं। उनका ऐलान है, माओवादियों को सेना का इस्तेमाल करके एकबारगी और एकमुश्त नेस्तनाबूद कर देना चाहिए। सत्तापक्ष और विपक्ष से 'अभी नहीं तो कभी नहीं' की पुकार थमने का नाम नहीं ले रही है। उस पुकार में आवाज न मिलाने वालों को बुश की तर्ज पर माओवादियों के साथ बताया जा रहा है। मौके का फायदा उठाकर सन्देश दिया जा रहा है कि नागरिक स्वतन्त्रता और अधिकारों की हिमायत करने वाले तथा गरीबी, भुखमरी, बेरोजगारी, बीमारी, अशिक्षा आदि समस्याओं को उठाकर 'विकास' में विघ्न पैदा

करने वालों को माओवादियों के साथ ही निपटा दिया जाए। चैन की बंसी तभी बजेगी। यह अच्छा संकेत है कि सेनाध्यक्ष जनरल वी. के. सिंह और वायु सेना अध्यक्ष एयरमार्शल वा.ई.पी. नायक ने देश के अन्दर युद्ध लड़ने में रुचि नहीं दिखाई है, हालाँकि वे करेंगे वही जो सरकार कहेगी। लेकिन क्या प्रधानमंत्री उनके उत्तर में छिपा यह सन्देश पढ़ सकते हैं कि सेना के अधिकारी यह नहीं मानते कि माओवादी आन्तिरिक सुरक्षा के लिए सबसे बड़ा खतरा हैं?

राज्य के कर्ताओं की इस मुहिम में अखबरों और चैनलों के कई पत्रकार पेशे की गरिमा त्यागकर एक्टिविस्ट की तरह व्यवहार करते हैं। हालाँकि वे अहिंसक प्रतिरोध के भी उतने ही खिलाफ होते हैं, लेकिन राज्य के खिलाफ हिंसक वारदातों पर उनका खून खौल जाता है और वे 'मारो-मारो' की पुकार मचाने लगते हैं। हमारा इतना ही कहना है, अगर एक्टिविस्ट होने का शौक है तो उन्हें अपनी मर्जी की पार्टी में शामिल होना चाहिए। माओवादियों के समर्थक कुछ पत्रकारों और बुद्धिजीवियों का तेवर भी एक्टिविस्टनुमा होता है, जबकि वे नवउदारवादी पूँजी के खेल में पूरा डूबे होते हैं। उनमें से कई तो बड़े भारी एनजीओबाज हैं और कई फोर्ड फाउन्डेशन और रॉक फेलर जैसी संस्थाओं के लिए काम करते हैं।

हम पहले कई बार बता चुके हैं कि नवउदारवाद को सम्प्रदायवाद से परहेज नहीं होता। शर्त यही है कि सम्प्रदायवादी पक्का नवउदारवादी बन जाए। पहले के अटल-अडवाणी और अब के नरेन्द्र मोदी इसका उदाहरण हैं। अलबत्ता दोनों की जनता को धोखा देने की रीति-नीति अलग-अलग है। नवउदारवादी भारतीय राज्य को अमेरिका जैसा बनाने और सम्प्रदायवादी आर्यावर्त जैसा बनाने का धोखा देते हैं। इन दोनों धोखों का नतीजा एक ही निकलता है—भारतीय राज्य उसकी जनता का नहीं है। राज्य को उखाड़ फेंकने वालों को राज्य की सैन्य शक्ति से कुचल देने का दम भरने वाले नवउदारवादियों और सम्प्रदायवादियों की धारणा में भारतीय राज्य शासक वर्ग का होता है। वे न केवल खुद बिना किसी सन्देह के इस धारणा में जीते हैं, उसका पूरा प्रचार-प्रसार भी करते हैं। लोकतन्त्र में उसका रूप भले ही बदल गया हो, यह विस्तार से बताने की जरूरत नहीं है कि शासक वर्ग भारतीय राज्य को आज भी राजा-प्रजा की तर्ज पर चलाता है।

जिस जनता को शासक वर्ग ने राज्य से बेदखल किया हुआ है, माओवादी उस जनता के नाम पर राज्य को उखाड़ फेंकने का आह्वान करते हैं। जाहिर है, वैसे आह्वान की अपील राज्य से पराई बना दी गई जनता के एक हिस्से में बनेगी ही। माओवादियों के आह्वान की वास्तविकता पर चर्चा हम कुछ देर और रोककर रखेंगे। उससे पहले भारतीय शासक वर्ग के चरित्र को जान लेना उचित होगा, जो भारतीय राज्य को अपनी बपौती मानता है। यह केवल आज का मामला नहीं है, बल्कि पिछले पन्द्रह सौ सालों से यहाँ का शासक वर्ग भारतीय राज्य को अपनी बपौती बनाए हुए

है। दुनिया के बाकी देशों में भी कमोबेश यह स्थिति रही हो सकती है। लेकिन दुनिया से अलग भारत की विशेषता यह है कि यहाँ शासक बदलने पर शासक वर्ग कभी नहीं बदलता है।

जाति प्रथा को इसका कारण मानते हुए डॉ. राममनोहर लोहिया ने पुश्तैनी शासक वर्ग को हिन्दुस्तानी क्रान्ति के मार्ग की सबसे बड़ी बाधा बताया है। लोहिया के मुताबिक हिन्दुस्तान का पुश्तैनी शासक वर्ग पुश्तैनी गुलाम भी होता है। आधुनिक युग में भी उसका गुलामी का रोग गया नहीं, बल्कि परवान चढ़ा है। (इस विषय पर लोहिया के तीन लेख 'निराशा के कर्तव्य', 'अवरुद्ध क्रान्ति' और 'नक्सलबाड़ी' देखे जा सकते हैं।)

हम यहाँ अपने विश्लेषण के लिए मौजूँ उनका एक उद्धरण देना चाहेंगे : 'ये दो नम्बर के राजा हिन्दुस्तान में कभी खत्म नहीं हो पाते। एक नम्बरवाला राजा तो बदलता रहता है। पठान गए, मुगल आया; मुगल गए, मराठा आया; मराठा गए, अंग्रेज आया; अग्रेज गए, तो जो भी कोई आया—पुश्तैनी गुलाम, दो नम्बर के राजा, शासक वर्ग, जो भी आप इनको कह लें, इनकी कसौटियाँ बनाना काफी मुश्किल होगा, लेकिन मोटी तरह से आज की दुनिया में ये कसौटियाँ हो सकती हैं—एक, एक हजार रुपये महीने से ऊपर की आमदनी अथवा खर्चा; दो, सामन्ती भाषा। आज अंग्रेजी सामन्ती भाषा है; किसी जमाने में पुश्तैनी गुलाम के लिए फारसी रही होगी। इस तरह की कुछ कसौटियों पर आज मोटे तौर से करीब 50 लाख आदमी हैं। यह शासक वर्ग, पुश्तैनी गुलाम, दो नम्बर के राजा, बदलते नहीं। ये सब चीजों से मिलाप कर लेते हैं और हिन्दुस्तान हर किसी तूफान के सामने झुक जाता है। झुकने का माध्यम है यही शासक वर्ग, पुश्तैनी गुलाम।' ('निराशा के कर्तव्य', पृ. 5-6)

अरुंधति राय ने दण्डकारण्य में माओवादियों के साथ के अनुभव पर जो लेख 'आउटलुक' में लिखा है, वह माओवादी नेतृत्व और बाकी के शासक वर्ग के पढ़ने के लिए है। जिन कॉमरेडों के साथ अरुंधति राय कुछ कदम चली हैं, वे उसे केवल देख सकते हैं। नेतृत्व द्वारा वह पत्रिका उन्हें जरूर दिखाई गई होगी। अपनी फोटो देखकर वे आदिवासी जरूर रोमांचित हुए होंगे। अंग्रेजी की पत्रिका में बन्दूक उठाए रंगीन फोटो छपा देखकर अपनी भूमिका में उन्हें विश्वास भी गहरा हुआ होगा। पुश्तैनी शासक वर्ग की आदिवासी जीवन और उनके परिवेश के साथ रोमांस की लम्बी परम्परा है। उस परम्परा में कई यूरोपीय नौकरशाह और विद्वान भी शामिल रहे हैं। अरुंधति राय ने अपनी यात्रा में पुराने रोमांस को नए रोमांच तक पहुँचाया है। उनकी यात्रा का यह महत्त्व बनता है कि बदले में आदिवासियों को भी रोमांच का अनुभव हुआ हो।

भारत के शासक वर्ग की परिभाषा और चरित्र पर बात करते हुए हमारा सामना

कुछ असुविधाजनक सवालों से होता है, जिन्हें अकसर पूछा न जाकर दबा दिया जाता है। एक सवाल यह उठना स्वाभाविक है कि हिन्दुस्तान में सशस्त्र माओवादी अथवा साम्यवादी क्रान्ति हो जाने के बाद शासक वर्ग कहाँ से आएगा? आदिवासी और दलित जब पोलित ब्यूरो के सदस्य नहीं हो सकते तो सरकार में कैसे लिए जा सकते हैं? व्यापारी, बुद्धिजीवी और शासक वर्ग की कला के कलाकार आदि वे हो नहीं सकते। ऐसे में जनता के नाम पर पार्टी नेतृत्व शासक वर्ग होगा। जाहिर है, वह सवर्ण, अंग्रेजी बोलने-लिखने वाला और महीने में कई हजार रुपया पाने और खर्चा करने वाला होगा। इतने बड़े देश को चलाने के लिए पार्टी नेतृत्व को बाहर से भी शासक लेने होंगे। अब चीन और रूस तो पहले जैसे रहे नहीं कि वहाँ से लोग या निर्देश मँगाए जा सकें। वे भारत के पुश्तैनी शासक वर्ग से ही आएँगे। यानी जो भी रक्तपात होगा, उससे क्रान्ति नहीं, वर्ग-मित्रता कायम होगी।

आप जरूर कहेंगे कि हमने माओवादी नेतृत्व के साथ अरुंधति राय को भी शासक वर्ग में शामिल कर दिया है। हम कुछ प्रतिपादित नहीं कर रहे हैं; जो वास्तविकता सबके सामने है, वह बता भर रहे हैं। बस आपका इतना ध्यान खींचना चाहते हैं कि चर्चा जब सामान्य प्रगतिशील और परिवर्तनकारी विचारों और शक्तियों के बारे में न होकर, हिन्दुस्तान की समाजवादी क्रान्ति के बारे हो तो उसका गम्भीर होना लाजिमी हो जाता है। गम्भीरता का एक आयाम यह होगा कि क्रान्ति के नेतृत्व के वर्ग चरित्र का वस्तुनिष्ठ निर्धारण और आकलन होना चाहिए। नक्सलबाड़ी और उसके बाद के दौर के नेतृत्व के प्रमुख नामों में से कुछ नाम देखें—चारू मजूमदार, कानू सान्याल, असीम चटर्जी, चन्द्रपुल्ला रेड्डी, सुशीतलराय चौधरी, सौरेन बोस, कोडापल्ली सीतारमैया, के. जी. सत्यमूर्ति, नागभूषण पटनायक, के. वेणु, विनोद मिश्र, सत्यनारायण सिंह, शिवकुमार मिश्र आदि।

उनके साथ वर्तमान दौर के नेतृत्व के कुछ नाम देखे जा सकते हैं—मुप्पला लक्ष्मणराव उर्फ गणपति, कोबाद गांधी, मल्लोजुला कोटेश्वर राव उर्फ किशनजी, प्रमोद मिश्रा, आशुतोष तुडु, अमिताभ बागची, कतकम सुदर्शन उर्फ आनन्द, चेरूकुरी राजकुमार उर्फ आजाद, किशनदा उर्फ प्रशान्त बोस आदि। इनके साथ अगर समर्थक बुद्धिजीवियों की सूची और जोड़ दें तो तस्वीर साफ हो जाती है कि वे सभी सवर्ण, ज्यादातर अगड़ी जातियों के और उस नाते बचपन से नेता होने तक विशेषाधिकार प्राप्त लोग हैं।

माओवादी आंदोलन के करीब पैंतालीस साल लम्बे समय में एक भी आदिवासी, दलित, पिछड़ा, स्त्री अथवा गरीब अल्पसंख्यक बड़ा नेता या सिद्धान्तकार नहीं हुआ है। वह हो भी नहीं सकता। कभी इसकी भी पड़ताल होनी चाहिए कि माओवादी आंदोलन में हमेशा ज्यादातर अगड़े और कुछ पिछड़े सवर्ण ही क्यों नेतृत्व में आते हैं? कतिपय अन्य कारणों के अलावा क्या यह कहा जा सकता है कि ये आदतन

अभाव या नुकसान झेलने के आदी नहीं होते? अभाव और नुकसान की स्थिति में वे कोई छोटा काम नहीं कर सकते। इसलिए व्यवस्था के खिलाफ बन्दूक उठा लेना, जो उन्हें खुद नहीं चलानी है, उनके लिए आसान होता है। उनके पास वह बुद्धि भी होती है जो गरीब आदिवासियों, जिनका इस देश में कोई पुरसाहाल नहीं है, और अतिदलितों, जिन्हें आरक्षण का फायदा नहीं पहुँचा है, को लड़ने के लिए तैयार कर सकें। अरुंधति राय भारतीय राज्य को हिन्दू राज्य कहती हैं। वह सही है, लेकिन उतना ही सही यह भी होगा कि समूचा माओवादी नेतृत्व हिन्दू नेतृत्व है।

माओवाद और सामान्य मार्क्सवाद के अध्येताओं और समर्थकों को दूसरों का वर्ग चरित्र साफ दिख जाता है। विशेषकर गांधी का, जिसे वे बिना हिचक के अंग्रेजों से लेकर सामन्तों-सेठों तक का पिट्ठू बताते हैं। साथ ही गांधी के अहिंसक रास्ते का भला-बुरा उपयोग करनेवाले विनोबा और जेपी जैसे लोगों को सीधे शासक वर्ग के खाते में डालते हैं। मजेदार यह है कि वे अपने वर्ग चरित्र को कभी सवाल के दायरे में नहीं आने देते। जो हिंसक रास्ते को ही एकमात्र मानते हैं, या जो हिंसक रास्ते का विकल्प भी हमेशा खुला रखना चाहते हैं, उनके वर्ग चरित्र पर कोई सवाल न खड़ा किया जाए। यह तो वही पुरानी बात हुई कि ब्राह्मण कानून से ऊपर होता है!

दरअसल, भारतीय वामपथी बुद्धिजीवी आमतौर पर द्विभाजित होता है। वह शासक वर्ग का हिस्सा और सेवक रहने के बावजूद अपने को वर्ग-आधार से ऊपर मानता है; ऊपर से क्रान्ति की बढ़ी-चढ़ी बातें कर लेना उसके लिए आसान होता है; किन्हीं क्रान्तिकारी समूहों द्वारा हिंसक वारदात होने पर वह नशे में झूमने लगता है; हर वैसी वारदात में उसे क्रान्ति का दर्शन होता है; वह मस्त हो जाता है और उस मस्ती में अपनी वर्गीय हैसियत मजबूत करता जाता है। ऐसा लगता है कि अन्दरखाने उसे पता और विश्वास होता है कि भारतीय राज्य कभी उखाड़कर नहीं फेंका जाएगा, क्योंकि मसला माओवादियों और राज्य के बीच में होता है। जनता, जो राज्य के खिलाफ वाकई कुछ कर सकती है, माओवादी नेतृत्व के मातहत होती है।

अरुंधति राय का समस्या को देखने का जो नजरिया है, उसमें जनता खुद कुछ नहीं कर सकती। पहले वे देखती हैं कि नर्मदा बचाओ आंदोलन से—जिससे बड़े लोग जुड़े हैं, जिसे मीडिया कवरेज मिलता है, जिसके पास संसाधनों की कमी नहीं है—जनता की भलाई के लिए कुछ नहीं होता। फिर वे माओवादियों की तरफ घूम जाती हैं, जो उनके मुताबिक जनता के लिए जरूरी हिंसक संघर्ष कर रहे हैं। उनका मानना हुआ कि जनता का काम बड़े लोग ही कर सकते हैं—वे बड़े लोग जिन्होंने हिंसा का सही और निर्णायक रास्ता अपनाया हुआ है। सच्चाई यह है कि आदिवासियों से लेकर असंगठित क्षेत्र में रोजी-रोटी कमानेवाली देश की ज्यादातर

आबादी इस विकट दौर में खुद ही जीवन का संघर्ष चला रही है। उसके पास केवल वोट माँगने वाले नेता और उनके दलाल जाते हैं। माओवादियों और जनान्दोलनकारियों को केवल कुछ पॉकेट और कुछ लोग चाहिए होते हैं। पूरी आबादी के लिए उनके पास कोई कार्यक्रम नहीं है।

दरअसल, अरुंधति राय और माओवाद के समर्थक बुद्धिजीवी सारे मामले को माओवादी बनाम राज्य बना देते हैं। यह स्थिति माओवादियों और राज्य दोनों को सूट करती है, क्योंकि इसमें जनता कहीं बीच में नहीं आती। सरकार चाहती है माओवादियों और उसकी सीधी टक्कर हो, ताकि वह अपने अधिनायकवादी चरित्र को और ज्यादा मजबूत कर सके। माओवादी चाहते हैं, उन्हें आदिवासियों का एकमात्र प्रवक्ता मान लिया जाए ताकि उनका आधार विस्तृत हो। राज्य और माओवादियों की लड़ाई में आदिवासी तो मरेंगे ही, बाकी समाज में नागरिक स्वतन्त्रता और अधिकारों के लिए जगह और कम हो जाएगी।

अरुंधति राय के लिए भारत का लोकतन्त्र फर्जी हो सकता है, लेकिन जीवन संघर्ष में बझे लोगों के लिए वही एक प्राणवायु है। वे अहिंसक और हिंसक तरीकों से संघर्ष करने वाले संगठनों के बाहर निकलकर देखेंगी तो पता चलेगा कि विकल्प के तौर पर जीवन का विशाल क्षेत्र पड़ा है। भारत के बुद्धिजीवियों की समस्या यह है कि वे जनता से कटे हुए हैं और फिर भी उसके प्रवक्ता बनना चाहते हैं। उन्हें एक गाँव की एक अनाम पंचायत बुलाए और अमेरिका की कोई संस्था भाषण देने के लिए बुलाए तो वे, पहले से की गई हाँ के बावजूद, बिना किसी हिचक और खेद के अमेरिका चले जाएँगे। लेकिन जनता के वोट से राजनीति करने वाला नेता कभी ऐसा नहीं करेगा। कहने का आशय यह है कि सारा मामला शासक वर्ग—माओवादी, राज्य और बुद्धिजीवी—के बीच का बना रहता है।

इसीलिए भारतीय राज्य को उखाड़ फेंकने का आह्वान निरर्थक हो जाता है। शासक वर्ग की राज्य पर कब्जेदारी को आम आदमी के नाम पर बताने का जो खेल मौजूदा संसदीय लोकतन्त्र में चलता है, वही एक पार्टी के 'क्रान्तिकारी लोकतन्त्र' में भी चलता रहेगा। क्रान्ति अवरुद्ध ही रहेगी। वह अवरोध तभी हटेगा, जैसा कि लोहिया ने कहा है, जब राजनीतिक क्रान्ति के समानान्तर सामाजिक क्रान्ति होगी। सामाजिक क्रान्ति के लिए हिन्दुस्तान के समाज को सबसे पहले उसकी शर्तों पर समझना होगा। मुख्यतः उस वृहत्तर समाज को जिसे पुश्तैनी शासक वर्ग ने लम्बे समय से हाशिए पर रखा हुआ है। हालाँकि पुश्तैनी शासक वर्ग की मानसिकता को समझना भी कम महत्त्वपूर्ण नहीं है। इस समझदारी के लिए न नवउदारवादी तैयार हैं, न माओवादी। नवउदारवादियों के पास भारतीय राज्य को आर्थिक महाशक्ति बनने का अमेरिका का दिया नक्शा है और माओवादियों के पास उसे उखाड़ फेंकने का रूस और चीन का दिया नक्शा है।

अब माओवादियों की विचारधारा और रणनीति की भारतीय वास्तविकता की कसौटी पर चर्चा करते हैं। हम यह नहीं कहते कि जिन देशों में समाजवादी क्रांतियाँ हुई हैं, वहाँ के अनुभव से लाभ नहीं लेना चाहिए। वैश्विक स्तर पर विचारधाराओं, पार्टियों और नेताओं से परामर्श लेने में कोई बुराई नहीं मानी जानी चाहिए। लेकिन हिन्दुस्तानी समाज को प्रदत्त फार्मूलों के बजाय उसी की विशेषताओं और शर्तों पर समझना सबसे पहले जरूरी है। इस मामले में माओवादी आंदोलन समेत पूरा मार्क्सवादी आंदोलन पराश्रयी रहा है। विचारधारा, थीसिस, रणनीति, लाइन, मजदूर चेतना ही नहीं, नई किसान चेतना भी आयात किए जाने के तर्क दिए जाते रहे हैं। रूस और चीन अब वैसे नहीं हैं जैसे चालीस साल पहले थे। लेकिन माओवादी अभी भी उन्हें ही आदर्श मानकर चल रहें है।

उदाहरण के लिए हाल के माओवादी आंदोलन को देखा जा सकता है। 2004 में कम्युनिस्ट पार्टी ऑफ इण्डिया (एमएल), पीपुल्स वार गुट (पीडब्ल्यूजी) और माओवादी कम्युनिस्ट केन्द्र (एमसीसी) के विलय से कम्युनिस्ट पार्टी ऑफ इण्डिया (माओवादी) की स्थापना हुई। विलय से पहले पीपुल्स वार गुट की लाइन मार्क्सवादी-लेनिनवादी और माओवादी कम्युनिस्ट केन्द्र की खालिस माओवादी लाइन थी। लिहाजा, यह तय पाया गया कि कम्युनिस्ट पार्टी ऑफ इंडिया (माओवादी) मार्क्सवादी-लेनिनवाद और माओवाद की संयुक्त वाहक होगी। संसदीय लोकतंत्र को खारिज करने, वर्ग-शत्रु का सफाया करने और छापामार युद्ध पर आधारित लगातार सशस्त्र लड़ाई के जरिए भारतीय राज्य को उखाड़ फेंकने का लक्ष्य पहले की तरह बरकरार रखा गया। लम्बी गुटबाजी, खून-खराबे के बाद और दरपेश नई परिस्थितियों के मद्देनजर कुछ भी नया नहीं सोचा गया है।

हिंसा होती है, कभी आदिवासी और दलित मारे जाते हैं, कभी सुरक्षा बलों के जवान। छत्तीसगढ़, उड़ीसा, झारखंड, आन्ध्र प्रदेश और पश्चिम बंगाल के वही जिले माओवाद से विशेष प्रभावित हैं, जहाँ आदिवासियों की आबादी ज्यादा है। अंग्रेजों के जमाने से ही आदिवासियों में पूँजीवादी आधुनिक सभ्यता के प्रति पराएपन का भाव रहा है। यह माना जा सकता है कि इसी वजह से आदिवासी माओवादियों के कहने पर हथियार उठाने में सबसे ज्यादा और सबसे आगे रहते हैं। उन्हें नहीं मालूम कि माओवादी क्रान्ति होने के बाद भी जंगलों पर उनका परम्परागत हक बहाल नहीं होगा। बड़ा चीन देख लीजिए या छोटा नेपाल, दुनिया में विकास का मॉडल वही है जिसमें खनिजों का अन्धाधुन्ध दोहन किया जाना अनिवार्य होता है।

25 अप्रैल के 'हिन्दू' अखबार में प्रोफेसर रणधीर सिंह ने कहा है कि माओवादियों को विकास का वैकल्पिक मॉडल सामने रखना चाहिए। उनकी बात सही है। हालाँकि अति वामपंथी धाराओं में सम्मानित उनके स्तर का विद्वान यह

भी कहता तो अच्छा होता कि अब समय आ गया कि हिंसक संघर्ष का भी विकल्प होना चाहिए। अगर तेलंगाना-तेभागा से सशस्त्र संघर्ष की शुरुआत मानें तो उस रास्ते पर चलते करीब 65 साल हो गए हैं। इस बीच भारतीय राज्य अपनी भली-बुरी कल्याणकारी राज्य की भूमिका त्यागकर पूँजीवादी कारपोरेट जगत का एक्सटेंशन बन गया है। वह सारे मसले पुलिस बलों और सेना से सुलझाना चाहता है। उसे यह माफिक पड़ता है कि कारपोरेट इण्डिया के प्रतिरोधी हिंसक हों। वह अहिंसक संघर्ष करने वालों, जिनकी माओवादियों के मुकाबले भारी तादाद है, को भी हिंसक बनाना चाहता है। शासक वर्ग की तरफ से इसके स्पष्ट संकेत आ रहे हैं कि उसे निकट भविष्य में देश में गृहयुद्ध छिड़ जाने से परेशानी नहीं है। शायद उसने सोच लिया है कि आबादियों का सफाया करके ही कारपोरेट भारत का भव्य निर्माण किया जा सकता है। उसका पहला प्रयोग आदिवासियों पर और दूसरा किसानों पर चल रहा है।

आधुनिक औद्योगिक सभ्यता में आदिवासी अपनी जीवनशैली और विश्वासों के चलते फँस गए हैं। वे पूँजीवाद की तरफ से भी मारे जा रहे हैं, माओवाद की तरफ से भी। उनका दुश्चक्र देखिए—मनमोहन सिंह को माओवादी चाहिए ताकि लड़ाई हिंसक हो और खदानों पर कम्पनियों का स्थायी कब्जा हो सके। माओवादियों को आदिवासी चाहिए ताकि उनकी हिंसक लड़ाई जारी रह सके और भारतीय राज्य पर कब्जा हो सके। माओवादियों के प्रभाव में आने से बचे आदिवासियों को सलवा जुडुम में शामिल कर माओवादियों से प्रभावित आदिवासियों से भिड़ा दिया जाता है। आदिवासियों के जीवन का लक्ष्य हिंसा बनाया जा रहा है। अरुंधति राय ने जिक्र किया है कि आदिवासी औरतें केवल वर्ग-शत्रु की नृशंस हत्या दिखाने वाले राज्य वीडियो देखना पसन्द करती हैं। राज्य सरकार के साथ मिलकर सलवा जुडुम की स्थापना करने वाले कांग्रेस के विधायक महेन्द्र करमा, जो खुद आदिवासी हैं, कहते हैं—आदिवासी कैम्पों से घर लौटना नहीं चाहते, वे माओवादियों की हत्या करना चाहते हैं। आजाद भारत में विस्थापन आदिवासियों की नियति बन चुका है। आधुनिक विकास के चलते विस्थापित होनेवालों में सबसे बड़ी संख्या उन्हीं की है। जहाँ वे रहते आए हैं, वहाँ खनिज संपदा दबी है। वह विकास के लिए चाहिए। लिहाजा आदिवासियों को वहाँ से उजाड़ना पड़ता है। खनिज संपदा के दोहन, उत्पादन और 'नए भारत' के निर्माण कार्य में लगने के लिए सस्ता आदिवासी श्रम चाहिए। कुछ आदिवासी माओवादियों के पास, कुछ सलवा जुडुम के पास और बाकी विस्थापित हालत में ठेकेदारों के पास हैं। वे अपने घरों में सुख-शान्ति से कैसे रह पाएँगे?

किसानों के जीवन का सुख-चैन भी बचा नहीं है। खेत जोतने पर बदहाली और जमीन बिकने पर मालामाली के बीच फँसा किसान विचित्र प्राणी बनता जा रहा है।

बदहाली का तो वह अंग्रेजों के जमाने से आदी रहा है, मालामाल होने की स्थिति में अभी आया है। बदहाली में वह आत्महत्या कर लेता है, मालामाली में कोठी, कार और शराब खरीद लेता है। जमीन का पैसा खत्म होने पर वह क्या करेगा, इसकी बानगी महानगरों की चपेट में आ चुके किसानों की हालत में देखी जा सकती है। देश की आबादी का सबसे बड़ा हिस्सा लुंपेन बनने जा रहा है। जाहिर है, वे किसी न किसी तरह की हिंसा के काम आएँगे।

माओवादी आंदोलन पर कई पुस्तकें और लेख प्रकाशित हैं। उनमें आंदोलन के वस्तुनिष्ठ व आलोचनात्मक अध्ययन के साथ प्रशंसात्मक लेखन भी हैं। प्रशंसात्मक लेखन में हिंसक और जोखिमपूर्ण कार्रवाइयों के प्रति गहरा आकर्षण देखने को मिलता है। भाव यह होता है कि हिंसा होती रहेगी तो कुछ न कुछ होगा। हिंसक कार्रवाइयों के साथ कुछ समय के लिए जनता के बीच संगठन और प्रचार की जरूरत तो स्वीकार की जाती है, लेकिन अहिंसा को पूरी तरह खारिज किया जाता है। कह सकते हैं कि माओवादी इस्लामी कट्टरवादियों का समर्थन पहले हिंसा के वास्ते करते हैं, अमेरिका-विरोध उसके बाद आता है। प्रशंसकों द्वारा माओवादियों की प्रशंसा का केन्द्रीय तर्क आंदोलन का हिंसक होना होता है। इस धारणा की समस्या यह है कि उससे राज्य की हिंसा की अनिवार्यता तय कर दी जाती है हालाँकि समस्या इसके आगे भी जाती है।

आधुनिक औद्योगिक सभ्यता अपने उदय काल से ही एक हिंसक सभ्यता है। वह मुख्यतः हिंसा के तर्क पर चलती है, यह सच्चाई उपनिवेशवादी दौर से लेकर नवसाम्राज्यवादी दौर तक स्पष्ट देखी जा सकती है। इसने अनेक आक्रमणों, युद्धों, महायुद्धों, गृहयुद्धों और सफायों में दस करोड़ से ज्यादा लोगों की जान ली है। साथ में मानवेतर प्रजातियों पर भी हिंसा का कहर बरपा है। इसमें पूँजीवादी, साम्यवादी और समाजवादी व्यवस्थाओं की सम्मिलित हिस्सेदारी है। यह हिंसक सभ्यता चाहती है, हिंसा-दर-हिंसा का सिलसिला चलता रहे। इसके हथियार, सेक्स और ड्रग उद्योग पर एक नजर डालने से पता चल जाता है कि इसके संचालन का केन्द्रीय तर्क हिंसा है। यह सभ्यता बच्चों की हर पीढ़ी को हिंसा के नर्क में झोंकती है, जहाँ वे पीढ़ियाँ अनेक हिंसाओं की पीड़ा झेलते हुए अभ्यस्त बनती हैं। इस सभ्यता ने हिंसा के पक्ष में अनेक तर्क गढ़ रखे हैं। तभी वह चलती है। जब नाकगरिक स्वतन्त्रता और मानवाधिकारों के सचेत पहरुए भी हिंसा को एकमात्र रास्ता बताने लगते हैं, तो हिंसक सभ्यता और मजबूत होती है।

यह कहना कि अत्याचारी राज्य के सामने अहिंसक प्रतिरोध का रास्ता फेल हो गया है, अहिंसक प्रतिरोध की निरर्थकता को बता सकता है, लेकिन उससे हिंसक प्रतिरोध की सार्थकता सिद्ध नहीं होती। अहिंसक प्रतिरोध अगर निरर्थक होता है तो एक आशा बची रहती है। लेकिन हिंसक प्रतिरोध, चाहे वह गोद का बच्चा हो

या बड़ा राक्षस बन जाए, हिंसक सभ्यता की संगति में होता है। इस धरातल से गांधी की अहिंसा पर बात हो तो उसकी सार्थकता समझ में आ सकती है क्योंकि माओवादी और उनके समर्थक पुश्तैनी शासक वर्ग का हिस्सा हैं, गांधी को कभी आगे नहीं होने देंगे। गांधी के आगे आने पर लोगों को अपना भाग्य खुद तय करने का अधिकार देना होगा। यानी गाँव-स्वराज का दर्शन मान्य करना होगा, जिसमें जनता अपने जीवन और संसाधनों की खुदमुख्तार होगी। तब शासक वर्ग उन्हें गिनी पिग की तरह इस्तेमाल नहीं कर पाएगा। वह खुद सोचेगी। चिन्तन का एक नया संसार सामने आएगा। तब क्रान्ति के अवरोध दूर हो सकते हैं।

यह अच्छा है कि नागरिक समाज ने माओवादी काडरों द्वारा घात लगाकर मारे, गए 76 जवानों के लिए हार्दिक संवेदनाएँ व्यक्त कीं। और भी अच्छा होता अगर उस घटना में मारे गए आठ काडरों, जो आदिवासी ही रहे होंगे, के प्रति भी संवेदना व्यक्त की जाती। बल्कि कुछ सरोकारधर्मी पत्रकार उनके घर वालों का पता लगाकर मिलते और उनका हाल बताते। नागरिक समाज को यह समझना होगा कि भारतीय राज्य न तो उस पर काबिज शासकों का है, न उन्हें उखाड़ फेंककर अपना कब्जा जमाने की मुहिम में लगे माओवादियों का। भारतीय राज्य भारत की जनता का है। जनता की आवाज ही उसमें सबसे प्रभावी होनी चाहिए। इस संगीन मौके पर देश की जनता को माँग करनी चाहिए : 1. आदिवासी इलाकों में कम्पनियों के साथ किए गए खनन के सारे करार तुरन्त रद्द किए जाएँ, 2. जंगल पर आदिवासियों के हक के कानून को न केवल उसकी सम्पूर्णता में तुरन्त लागू किया जाए, 3. पुराने नुकसान की किंचित भरपाई के लिए उसमें सुधार किया जाए, 4. आदिवासी नेता और बुद्धिजीवी शासक जमात का पिछलग्गूपन छोड़कर आदिवासियों के पक्ष में खुल कर सामने आएँ; और 5. भारत का शासक वर्ग संसद का विशेष सत्र बुलाकर आदिवासियों से उनके अपमान, विस्थापन, हत्या और अपसंस्कृति के लिए माफी माँगे।

यह आवाज शुरू में धीमी और कमजोर हो सकती है। लेकिन संकल्प सच्चा होने पर उसमें तेजी और मजबूती आती जाएगी।

हिंसा बनाम आदिवासी

रमेशचन्द्र मीणा

'जलियाँवाला' से नक्सलवाद तक

इतिहास की कोई भी घटना हमें सिखाती है कि हम उससे सीखकर वह गलती न दोहराएँ। यह भी सच है कि हमेशा इतिहास अपने आपको उसी रूप में हूब-हू नहीं दोहराता है जिस रूप में वह एक बार घट चुका होता है। लेकिन कई बार वह रूप बदल-बदलकर हमारे सामने आ खड़ा होता है। इतिहास की अनेक घटनाओं में से एक रही है–जलियाँवाला। आज देश में हिंसा का तापक्रम बढ़ा हुआ है। हिंसा से न केवल व्यक्ति व समाज का हर तबका प्रभावित हो रहा है। अपितु यह पूरे देश के लिए चिन्ता का विषय कहा जा सकता है। हिंसा के फैलाव का कारण है–एक तरफ अघाए हुए लोग हैं और दूसरी तरफ भूख से तड़पते समाज का बढ़ते जाना है, जहाँ अस्सी फीसदी लोग बीस रुपए रोज की आमदनी पर जी रहे हैं। संसाधनों से वंचित और भूख से पीड़ित लोग ही हिंसा की तरफ लौटते हैं। भूखा अगर छीना-झपटी करता है, सार्वजनिक संपदा को नष्ट करता है तो इसे कुकर्म कहने का अधिकार किसी को नहीं है। पहले ही कहा जा चुका है–*बभुक्षितः किम न करोति पापम्।* ऐसे में गांधी की अहिंसा की बात करना सचमुच अपराध–सा लगने लगता है। जब सारी दुनिया असमानताओं के हजारों हिस्सों में बँटी हो और मनुष्य के पास अपने होने का अर्थ जानने के लिए आत्महत्या और हत्या करने का विकल्प ही न बचा हो, नन्द चतुर्वेदी आगाह करते हैं कि देश के विचारवान लोग गैर बराबरी के साथ बढ़ती हिंसा को नहीं देख सके तो आनेवाला समय अराजकतावादियों का होगा।[1] आदिवासी न केवल इसलिए हिंसा का शिकार होते हैं कि वे असुरक्षित पहाड़ व जंगलों में रहने के चलते हिंसक जानवरों के जबड़ों में चले जाते हैं, अपितु आदिम काल से लेकर उपनिवेशवाद के युग में तथा आजाद भारत में भी आदिवासी व्यवस्था की हिंसा का शिकार हैं।

आदिवासी हिंसा इतिहास की ऐसी कड़वी सच्चाई रही है जिससे इनकार नहीं

किया जा सकता है। कोई भी शासक इतना बर्बर नहीं हो सकता जितना जलियाँवाला की घटना से अंग्रेजों को कहा जा सकता है। एक शान्त भीड़ पर गोलियाँ बरसा देना सरासर बर्बरता है। लेकिन इतिहासकारों ने ऐसे बहुत-से जलियाँवाला को दर्ज नहीं किया जिससे बहुत-सी घटनाएँ छुपी रह गई हैं। सबाल्टर्न घटनाओं व आंदोलनों को अभी भी इतिहास में स्थान देने से बचा जा रहा है। इसलिए जलियाँवाला से पहले हो चुकी मानगढ़ जैसी बड़ी घटना दर्ज होने से रह जाती है। मेरा इशारा इतिहास प्रसिद्ध जलियाँवाला से कोई छह वर्ष पूर्व बाँसवाड़ा जिले की मानगढ़ पहाड़ी पर सन् 1913 में घटी घटना की ओर है। इसे अधिकांश इतिहासकारों ने दर्ज करना मुनासिब नहीं समझा। इसी घटना पर केन्द्रित दो रचनाएँ ध्यान खींचती हैं। हरिराम मीणा का उपन्यास 'धूणी तपे तीर' और घनश्याम सिंह भाटी का नाटक 'मोर्चा मानगढ़'। ये रचनाएँ उस आदिवासी त्रासद घटना पर केन्द्रित हैं जिसमें डेढ़ हजार निहत्थे भील गोलियों से वैसे ही भून दिए गए थे, जैसे छह वर्ष बाद जलियाँवाला में। पिछले वर्ष 1857 की डेढ़ सौवीं जयंती के अवसर पर छह वर्ष बाद की घटना को कई तरह से बार-बार याद किया गया। पत्र-पत्रिकाओं के विशेषांक आए। ढेरों लेख छापे गए, किन्तु उससे भी पहले घट चुकी बड़ी घटना का किसी पत्रिका ने भूलकर भी याद नहीं किया। नक्सलवाद आदिवासी अन्तर सम्बन्ध पर आई कुछ कहानियाँ भी ध्यान आकर्षित करती हैं कि किस तरह से आदिवासी जलियाँवाला से लेकर नक्सलवाद तक बर्बर हिंसा का शिकार ही होता रहा है।

'जलियाँवाला' (राजस्थान में मानगढ़ पर घटी घटना, जिसे राजस्थान सरकार ने जलियाँवाला मान लिया है) हो या नक्सलवाद, उपनिवेशवाद हो या देश की आजाद सरकार, आदिवासी बराबर हिंसा का शिकार रहा है। उपनिवेश काल में अंग्रेजों ने आदिवासियों को सेना भेजकर मारा तो आज आजादी के छह दशक बाद भी आदिवासी के सीने पर संगीनें तानी जा रही हैं। आदिवासियों का इतिहास आंदोलनों का इतिहास रहा है। भले ही आदिवासी घटनाएँ उस तरह से इतिहास में दर्ज नहीं हुए हों, जिस तरह से जलियाँवाला होता है। सन् 1857 के पहले स्वतन्त्रता आंदोलन से भी पूर्व पूर्वोत्तर के आदिवासियों ने कई आंदोलन किए हैं। इन आंदोलनों में हजारों की तादात में आदिवासी मारे जाते रहे हैं तो आज जबकि देश आजाद है फिर भी नक्सलवादी क्षेत्रों में आदिवासी लगातार हिंसा का शिकार हो रहा है। कथा साहित्य के माध्यम से नक्सलवाद से उत्पन्न हिंसा पर विचार किया जा सकता है। इस सन्दर्भ में कुछ उल्लेखनीय कहानियाँ हैं, जिनके आधार पर इसकी पड़ताल की जा सकेगी।

एक

मानगढ़ पहाड़ी पर घटित आदिवासी जलियाँवाला पर केन्द्रित इन दो रचनाओं का

परिचय इस प्रकार से है। 'मोर्चा मानगढ़' नाटक का कथ्य 13 जून 1913 की ऐतिहासिक घटना को संवादों में ढालकर पाठक को मंचीय चाक्षुष दृश्य से गुजारता है। आदिवासियों का जलियाँवाला मानगढ़ क्यों घटित हुआ? इस घटना के पीछे क्या कारण रहे हैं? पाठक 'मोर्चा मानगढ़' पढ़कर तफसील से समझ सकते हैं;[2] हरिराम मीणा का उपन्यास 'धूणी तपे तीर' इस सन्दर्भ में न केवल उल्लेखनीय है, अपितु विचारणीय भी है।

नी मानू रे भूरेटिया....
झालोद मायं मारी कुंडी है/दाहोद मायं मारो दीयो है
भुरेटिया नी मानू रे/गोधरा मायं मारी जाजम है।
दिल्ली मायं मारी गादी है/ बेणेश्वर मायं मारो चौपड़ो है।
मानगढ़ मायं मारी धूणी है।

'धूणी तपे तीर'[3] उपन्यास में धूणी न केवल शरीर को ठंड से बचाने वाला आग का कुण्ड है, अपितु भूरेटिया उपनिवेशवादी अंग्रेजों के खिलाफ चेतना जगाने वाले गोविन्द गुरु के क्रान्तिकारी गीत के बोल हैं; जिनके बल पर वे अंग्रेजों की उन नीतियों का विरोध कर रहे हैं जो आदिवासी और आम जनता के खिलाफ रही हैं। तभी वे बोलते हैं, *नी मानू रे भूरेटिया नी मानू*। भूरेटिया यानी गोरे। इतिहासकारों की चाल को बेनकाब करते हुए वाहरु सोनवणे मानगढ़ का नरसंहार भारतीय स्वतन्त्रता आंदोलन का गौरव चिह्न मानते हैं। लेकिन इसका इतिहास में न होने पर चिन्ता व्यक्त करते हैं।[4] संथाल हूल को अंग्रेज मामूली दंगा करार देते हैं तो आधुनिक इतिहास की एक प्रतिशत पुस्तकों में ही इन विद्रोहियों का जिक्र हुआ है। ऐसे अछूते विषय पर केन्द्रित उपन्यास पर प्रो. कानजी भाई पटेल इस उपन्यास को इतिहास को चुनौती देने वाला बताते है।[5]

उपन्यास का अन्त बहुचर्चित मानगढ़ पहाड़ी पर होता है, जहाँ पर मशीनगनों से युक्त अंग्रेजी फौज की सात कम्पनियों और रियासतों की फौज का सामना परम्परागत हथियार तीर-धनुष, लाठी और बल्लम, औरतों व बच्चों के साथ डटे आदिवासियों से होता है और इन्हें चारों तरफ से घेरकर बन्दूक की गोलियों से भून दिया जाता है। प्रो. नवल किशोर 'मानगढ़ की घटना का वर्णन इतिहास में नहीं होने का कारण शोषकों द्वारा इतिहास लिखवाना मानते हैं।'[6] शम्भू गुप्त इस कृति को 'हाशिए का संघर्ष' का एक उल्लेखनीय उदाहरण बताते हैं।[7] माधव हाड़ा इस उपन्यास को इतिहास और आख्यान की जुगलबन्दी बताते हैं[8] मानगढ़ की घटना को हरिराम मीणा के जुनून ने इतिहास की अँधेरी खोह से बाहर निकालकर ऐतिहासिक काम किया है। सामन्तों का विस्तृत इतिहास लिखने वाले गौरीशंकर हीराचन्द ओझा ने इस सम्बन्ध में इतना ही लिखकर किनारा कर लिया कि 'मानगढ़ पर एकत्रित कुछ भीलों ने उत्पात मचा रखा था। फौज को गोलियाँ चलानी पड़ीं।

कुछ भील मारे गए। समाज के इस तबके को सदियों से हाशिए पर रहने के लिए मजबूर करने के षड्यंत्र में हर कोई शामिल रहा है—राजा, सामन्त, इतिहासकार और रचनाकार।

दो

जलियाँवाला से पूर्व मानगढ़ घटता है और 1922 में भूला बूलेरिया और पालचित्तरिया घटित होता है जिसमें क्रमशः 800 व 1200 निहत्थे भील मार दिये जाते हैं। वे तत्कालीन राजाओं और उपनिवेशवादियों की हिंसा के शिकार हो चुके हैं। कथा साहित्य में मधु कांकरिया का उपन्यास 'नीले गगन के लाल सितारे' व कहानी 'लेकिन कॉमरेड', भावसिंह हिरवानी की 'परिणति', 'खुला जेल' और 'दहशत' विपिन बिहारी की 'टारगेट,[9] आदि कहानियों में नक्सलियों की आतंकी छवि को निरूपित किया गया है। भावसिंह हिरवानी की 'परिणति' इस सन्दर्भ में अनूठी और विचारणीय कहानी कही जा सकती है, जिसमें यह चित्रित किया गया है कि नक्सलवादी क्यों बनते हैं? क्या मकसद है उनका? और क्यों बने हुए हैं? इस कहानी में ऐसे कई सवालों का जवाब मिलता है। नक्सली पात्र आत्ममंथन करते हुए नजर आते हैं। विपिन बिहारी की कहानी 'टारगेट' में नक्सलवादियों द्वारा आदिवासियों के साथ आए दिन किए जा रहे अत्याचार, आतंक और दहशत को उजागर करते हुए उनके मानववादी मुखौटे को उतारा गया है तो 'लेकिन कॉमरेड' में नक्सलियों की जेलों में की जाने वाली प्रताड़ना है और 'रास्ता ही रास्ता' और 'फैसला' कहानी में परदेशीराम वर्मा बीच का रास्ता तलाशते दिखते हैं। इसमें सरकारी कर्मचारी और पुलिस के बजाय नक्सली लूट को सामने लाया गया है। यहाँ पर पूछा जा सकता है कि क्या अब शासकीय कर्मचारी द्वारा इनका शोषण बन्द हो गया है? पुलिस के बारे में एक ही पंक्ति में बता दिया जाता है, ततूपश्चात लेखनी नक्सलियों के काले कारनामों पर ही केन्द्रित रहती है। कहानीकार 'परिणति' कहानी में नक्सली होने/बनने की कहानी अधिक तटस्थता से लिख सके हैं। 'खुला जेल' और 'दहशत' में इनका उद्देश्य नक्सलवादियों के काले पक्ष को उजागर करना भर ही रहा है। दूसरे स्तर पर विपिन बिहारी की 'टारगेट' है जिसमें नक्सलियों के द्वारा न केवल स्त्री का शोषण किया जा रहा है, अपितु जंगलों से कीमती वस्तुओं को प्रदेश से बाहर ले जाने के धन्धे में लिप्त भी दिखाया गया है। 'टारगेट' कहानी में आदिवासी युवती हिरनी को जंगल से उठा ले जाते हैं। वे औरतों को जंगल में महुआ बीनने से रोकते हैं। लकड़ियाँ लेने से रोकने पर औरतें कह उठती हैं, 'केतना बदाएगा...नेसलाइट माने का कि गरीब का भी हक निगल जाव।' यह ऐसा कड़वा सच है जो टारगेट कहानी के माध्यम से सामने आता है। एक आम आदिवासी नक्सली और पुलिस इन दो पाटों के बीच पिसने के लिए अभिशप्त हैं। इन

कहानियों में नक्सली हिंसा का एक तरफा पक्ष ही दिखता है। दूसरे पक्ष को 'फैसला' और 'अँधेरे में सुगन्ध' कहानी के माध्यम से समझा जा सकता है।

कैलाश चन्द की कहानी 'अँधेरे में सुगन्ध' का नायक पुलिस अधिकारी आदिवासी नक्सली समस्या के प्रति संवेदनशील है तो 'खुला जेल' कहानी में नक्सलवादी और आतंकवादी के बीच की रेखा ही समाप्त हो गई है। ये दोनों कहानियाँ एक दूसरे के विपरीत हैं। इस समय सरकार और मीडिया के प्रचार ने सच्चाई को एक दायरे में कैद कर डाला है। अधिकांश लेखक तात्कालिक घटना को समझे बिना ही अपनी दिशा तय कर लेते हैं। रचनाकार का यह रवैया पाठक को भ्रमित करता है। 'खुला जेल' को पढ़कर पाठक के अपने विचार यही बन पाते हैं कि नक्सली क्षेत्र में आतंक, अत्याचार और डर का माहौल है वहीं दूसरी कहानी 'अँधेरे में सुगन्ध' को पढ़कर पाठक आदिवासी की परिस्थिति और लाचारी को समझता है। इसके साथ ही साथ नक्सली होने/बनने के पीछे निहित कारणों तक पहुँचकर पुलिस व्यवस्था के काले चेहरे से परिचित होता है। पाठक शिद्दत से महसूस करता है कि अगर नक्सली क्षेत्र में आम पुलिस वालों के स्थान पर संवेदनशील पुलिसकर्मी, वनकर्मी और हर उस सरकारी अधिकारी को इस क्षेत्र में भेजे जाने की योग्यता उसकी संवेदनशीलता को यदि माप दण्ड ही बना दिया जाए, तब यह समस्या न कवेल कम होगी, अपितु शीघ्र ही इससे मुक्ति पाई जा सकती है। अन्यथा जो कहर सरकारी अधिकारी के नाम पर आदिवासी क्षेत्र में बरपाया जाता है उसे देखकर कोई भी यह कह उठेगा कि ऐसी अवस्था में वे और कर ही क्या सकते थे! 'अँधेरे में सुगन्ध' नक्सली बनते आदिवासी की परिस्थिति पर एक क्लासिक और दिशा देने वाली कहानी कही जा सकती है।

'बाघ' कहानी का निष्कर्ष है सरकार मानती है कि बाघ तुम्हें भले ही मार दें तुम बाघ को नहीं मार सकते हो।[10] 'तीस साल का सफरनामा' में एक छोर पर उदासी, निचुड़े चेहरे वाला सुरजा है तो दूसरे छोर पर है नम्बरदार गजराज सिंह। इस व्यवस्था में सुरजा किसान से मजदूर हो जाता है और नम्बरदार किसान से महाजन। व्यवस्था नम्बरदार के साथ है जो सूरजा को चोर ही नहीं, अन्ततः नक्सलपंथी साबित कर देती है। संजीव की 'पूत-पूत! पूत-पूत' कहानी महाश्वेता देवी की 1084 वें की माँ' को याद दिला देती है। यह कहानी वीर सेना और मुक्ति सेना के बीच पिसते छानी ग्रामवासियों की कहानी है जिसमें वीर सेना वाले मुक्ति सेना का आदमी मान कर मारते हैं तो मुक्ति सेना वाले वीर सेना का। हिंसा और प्रतिहिंसा, बदला लेने की कभी न खत्म होने वाली होड़ है, जहाँ शमशान में लकड़ियाँ नहीं बुझतीं, उससे पहले दूसरी लाश गिरा दी जाती है। जिस बन्दूक से बाप मारा जाता है उसी बन्दूक से बेटे को मौत के घाट उतार दिया जाता है। कहानी का मर्मस्पर्शी दृश्य है—'पिछड़ी तथा दलित जातियाँ दो-ढाई हजार वर्षों के अपने छिने हुए अधिकार और सम्मान

को तत्काल छीन लेना चाहती हैं, बड़ी जातियाँ वहीं तक प्रगतिशील और उदार बनना चाहती है जहाँ तक उनका स्वार्थ या वर्चस्व अक्षत रहे। मार्क्सवादियों के लिए जाति कोई मतलब नहीं है, जबकि असलियत यह है कि औरों की तरह जातिवाद और भ्रष्टाचार उन्हें भी पराभूत करता है।' (वही, 138)

मधु कांकरिया की 'लेकिन कॉमरेड' साक्षात्कार पद्धति पर लिखी कहानी है। यह नक्सलियों के जेल में किए गए उत्पीड़न पर केन्द्रित है। जिसे पढ़कर 'जया मित्रा के जो मारे जाएँगे' की जेल यात्रा वृत्तान्त की त्रासदी ताजा हो उठती है। यह कॉमरेड गोपालीदा और कथावाचक के माध्यम से खुलती हुई पिछली सदी (1971) के आठवें दशक पर केन्द्रित है। नक्सली पुलिस मुठभेड़ में मारे जाते, रूई की तरह जेलों में धुने जाते, प्रतिबद्ध लोगों के दर्द को बयाँ करती कहानी है। बन्द जेल में की जा रही हिंसा ऊँची दिवारों से कैसे बाहर आ सकती है? इसके लिए कहानीकार ने साक्षात्कार पद्धति के माध्यम को अपनाया है। उनका बचपन में आँखों देखा हाल हवालातों में पिटते नक्सली और गोपालीदा के अनुभव के माध्यम से धीरे-धीरे कहानी खुलती है, तो जेलों, हवालातों में बन्द कई रहस्य बाहर आते हैं।

कथावाचक बचपन में जो अपनी आँखों से देखता रहा है, बीस-बाईस वर्ष के युवा को पिटते देखकर पिता से नहीं पूछ पाता कि वह युवा कौन था? डाकू, हत्यारा, खूनी। थानों में दिल दहला देने वाले थर्ड डिग्री टार्चर को झेलने के बाद कौन होगा जो पुनः जेल जाएगा? इनके द्वारा किए जा रहे कार्य, उनका उद्देश्य उन्हें हर अत्याचार को सहने की प्रेरणा और शक्ति देता है। अन्तिम साँस छोड़ते समय दीपक बनर्जी नारा लगाता है—नक्सलवाड़ी लाल सलाम, तो परिमल सेन ने फायरिंग स्क्वाड के सामने ललकारते हुए कहा, था—यू कॅन नॉट स्टाप रेवोल्यूशन बाई किलिंग अस।' (वही, 24) किसान, श्रमिक, आदिवासी के साथ शहरी युवा किस तरह से नक्सलबाड़ी आंदोलन से जुड़ते हैं और जंगल में जाकर आदिवासी के साथ काम करते हैं! तब नक्सलबाड़ी के नाम पर जो भी मिला उसे पकड़कर बन्द कर दिया गया। एक विदेशी महिला देश को देखने आती है, उसे नक्सलियों के साथ बन्द कर दिया जाता है। गोपालीदा जैसे बहुत कम होते हैं जो जीवित लौट आते हैं और जो अपनी भौंहों के बीच थर्ड डिग्री टॉर्चर में लगे निशान को दिखाते हुए थानेदार का संस्मरण सुनाते हैं जिसके बारे में कहा जाता था कि चुरुट पीते वक्त चंगेज खाँ की आत्मा उसमें घुस जाती थी और अपने चुरुट के आनन्द को कई गुणा बढ़ाने के लिए जो भी नक्सली उसके सामने होता था उसके चेहरे को जगह-जगह से दाग देता था। (वही, 26) इस कहानी में नक्सलबाड़ी, श्रम-मुक्ति, कृषि मुक्ति, क्रान्ति का बन्दूक की नली से आना, चीन का रास्ता हमारा रास्ता है, माओ-त्से तुंग का नारा-ईच वन, टीच वन जैसे नारों तथा कॉमरेड को माओ-त्से से वही ताकत मिलती है जो किसी सनातनी को गीता के कृष्ण से। कॉमरेड की क्रान्ति का आदिवासियों पर

कितना प्रभाव पड़ेगा? कथावाचक के शब्दों में–'गोपालीदा जेल जाते, छूटते, भागते, फिर जेल जाते हैं, वे अपने पूरे जीवन में एक बार एक साल खरिबरिया के जंगल में संथालियों के बीच जाते हैं, पर संथालियों के लिए ज्यादा कुछ नहीं कर पाते हैं। (वही, 27) वाम पंथियों के लिए वर्ग पहले है, जाति बाद में इसी मुद्दे पर दलित चिंतकों ने चुभते हुए सवाल खड़े किए हैं। बेशक आदिवासी विमर्श में भी वामपंथ की स्थिति बेहतर नहीं है।

तीन

आदिवासी विद्रोह अकसर हिंसा से ही दबाए जा सके हैं। राजस्थान के जलियाँवाला से पूर्व भी कई आंदोलन हुए। बाहरी घुसपैठ के विरोध में आदिवासी अशोक काल से लेकर मुगलों की थोपी गई व्यवस्था हो या रियासतों की बेगार रही हो या अधिक लगान हो, अपने खिलाफ हो रहे अत्याचार का विरोध करते हुए हिंसा का शिकार हुए हैं। मानगढ़ जैसे आंदोलन से उनमें चेतना का संचार हुआ है। 'एजेंट टू दी गवर्नर जनरल इन राजपूताना' ने लिखा है, 'इस समय तक दक्षिण राजपूताना के भील भारत के अन्य प्रदेशों में होने वाली प्रगति से परिचित होने लगे हैं।[11] गोविन्दगुरु सामाजिक जागरुकता के साथ-साथ अपनी अस्मिता की पहचान करवाते हैं। भीलो में आई चेतना से रियासतों के ठाकुर व राजा डर जाते हैं कि कहीं भील अपना राज्य कायम न कर लें, जबकि उनकी माँगें सामान्य जीवन जीने भर के लिए ही थीं। मसलन सर्दी से बचने के लिए जलाने के लिए सूखी लकड़ी लेना, लगान कम करना, बेगार न करवाना आदि। मानगढ़ पर एकत्रित भीड़ से भयभीत अंग्रेजों ने जल्दबाजी में कदम उठाया और हजारों भीलों को मार दिया। मानगढ़ की घटना के आँकड़े अंग्रेजों ने गलत तरह से प्रस्तुत किए हैं–अंग्रेजों के अनुसार, वहाँ तीन हजार लोग थे, जबकि हिम्मत लाल त्रिवेदी के अनुसार दो लाख और भगवती लाल जैन के अनुसार, वहाँ लाखों स्त्री-पुरुष मौजूद थे। यदि यह माना जाए कि वहाँ कम संख्या में भील उपस्थित थे, तब उनके खिलाफ इतने विशाल पैमाने पर तैयारी करने की क्या जरूरत थी। हताहतों की संख्या को लेकर भी यही रवैया रहा है। उदाहरण के लिए गौरी शंकर ओझा पन्द्रह सौ के आँकड़े को कुछ ही भीलों का मरना बताते हैं। इतिहासकारों, शासकों और नीति नियंताओं ने आदिवासियों के साथ उपनिवेशवादियों की तरह ही व्यवहार किया, जिसका कारण रहा है सामाजिक रूप से काटकर व्यवहार किया जाना, जिससे वे तीसरी परम्परा में ही माने जाते रहे हैं।

आजादी के छह दशक बाद भी आदिवासी जीवन तीसरी या हाशिए की परम्परा कही जा रही है? पहली परम्परा पर सवाल उठाते हुए दूसरी परम्परा की बात करने वाले नामवर सिंह दूसरी परम्परा का अर्थ कई परम्पराओं से लेते हैं, जिसमें मुख्य धारा जैसी कोई चीज नहीं होती। उनका दूसरी परम्परा को रेखांकित करने का उद्देश्य

रहा है अन्य परम्पराओं को देखना। दूसरी परम्परा के बहाने इकलौती परम्परा के मिथ को तोड़ना है। वे मानते हैं, भारत केवल नगरों और गाँवों में रहने वाले हिन्दू मुसलमानों का ही देश नहीं है, बल्कि झारखण्ड और जंगलों में आदिवासी आदि भी रहते हैं। वे भी तो इस देश के वासी हैं। वे आदिवासी हैं, तो लिटिल ट्रेडीशन हैं पर कम महत्त्वपूर्ण नहीं है।[12] बेशक कम महत्त्वपूर्ण मानने और लगातार हाशिए पर डाले रहने के पीछे पहली परम्परा का षड्यंत्र रहा है। कभी उन्हें घर वापसी से गुजारा जाता है तो कभी विकास के नाम पर विस्थापित कर दिया जाता है और अब वैश्वीकरण में हाशिए पर डाले जाने के सारे उपक्रम कर लिए गए हैं। कवि वरवर राव लिखते हैं—'पानी तक से वंचित तथा भीषण भुखमरी और प्यास की वास्तविकता झेल रहे लोग सामुदायिक रंगीन टीवी सेट के आगे मुँह बाए बैठे-बैठे इन्द्रधनुषी रंगों से सराबोर शीतल पेयों और शराबों के छलकते दृश्य देखने में ऐसे गुम हुए कि अपने नग्न यथार्थ के प्रति संज्ञा-शून्य बना दिए जाकर वे एक लुभावनी काल्पनिक दुनिया में फेंक दिए गए।'[13] साम्राज्यवादी अमेरिका अपना विश्व रूप प्रदर्शित कर रहा है। समूचे संसार के साम्राज्यवादीकरण के साथ चीजें अब महज अफ्रीका में नहीं, बल्कि दुनिया भर में ध्वस्त हो रही हैं। आज किसी भी संवेदनशील लेखक का पवित्र कर्त्तव्य है कि वह छिन्न-भिन्न अवयवों को समेटकर एक पूरा इनसान रचे, जिसमें हाड़-मांस हो, रक्त की ऊष्मा हो, दिमाग हो और दिल हो।' (वही, 25)

राजेन्द्र यादव नक्सली हिंसा की तह तक जाकर लिखते हैं, 'मूलभूत समस्याओं पर बात किए बिना उन आंदोलनों को सिर्फ कानून और व्यवस्था की समस्या घोषित करके फौजें दौड़ा देने से नक्सलवाद की समस्या हल नहीं होगी, यह छोटी-सी बात सरकार की समझ में नहीं आती। राज्य की हिंसा, विद्रोहियों को गोलबन्द करती है और सशस्त्र प्रतिरोध को जायज बना देती है।'[14] आजादी के बाद आदिवासी क्षेत्रों में नक्सलवाद का फैलना निश्चित ही बड़ा सवाल रहा है। इस सन्दर्भ में नक्सलवाद पर ठहरकर दो बातें कर लेना उचित रहेगा।

चार

जब से लालगढ़ घटित हुआ है तब से आदिवासी और नक्सलवाद बहस में रहे हैं। इस समस्या को कानून-व्यवस्था से ऊपर उठकर देखा जाना चाहिए। आदिवासी अंचलों में प्रतिबद्ध व संवेदनशील सरकारी अधिकारियों व कर्मचारियों की नियुक्ति की जानी चाहिए। उन समस्याओं को संबोधित किया जाना चाहिए। जिनके कारण आदिवासी नक्सलवाद की ओर आकृष्ट हो रहे हैं।

दरअसल, आदिवासी, गरीबी और विडम्बना इन शब्दों में निश्चित ही चोली-दामन जैसा सम्बन्ध रहा है। विकास जैसे कथित आधुनिक शब्द की यहाँ कोई गुंजाइश नहीं रही है। जी हाँ, यह शब्द ही आदिवासियों के लिए घुसपैठिया जैसा लगता है।

हाल में इस शब्द का अधिक प्रयोग होने लगा है। देश के बुद्धिजीवी प्रधानमंत्री के बोल हैं—'नक्सलवाद के खत्म होते ही हम विकास की दरिया बह देंगे।' 'नक्सलवाद आतंकवाद से भी बढ़कर है।' तो कुछ समय बाद कहते हैं—'नक्सलवाद से आतंकवाद की तुलना संभव नहीं है।' नक्सलवाद के फैलने के पीछे सरकार, नेताओं और चिन्तकों का अस्पष्ट और विरोधाभासी होना भी रहा है। छह दशक के लोकतन्त्र में आदिवासी प्रारम्भिक विकास के लिए भी तरस रहा है। विकास के स्थान पर नक्सली पनप रहे हैं। इन्हीं नक्सलियों का भय दिखाकर सरकार आदिवासी क्षेत्र को सेना के हवाले कर रही है। कहा जा रहा है कि नक्सलियों के सफाये के बाद क्षेत्र का विकास करेंगे। अगर नक्सली विकास विरोधी हैं तो फिर जिन क्षेत्रों में नक्सली नहीं हैं वहाँ विकास क्यों नहीं हुआ? फिर नक्सलियों के खात्मे के बाद ही विकास करना है यह एक घोषणा भर भी तो हो सकती है। चिन्तक, लेखक और बुद्धिजीवी इस सन्दर्भ में स्पष्ट नहीं हैं। कम ही विचारक हैं जो इस मुद्दे पर दूरदृष्टि रखते हैं, साफगोई और स्पष्ट विचार रख पा रहे हैं। महाश्वेता देवी ने साफ-साफ शब्दों में केन्द्र सरकार द्वारा सेना तैनात करने का विरोध किया और इस कदम को गलत करार दिया है।

इतिहासकार रामचन्द्र गुहा आदिवासियों की त्रासदी के बारे में बताते हैं, 'भ्रष्ट और बर्बर अर्ध-सैनिक बल आदिवासियों के खिलाफ हथियारबन्द बर्बर कार्रवाई करने के लिए तैयार हो गए हैं। अब हिंसा और यातनाओं का और प्रसार होगा, जिसमें हार और हानि आदिवासियों की होगी।'[15] आदिवासी क्षेत्रों का विकास एक अनबूझ पहेली ही है। सरकार भी मानती है कि इन क्षेत्रों का विकास नहीं हो सका है। इसलिए वे पहले नक्सलवाद का सफाया करेंगे और फिर विकास करेंगे। सरकारी विकास के सच को उजागर करते हुए पुण्य प्रसून वाजपेयी लिखते हैं, 'बस्तर में पानी नहीं है, पर वहाँ बोतलबन्द पानी की फैक्टरी खोली जा सकती है। बालासोर में बारूद और रासायनिक प्रदूषण से लोग मर रहे हैं, मगर वहाँ विशेष आर्थिक क्षेत्र के प्रस्ताव को मंजूरी दी जा सकती है। वहाँ सरकार के होने का अहसास सुरक्षाकर्मियों की बन्दूक से होता है। उनसे कौन कैसे लड़ सकता है जब विकास की अन्धी लकीर खींचने का सवाल हो।'[16]

आदिवासी क्षेत्र में विकास के क्या मायने है? सड़क, बिजली, पानी विकास है? कल-कारखाने, बड़े बाँध, बड़े पैमाने पर खदानों से निकासी, विकास है? जंगलों का सफाया करना विकास है? पी. चिदम्बरम के नक्सलवादियों को विकास विरोधी कहे जाने पर अनिल चमड़िया सवाल करते हैं, 'जमशेदपुर विकास का एक मॉडल है। पर यह विकास आदिवासियों के लगभग दो-सौ गाँवों की कब्रगाह पर हुआ है। जमशेदपुर में आज आदिवासी चेहरा मुश्किल से दिखाई देता है। अर्जुन सेनगुप्त समिति की रिपोर्ट कहती है कि सतहत्तर प्रतिशत आबादी रोजना बीस रुपए से कम

पर गुजारा करती है, जिससे विकास के नारे का राजनीतिक अर्थ समझा जा सकता है। सरकार आदिवासी क्षेत्र से नक्सलियों का सफाया करके फिर विकास करना चाहती है। यह विकास वैसा ही होगा जिसमें आम आदमी की हिस्सेदारी नहीं होती है।' अनिल चमड़िया जोर देकर कहते हैं कि सफाए के बाद विकास का मतलब साफ है—प्रतिरोध की संस्कृति का सफाया, नक्सलवाद को प्रतिरोध की संस्कृति के पर्याय के रूप में देखा जा रहा है। इसलिए कहीं भी विरोध की आवाज उठती है तो उसे माओवादी घोषित कर दिया जाता है। विरोध को कुचलने का यही आसान रास्ता है।[17]

सन्दर्भ

1. नन्द चतुर्वेदी, हिंसा का रोमांस, संस्कृति मीमांसा, मार्च-अप्रैल 2009, जयपुर
2. घनश्याम सिंह भाटी 'प्यासा' मोर्चा मानगढ़ 2009, गंगा प्रकाशन बांसवाड़ा, राजस्थान
3. धूणी तपे तीर, हरिराम मीणा, साहित्य उपक्रम, हरियाणा पुलिस अकादमी मधुबन, हरियाणा
4. मधुमति, 119, जनवरी 2009, उदयपुर
5. उपर्युक्त
6. उपर्युक्त
7. जनसत्ता, रविवारी, 3 मई 2009, दिल्ली
8. संस्कृति मीमांसा, हिम्मत नगर, टोंक रोड, जयपुर
9. विपिन बिहारी, भावसिंह हिरवानी व परदेशीराम वर्मा की कहानियाँ 'अरावली उद्घोष'
10. संजीव, गली के मोड़ पे सूना-सा कोई दरवाजा, अरुण पब्लिकेशंस, दिल्ली
11. एल. पी. माथुर गोविन्द गुरु और उनका आंदोलन, जयपुर
12. सृजन संवाद, अंक 9
13. साहस गाथा, 24, वरवर राव, वाणी प्रकाशन, दिल्ली
14. राजेन्द्र यादव, सम्पादक, हंस, अप्रैल 2010
15. इस लड़ाई में सिर्फ हार, दैनिक भास्कर, 20 अक्टूबर 2009
16. पुण्य प्रसून वाजपेयी, 'आन्तरिक सुरक्षा के पेंच, जनसत्ता, 22 अक्टूबर 2009
17. अनिल चमड़िया, कथित विकास और नक्सलवाद, जनसत्ता, 17 अक्टूबर 2009

राष्ट्रपति के नाम चिट्ठी

बी.डी. शर्मा

सेवा में,
राष्ट्रपति, भारत सरकार
नई दिल्ली

विषय : जनजातीय इलाकों में शान्ति स्थापना

महामहिम,

1. विदित हो कि आदिवासी मामलों में अपने आजीवन जुड़ाव के आधार पर (जिसकी शुरुआत सन् 1968 में बस्तर से तब हुई, जब वहाँ संकट के दिन थे और फिर अनुसूचित जाति-जनजाति का अन्तिम आयुक्त (साल 1986-1991) रहने की संवैधानिक जिम्मेदारी) मैं आपको यह पत्र ऐसे संकटपूर्ण समय में लिख रहा हूँ, जब आदिवासी जनता के मामले में संवैधानिक व्यवस्था लगभग ढहने की स्थिति में है। आबादी का यह हिस्सा लगभग युद्ध की-सी स्थिति में फँसा हुआ है और उस पर हमले हो रहे हैं।
2. इस पत्र के माध्यम से मैं आपसे सीधा संवाद स्थापित कर रहा हूँ क्योंकि जनता (और इसमें आदिवासी जनता भी शामिल है) आपको और राज्यपाल को भारत के संवैधानिक प्रधान के रूप में देखती हैं। सम्बद्ध राज्य संविधान की रक्षा-संरक्षा के क्रम में अपने दायित्वों का निर्वहन करते हुए इस बाबत शपथ उठाते हैं। अनुच्छेद 78 के अन्तर्गत राष्ट्रपति के रूप में आपके कई अधिकार और कर्तव्य हैं, जिसमें एक बात यह भी कही गई है कि मंत्रिमंडल और प्रशासन की सारी चर्चा की आपको जानकारी दी जाएगी और यह भी कि आप मंत्रिमंडल के समक्ष मामलों को विचारार्थ भेजेंगे।
3. खास तौर पर संविधान की पाँचवीं अनुसूची के अनुच्छेद 3 में कहा गया है, 'ऐसे प्रत्येक राज्य का राज्यपाल जिसमें अनुसूचित क्षेत्र हैं, प्रतिवर्ष या जब राष्ट्रपति अपेक्षा करे, उस राज्य के अनुसूचित क्षेत्रों के प्रशासन के सम्बन्ध में राष्ट्रपति को प्रतिवेदन देगा और संघ की कार्यपालिका शक्ति का विस्तार

राज्य को उक्त क्षेत्रों के प्रशासन के बारे में निर्देश देने तक होगा।' इस सन्दर्भ में गौरतलब है कि कोई भी फलदाई रिपोर्ट प्रस्तुत नहीं की गई है। आदिवासी मामलों की परामर्श-परिषद (पाँचवीं अनुसूची के अनुच्छेद 4) ने कोई प्रभावी परामर्श नहीं दिया।

4. विधि के अन्तर्गत राज्यपाल इस बात को सुनिश्चि कर सकता है कि संसद या राज्यों द्वारा बनाया गया कोई भी कानून आदिवासी मामलों में सांकेतिक दायरे में अमल में न लाया जाए। मौजूदा स्थिति यह है कि भू-अर्जन और सरकारी आदेशों के जरिये आदिवासी का निर्मम दोहन और दमन हो रहा है। बावजूद इसके, कोई कार्रवाई नहीं की जा रही।

5. दरहकीकत, अगर गृह मंत्रालय के मंतव्य को मानें तो आदिवासी संघीय सरकार की जिम्मेदारी है ही नहीं। गृह मंत्रालय के अनुसार तो संघीय सरकार की जिम्मेदारी केवल राज्य सरकारों की मदद करना है। ऐसा कैसे हो सकता है? संघ की कार्यपालिका की शक्ति का विस्तार पाँचवीं अनुसूची के विधान के अन्तर्गत समस्त अनुसूचित क्षेत्रों तक किया गया है। इसके अतिरिक्त विधान यह भी है कि 'संघ अपनी कार्यपालिका की शक्ति के अन्तर्गत राज्यों को अनुसूचित इलाके के प्रशासन के बारे में निर्देश देगा।

6. आदिवासी जनता के इतिहास के इस निर्णायक मोड़ पर मैं यह कहने से अपने को रोक नहीं सकता कि केन्द्र सरकार आदिवासी जनता के मामले में अपने संवैधानिक दायित्वों का पालन नहीं करने की दोषी है। उसका दोष यह है कि उसने सन साठ के दशक की स्थिति को, जब आदिवासी इलाकों में छिटपुट विद्रोह हुए थे, आज के 'युद्ध की-सी स्थिति' तक पहुँचने दिया। संविधान लागू होने के साथ ही आदिवासी मामलों के प्रशासन के सन्दर्भ में एक नाराजगी भीतर ही भीतर पनप रही थी, मगर सरकार ने इस पर ध्यान नहीं दिया। साठ सालों में केन्द्र सरकार ने इस सन्दर्भ में एक भी निर्देश राज्यों को जारी नहीं किया। राष्ट्र के प्रधान के रूप में इस निर्णायक समय में आपको सुनिश्चित करना चाहिए कि केन्द्र सरकार भौतिक, आर्थिक और भावनात्मक रूप से तहस-नहस, धराशाई और वंचित आदिवासियों के प्रति यह मानकर कि उनकी यह क्षति अपूरणीय है, खेद व्यक्त करते हुए अपनी संवैधानिक जिम्मेदारी निभाए आदिवासियों की इस अपूरणीय क्षति और वंचना समता और न्याय के मूल्यों से संचालित इस राष्ट्र के उज्ज्वल माथे पर कलंक की तरह है।

7. मैं आपका ध्यान देश के एक बड़े इलाके में तकरीबन युद्ध की-सी स्थिति में फँसी आदिवासी जनता के सन्दर्भ में कुछेक महत्त्वपूर्ण बिन्दुओं पर आकर्षित करना चाहता हूँ। आपके एक सुयोग्य पूर्ववर्ती राष्ट्रपति श्री के.

आर. नारायणन ने 26 जनवरी 2001 को राष्ट्र के नाम अपने संदेश में बड़े जतन से उन महत् कानून की तरफ ध्यान दिलाया था, जिन्हें आदिवासी क्षेत्रों की रक्षा के लिए बनाया गया है और जिन कानूनों को अदालतों ने भी अपने फैसले देते समय आधारभूत माना है। श्री नारायणन ने गहरा अफसोस जाहिर करते हुए कहा था कि विकास की विडंबनाओं को ठीक-ठीक नहीं समझा गया है। उन्होंने बड़े मार्मिक स्वर में कहा था कि, 'कहीं ऐसा न हो कि आगामी पीढ़ियाँ कहें कि भारतीय गणतन्त्र को वन-बहुल धरती और उस धरती पर सदियों से आबाद वनवासी जनता का विनाश करके बनाया गया।'

8. कुछेक अपवादों को छोड़ दें तो अपने देश के सत्ताधारी अभिजन अकसर आदिवासियों को गरीब बताकर यह कहते हैं कि उन्हें राष्ट्र की मुख्य धारा में शामिल करना है। यह दरअसल आदिवासी जीवन मूल्यों के प्रति इनकी निर्मम संवेदनहीनता और समझ के अभाव का सूचक है। ऐसा कहकर वे उन सहज लोगों के मर्मस्थान पर आघात करते हैं, जिन्हें अपनी इज्जत जान से भी ज्यादा प्यारी है। ध्यान रहे कि आदिवासी गरीब नहीं हैं। आदिवासी जनता को उसके ही देस में, उस देस में, जहाँ धरती माता ने अपनी इस प्रिय संतान के लिए प्रकृति का भरपूर खजाना लुटाया है, दायवंचित किया गया है। अपनी जीवन्त विविधता पर गर्व करने वाली भारतीय सभ्यता के जगमग ताज में आदिवासी जनता सबसे रुपहला रत्न है।

9. यही नहीं, आदिवासी जनता 'इस धरती पर सर्वाधिक लोकतान्त्रिक मिजाज की जनता' है। राष्ट्र निर्माताओं ने इसी कारण उनकी रक्षा के लिए विशेष व्यवस्था की। पाँचवीं अनुसूची को 'संविधान के भीतर संविधान' की संज्ञा दी जाती है। फिर भी, इस समुदाय का संविधान अंगीकार करने के साथ ही तकरीबन अपराधीकरण कर दिया गया। पुराने चले आ रहे औपनिवशिक कानूनों ने उन इलाकों को भी अपनी जद में ले लिया, जिन्हें संविधान अंगीकार किए जाने से पहले अपवर्जित क्षेत्र (एक्सक्लूडेड एरिया) कहा जाता था। औपनिवेशिक कानूनों में समुदाय, समुदाय के रीति-रिवाज और गाँव-गणराज्य के अलिखित नियमों के लिए तनिक भी जगह नहीं रही। ऐसी विसंगति से उबारने के लिए ही राज्यपालों को असीमित शक्तियाँ दी गई है, लेकिन वे आज भी इस बात से अनजान हैं कि इस सन्दर्भ में उनके हाथ पर हाथ धरकर बैठे रहने से आदिवासी जनता के जीवन पर कितना विध्वंसक प्रभाव पड़ा है।

10. पेसा यानी प्राविजन ऑव पंचायत (एक्सटेंशन टू द शिडयूल्ड एरिया, 1996) नाम का अधिनियम एक त्राणदाता की तरह सामने आया। इस कानून की

रचना आदिवासियों के साथ हुए उपर्युक्त ऐतिहासिक अन्याय के खात्मे के लिए किया गया था। पूरे देश में इस कानून ने आदिवासियों को आंदोलित किया। इस कानून को लेकर आदिवासियों के बीच यह मान्यता बनी कि इसके सहारे उनकी गरिमा की रखवाली होगी और उनकी स्वशासन की परम्परा जारी रहेगी। इस भाव को आदिवासी जनता ने 'मावः नाटे मावा राज' (हमारे गाँव में हमारा राज) के नारे में व्यक्त किया। बहरहाल, आदिवासी जनता के इस मनोभाव से सत्तापक्ष ने कोई सरोकार नहीं रखा। इसका एक कारण रहा सत्ताधारी अभिजन का पेसा कानून की मूल भावना से अलगाव। यह कानून कमोबेश हर राज्य में अपने अमल की राह देखता रहा।

11. आदिवासी जनता के लिए अपने देश में सहानुभूति की कमी नहीं रही है। नेहरु युग के पंचशील में इसके तत्त्व थे। फिर कुछ अनोखे संवैधानिक प्रावधान किए गए, जिसमें आदिवासी मामलों को राष्ट्रीय हित के सवालों के रूप में दलगत संकीर्णताओं से ऊपर माना गया। साल 1974 के ट्रायबल सब-प्लान में आदिवासी इलाकों में विकास के मद्देनजर शोषण की समाप्ति के प्रति पुरजोर प्रतिबद्धता जाहिर की गई। फिर साल 1996 के पेसा कानून में आदिवासी इलाके के लिए गाँव-गणराज्य की परिकल्पना साकार की गई और वनाधिकार कानून (2006) के तहत अदिवासियों के साथ हुए ऐतिहासिक अन्याय के खात्मे का वादा किया गया। तो भी, इन प्रतिबद्धताओं का सबसे दुखद पहलू यह है कि आदिवासियों के साथ किए गए वादों की लम्बी फेहरिश्त में कोई भी वादा ऐसा नहीं रहा जिसे तोड़ा नहीं गया, कई मामलों में तो वादों को तोड़ने की हद हो गई। मैं तोड़े गये वादों की एक फेहरिश्त भी इस सूची के साथ संलग्न कर रहा हूँ

12. वादे टूटते रहे और प्रशासन स्वयं शिकारी बन गया तथा सत्ता पक्ष के शीर्षस्थ आँखें मूँदे रहे। ऐसी स्थिति में वे विस्थापन के कारण उजड़नेवाले आदिवासियों की गिनती तक भी नहीं जुटा सके। इस क्रम में बेचैनी बढ़ी और बलवे लगातार बढ़ते गए। जंगल में रहने वाले जिन लोगों पर अंग्रेज तक जीत हासिल नहीं कर पाए थे, उनके लिए यह राह चुनना स्वाभाविक था। तथाकथित विकास कार्यक्रमों के जरिए आदिवासियों को अपने साथ मिलाने की जुगत एक फ्राँस साबित हुई। ये कार्यक्रम समता के मूल्यों का एक तरह से माखौल थे। गैरबराबरी के खिलाफ विद्रोह का झण्डा उठाने वाले युवाजनों का एक हिस्सा आदिवासियों का साथी बना। साल 1998 में मुझसे इन सहज-साधारण लोगों (आदिवासियों) ने कहा था, 'आस-पास दादा (माओवादी) लोगों के आ जाने से हमें कम से कम दारोगा, पटवारी और फॉरेस्ट गार्ड के अत्याचारों से छुट्टी मिली है।' फिर भी सत्तापक्ष इस बात पर डटा रहा कि

आदिवासी इलाकों में नक्सलवाद की समस्या सिर्फ कानून-व्यवस्था की समस्या है। उसने अपनी इस रटंत में बदलाव की जरूरत नहीं समझी।

13. निष्कर्ष रूप से मेरी विनती है कि आप निम्नलिखित बातों पर तुरन्त ध्यान दें—

(क) केन्द्र सरकार से कहें कि वह आदिवासी जनता के प्रति अपनी विशेष जिम्मेदारी की बात सार्वजनिक रूप से व्यक्त करे।

(ख) आदिवासी इलाकों में तत्काल शान्ति बहाली का प्रस्ताव करे।

(ग) निरन्तर पर्यवेक्षण, पुनरावलोकन और कार्रवाई के लिए ऊपर तक जवाबदेही का एक ढाँचा खड़ा किया जाए, जिस तक पीड़ितों की सीधी पहुँच हो।

(घ) एक साल के अन्दर-अन्दर उन सारे वायदों का पालन हो, जो आदिवासी जनता के साथ किए गए और जिन्हें राज्य ने तोड़ा है।

(च) पेसा कानून के अन्तर्गत स्थानीय जनता की मंजूरी के प्रावधान का पालन दिखाने के लिए जिन मामलों में बलपूर्वक, धोखे-छल या फिर किसी अन्य जुगत से स्थानीय जनता की मंजूरी हासिल की गई। और फैसले लिए गए उन फैसलों को पलटा जाए और उनकी जाँच हो।

(छ) मौजूदा बिगड़े हालात के समग्र समाधान के लिए व्यापक योजना बने, और

(ज) उन इलाकों में से कुछ का आप दौरा करें, जहाँ संवैधानिक व्यवस्था पर जबर्दस्त संकट आन पड़ा है।

सादर,

आपका विश्वासी

बीडी शर्मा

प्रति

श्री मनमोहन सिंह,

प्रधानमंत्री,

भारत सरकार

मार्क्सवाद और अहिंसा

राजकिशोर

मार्क्सवाद और अहिंसा पर कम विचार हुआ है तो इसीलिए कि मार्क्सवाद और हिंसा पर जरूरत से ज्यादा विचार हुआ है। इसमें कोई सन्देह नहीं कि समाज विज्ञान के क्षेत्र में हिंसा की सबसे सटीक व्याख्या मार्क्सवाद ने ही की है। यह अब जाकर खुला है कि हिंसा के कुछ जैविक स्रोत भी हैं। यही कारण है कि जिन प्रजातियों में निजी सम्पत्ति और राज्य नाम की संस्थाएँ नहीं पनप सकी हैं, उनमें भी हिंसा-प्रतिहिंसा दिखाई देती है। लेकिन मानव समाज में हिंसा के इस स्रोत से मुठभेड़ तभी की जा सकती है, जब सामाजिक ढाँचे के कारण उत्पन्न होने वाली हिंसा को समाप्त किया जा सके। जिस ईसाई संत ने कहा था कि सभी प्रकार की निजी सम्पत्ति चोरी है। उसने मार्क्सवाद के इस आधारभूत विश्लेषण की राह प्रशस्त कर दी थी कि राज्य तभी तक है जब तक निजी सम्पत्ति बची हुई है। सम्भव है राज्य अनिवार्य हो और इस अनिवार्यता के गैर-आर्थिक कारण भी हों, क्योंकि मनुष्य सिर्फ आर्थिक प्राणी नहीं है। लेकिन यह मानने में कोई तथ्यगत दिक्कत दिखाई नहीं देती कि राज्य की एक बड़ी उपयोगिता उत्पादन के साधनों पर एक अल्पसंख्यक वर्ग के नियंत्रण को असामाजिक हिंसा को बनाए रखना और इस हिंसा का प्रतिकार करने के लिए तो सामाजिक हिंसा की जा सकती है, उसे रोकने की है। राज्य हिंसा पर आधारित है, यह तो कोई भी देख सकता था। लेकिन राज्य इसलिए है कि समाज व्यवस्था हिंसा पर टिकी हुई है, यह बताकर मार्क्सवाद ने सभी को चौंका दिया था। मार्क्सवाद की इस आधारभूत देन का ही नतीजा है कि आज हम वहाँ भी—मसलन, विवाह और परिवार में—हिंसा को देख पा रहे हैं जहाँ पहले सिर्फ ममता दिखाई पड़ती थी।

हिंसा सिर्फ पुलिस और सेना नहीं करती, वह सम्बन्धों में भी बुनी हुई हो सकती है, काम करने वाले और काम कराने वाले के बीच प्रच्छन्न रूप से निहित हो सकती है—यह दिखाकर मार्क्सवाद ने मानवता की जितनी बड़ी सेवा की है, उससे कुछ कम कुसेवा मार्क्सवादियों ने यह भ्रम फैला कर नहीं की है कि हिंसा का जवाब हिंसा

से ही दिया जा सकता है। मार्क्सवाद में सर्वहारा वर्ग को हिंसा का सहारा लेने की शिक्षा कहीं नहीं दी गई है। कम्युनिस्ट पार्टी के मेनिफेस्टो की शुरुआत इस पंक्ति से होती है : 'अभी तक के सभी समाजों का इतिहास वर्ग संघर्षों का इतिहास है।' यहाँ 'वर्ग युद्ध का प्रयोग नहीं किया गया है। 'वर्ग संघर्ष' में हिंसा शामिल हो सकती है, पर वह अनिवार्य नहीं है। अगले अनुच्छेद में 'फाइट' का इस्तेमाल हुआ है, लेकिन इस शब्द का प्रयोग तो महात्मा गांधी भी करते थे। उनकी पंक्ति हैः 'अस्पृश्यता से मेरी लड़ाई' (फाइट) मानवता में अशुद्धि से लड़ाई (फाइट) है।' अर्थात् 'फाइट' में भी हिंसा आवश्यक नहीं है। प्रत्येक संघर्ष (या लड़ाई) हिंसक ही होता है—यह समझ मार्क्सवाद की नहीं है, मार्क्सवादियों की है, जिसका नतीजा यह निकला कि मार्क्सवाद पूरी तरह से कमजोर लोगों का हथियार नहीं रह गया।

कोई भी स्थापित सत्ता अनुनय-विनय से अपना स्थान नहीं छोड़ती, शोषित वर्गों के प्रति करुणा से द्रवित होकर अपना स्थान नहीं छोड़ती—यह बिना कहे भी समझा जा सकता है। शोषक वर्ग का कोई एक व्यक्ति ऐसा कर सकता है, जैसा कि अनेक कारखानेदारों ने अपने कारखानों का स्वामित्व मजदूर वर्ग में बाँटकर दिखा दिया है। लेकिन, जैसा कि कहा गया है, एक-दो बूँद पानी गिरने को बरसात नहीं कहते, न ही अकेला चना भाड़ फोड़ सकता है। सामन्तवाद या पूँजीवाद में सवाल किसी व्यक्ति का होता भी नहीं है; कुछेक व्यक्तियों से इतनी आधारभूत व्यवस्थाएँ न तो बनती हैं और न टूट सकती हैं।

मामला जब वर्गों का हो, तब वर्ग स्तर पर ही कोई कार्रवाई हो सकती है। यह अच्छी तरह समझते हुए भी कार्ल मार्क्स ने इतना ही कहा कि हिंसा क्रान्ति की दाई (मिडवाइफ) है। कोई भी नया जीव अपनी मातृ-इकाई के साथ कुछ हिंसा करते हुए ही दुनिया में आता है। दाई का काम यह है कि वह प्रसव में सहायता करे; उसे कम से कम तकलीफदेह बनाए और नवागत शिशु को कोई क्षति न पहुँचने दे। लेकिन प्रसव के पहले और प्रसव के बाद दाई की भूमिका समाप्त हो जाती है। माँ स्वस्थ और समझदार हो, तो शायद दाई भी जरूरी नहीं रह जाती। इस रूपक को ज्यादा नहीं खींचना चाहिए, क्योंकि कोई भी रूपक वास्तविक जीवन स्थितियों का पूरा प्रतिनिधित्व नहीं कर सकता। फिर भी, मार्क्स का यह रूपक बताता है कि वे कम्युनिस्ट क्रान्ति में हिंसा की कोई बहुत बड़ी भूमिका नहीं देखते थे। यह क्रान्ति मूलतः अहिंसक ही हो सकती है; हिंसा की जरूरत पड़ी तो वह ज्यादा से ज्यादा सत्ता परिवर्तन की निर्णायक घड़ी में पड़ेगी—न उसके पहले और न उसके बाद।

इसलिए माओ की यह उक्ति हमेशा संदिग्ध रहेगी कि सत्ता बन्दूक की नली से निकलती है। बेशक बन्दूक की नली से जो निकलती है, वह सत्ता ही है। लेकिन कोई कम्युनिस्ट व्यवस्था अगर बन्दूक की ताकत से कायम होती है और उसी के

बल पर चलती है, तो इसमें पूरा सन्देह है कि वह कम्युनिस्ट सत्ता है भी या नहीं, और शुरू में हुई भी, तो आगे भी ऐसी ही रह सकेगी। बहुत-से लोगों का मानना है कि सोवियत संघ इसलिए विघटित हुआ क्योंकि वहाँ बहुत ज्यादा आजादी दी गई। यह सोवियत व्यवस्था के विघटन की सैन्यवादी व्याख्या है। वह स्वीकार करने के ज्यादा ठोस कारण है कि सोवियत व्यवस्था इसलिए नष्ट हो गई क्योंकि उसमें बहुत कम आजादी थी या नहीं के बराबर आजादी थी। जिस व्यवस्था में आजादी जितनी कम होती है, वह उतनी ही हिंसक होती है। आन्तरिक स्वतन्त्रता के अभाव में ही सोवियत व्यवस्था में आत्म-परीक्षण और आत्म-संशोधन की गुंजाइश कम से कम होती गई। वह न अपनी गलतियों से सीख पाई और न उन्हें सुधार सकी। आतताई व्यवस्थाओं को अपने को चलाने के लिए प्रत्यक्ष या प्रच्छन्न हिंसा की जरूरत होती है। कम्युनिस्ट व्यवस्था तो अपने लोगों के लिए ज्यादा से ज्यादा अहिंसक होकर ही सफल और टिकाऊ हो सकती है। जब तक एक देश में समाजवाद है, उसे अपनी रक्षा के लिए समुचित हिंसा की तैयारी करनी ही पड़ेगी, किन्तु यह तैयारी शत्रु देशों के विरुद्ध होगी, न कि अपने ही नागरिकों के विरुद्ध।

अहिंसा के बजाय हिंसा पर जोर देने के दो बुरे नतीजे निकले। एक नतीजा यह निकला कि जिन्हें हम मार्क्सवादी के नाम से जानते हैं, उनका व्यक्तित्व आम तौर पर गुस्सैल, रूखा और चिड़चिड़ा होता है। वे अपने लोगों के बीच और समाज में प्रेम का सुन्दर वातावरण नहीं, आतंक की गरिष्ठ लहरें पैदा करते हैं। कोई वजह नहीं कि सेनापति या सैनिक का चेहरा भी खूँखार हो। यह विषादपूर्ण हो सकता है, क्योंकि मरना-मारना कोई प्रिय या खुशनुमा गतिविधि नहीं हो सकती। बन्दूक उठानी ही पड़े, तो वह एक ग्लानिपूर्ण काम ही होना चाहिए। क्रूरता लुत्फ लेने की चीज नहीं है। यह अच्छे से अच्छे लड़ाके को भी नीच बना देती है। और जो वर्ग संघर्ष में लगा हुआ है या अपने को वर्ग संघर्ष में लगा हुआ मानता है, वह अगर हिंसा का—यानी क्रान्तिकारी हिंसा का—समर्थन करता भी है, तो व्यापक मानवीय प्रयोजनों के लिए ही ऐसा करता है। उसका चेहरा एक शान्त, ममतालु, अहिंसक चेहरा ही हो सकता है, जिस पर संस्कृत की यह कहावत लागू की जा सके: कुसुम से भी कोमल और वज्र से भी कठोर। यहाँ वज्र की कठोरता कुसुम की कोमलता की रक्षा करने के लिए है, न कि उसे नष्ट करने के लिए। लेकिन हुआ यह कि मार्क्सवादी चेहरों की स्वाभाविक मानवीय ऊष्मा भाप की तरह उड़ गई और उसका स्थान एक प्रकार की गरिष्ठता और भावविहीनता ने लिया।

दूसरा नतीजा और भी गम्भीर था। मार्क्सवादी चूँकि सिद्धान्ततः हमेशा युद्ध की ही मुद्रा में होता है, इसलिए उसका सारा व्यवहार युद्धक मानसिकता से परिचालित होता है। हर जगह षड्यंत्र देखना, सभी पर शक करना, अपने लोगों को यूथबद्ध बनाए रखना, जिनसे कोई लड़ाई नहीं है उन्हें भी शत्रु समझना, साधनों पर कब्जा

करना, हमेशा 'हम बनाम वे' की मनःस्थिति में रहना और सबसे बढ़कर, सभी के साथ छल करना। जॉर्ज बुश ने हाल में कहा है कि जो हमारे साथ नहीं है, वह हमारा दुश्मन है। मार्क्सवादी तो इस सिद्धान्त पर अरसे से चलते आ रहे हैं और आज भी चल रहे हैं। पता नहीं किस गधे ने कह दिया कि प्रेम और युद्ध में सब कुछ जायज है। प्रेम की मैं नहीं जानता, युद्ध में सब कुछ जायज उनके लिए होता होगा जो किसी निहित स्वार्थ की रक्षा के लिए या दूसरों का हक मारने के लिए युद्ध करते हैं। नादिरशाह, तैमूर लंग, हिटलर और जॉर्ज बुश के लिए युद्ध की नैतिकता का कोई अर्थ नहीं है। लेकिन कोई भी मार्क्सवादी वर्ग संघर्ष के दौरान अव्वल तो हिंसा करेगा ही नहीं और करनी ही पड़ जाए, तो न्यूनतम जरूरी हिंसा से एक कतरा भी ज्यादा हिंसा नहीं करेगा। निःसन्देह मार्क्सवादी का आतंक एक अहिंसक आतंक होता है, वर्ग अतांक होता है और अंततः नैतिक आतंक होता है। इस आतंक के शब्दकोश में रणनीति और रणकौशल जैसे शब्दों के लिए कोई जगह नहीं हो सकती। रणनीति और रणकौशल की जरूरत सामन्तवादी और पूँजीवादी को पड़ती है, जो समुदायवादी (कम्युनिस्ट का यह हिन्दी अनुवाद शायद सर्वोत्तम है) मूल्यों की प्रगतिशील पुनःस्थापना के प्रति प्रतिबद्ध है, वह गोपन ढंग से कुछ भी नहीं कर सकता। वह जितना खुला होगा, उतना ही असरदार होगा।

इतिहास की शिक्षा भी यही है कि अहिंसक संघर्ष हिंसक संघर्ष की तुलना में ज्यादा गम्भीर, टिकाऊ और जन-समावेशी होता है। हिंसा की तैयारी में कभी भी व्यापक जनता को शामिल नहीं किया जा सकता। अहिंसा के खेल में सभी बच्चे शामिल हो सकते हैं—महिलाएँ भी और बच्चे भी। हिंसा की तैयारी में एक तरह का व्यक्तित्व बनता है और अहिंसा की तैयारी में दूसरी तरह का। क्रान्ति के बाद अहिंसक व्यक्तित्व ज्यादा उपयोगी होंगे। विचारणीय यह भी है कि मार्क्स-एंगिल्स के समय से आज राजसत्ताएँ सैनिक दृष्टि से जितनी मजबूत हो चुकी हैं, उसे देखते हुए आधुनिक समय में हिंसक क्रान्ति की सम्भावना कितनी वास्तविक हो सकती है। बहरहाल, कोई काम कठिन है, इसलिए उसका बीड़ा उठाने से डरना कायरों का स्वभाव है। यहाँ हमारा प्रस्ताव यह है कि किसी कार्रवाई के पीछे अगर जनता का बल है तो उसमें हिंसा की जरूरत होनी ही नहीं चाहिए। बल्कि कोशिश यह करनी होती है कि स्वतःस्फूर्त हिंसा को कैसे रोका जाए। मार्क्सवाद अगर सुसंस्कृत चित्त की उच्चतम अवस्था है तो अहिंसा से इसका बहुत अंतरंग रिश्ता होना चाहिए।

लालगढ़ पर एक बहस

लालगढ़ में जारी आंदोलन ने कई चीजों को जन्म दिया है। इसने जन आंदोलन को एक ऐसे ऊँचे स्तर पर पहुँचाया है, जहाँ विभिन्न रूपों में राज्य के दमन के खिलाफ चल रहा आंदोलन आदिवासी भाषा तथा लिपि के विकास, जनोन्मुखी विकास के एक नए मॉडल तथा 'औद्योगीकरण' के नाम पर जारी स्थानीय प्राकृतिक संसाधनों की लूट-खसोट और उन्हें देशी-विदेशी बड़े पूँजीपतियों के हाथों सौंपे जाने के खिलाफ निर्णायक लड़ाई से जुड़ गया। यह ऐतिहासिक आंदोलन अपनी प्रकृति में कई तरह के विवादों को भी ग्रहण किए हुए है; इसमें माओवादियों के शामिल होने, पुलिस अत्याचार विरोधी जनसाधारण समिति और माओवादियों के बीच के रिश्ते तथा इस आंदोलन के विकास के विभिन्न चरणों में शामिल नागरिक समाज तथा जनता के विभिन्न हिस्सों द्वारा महसूस की जा रही समस्याओं की प्रकृति के बारे में काफी विवाद है। इस बारे में कोलकाता से निकलने वाले दैनिक समाचार पत्रों में कई आलेख छपे हैं जो अन्य राज्यों में लोगों को उपलब्ध नहीं हैं। ये बहसें अपनी विषयवस्तु में मजबूत हैं, अतः हमने सोचा कि तर्कों और प्रति-तर्कों को जितने लोगों तक सम्भव हो सके, पहुँचाया जाए। लोकतन्त्र की कार्यप्रणाली, गलत धारणाओं को ठीक करने तथा किसी दृष्टिकोण को निर्मित करने/बदलने/सुधारने/ठोस करने में ये बहसें बहुत अच्छी हैं। हमने तीन आलेखों को चुना है। ये सभी खुले पत्र तथा प्रतिक्रियाओं के रूप में आए हैं। पहला आलेख 'माओवादियों के नाम एक खुला खत' शीर्षक से पश्चिम बंगाल के जाने-माने नागरिक अधिकार कार्यकर्ता सुजातो भद्र का है। दूसरा और तीसरा उसके जवाब में है। दूसरा 'जंगल महल से जवाब' शीर्षक से माओवादियों के सर्वाधिक चर्चित नेता किशनजी का है और तीसरा लेख 'हिंसा तथा अहिंसा' शीर्षक से जादवपुर विश्वविद्यालय, कोलकाता में इतिहास के प्रोफेसर तथा मानवाधिकार कार्यकर्ता अमित भट्टाचार्या का है। ये सारे आलेख बांग्ला दैनिक *'दैनिक स्टेट्समैन'* में प्रकाशित हुए थे। पहला 26 सितम्बर 2009 को छपा तथा दूसरा और तीसरा 10 अक्टूबर 2009 के एक ही संस्करण में प्रकाशित हुआ। मूल बांग्ला से अनूदित अंग्रेजी आलेखों का यह हिन्दी अनुवाद है। अंग्रेजी के ये आलेख 'रेडिकल नोट्स' नामक पोर्टल से साभार लिए गए हैं।

माओवादियों के नाम एक खुला खत

सुजातो भद्र

यह लेखक पश्चिम बंगाल में कुछ दशकों से नागरिक अधिकार/मानवाधिकार आंदोलन से जुड़ा भारत का नागरिक है। आप लोगों को मालूम ही होगा कि इस राज्य में आपकी सशस्त्र गतिविधियों तथा उसे आधार बनाकर राज्य द्वारा छेड़े गए भयंकर हिंसक तथा निर्दय दमन ने एक बहस खड़ी की है।

जैसा कि आप जानते हैं, पिछले नवम्बर (2008) में लालगढ़ सहित जंगल महल में जारी पुलिस दमन तथा आतंक के खिलाफ नागरिक समाज मुखर हुआ था। पुलिस दमन विरोधी जनसाधारण समिति द्वारा रखे गए माँग पत्र को नागरिक समाज तथा कई संगठनों को पूरा-पूरा समर्थन मिला था। जून 18 के बाद जो कुछ घटित हो रहा था, उसके बारे में नागरिक समाज सचेत था; संयुक्त बलों द्वारा किए जा रहे दमन के बारे में इसने हर समय अपनी आवाज उठाई; संयुक्त बलों की वापसी की माँग उठाई तथा सरकार से सभी दलों से बातचीत करने की माँग की। हमने (राज्य द्वारा) आपके संगठन पर 'आतंकवादी' का ठप्पा लगाने का पुरजोर विरोध किया। नागरिक समाज का एक असहमत हिस्सा गैर कानूनी गतिविधि निरोधक अधिनियम को भी हटाने की प्रबलता से माँग कर रहा था। संक्षेप में, नागरिक समाज राज्य-दमन तथा आतंक को एक क्षण के लिए भी बर्दाश्त करने की स्थिति में नहीं है। हममें से अधिकतर 'विस्फोटक स्थिति' जैसे नमूने के कोई पक्षधर नहीं है।

हमारे प्रतिरोध का मूल आधार लोकतान्त्रिक मूल्यों के प्रति हमारी निष्ठा, मानवतावाद तथा नैतिकता से उत्पन्न चेतना है। हम मानते हैं कि ऐसे तत्त्व वर्गीय दृष्टिकोण से निर्देशित राजनीति के भी अंग तथा मूल्य होने चाहिए। यही वे विचार हैं जिनके कारण मुझे लगता है कि आपकी कुछ गतिविधियों में तार्किक चिन्तन की कमी है। यहाँ तक कि कुछ घटनाएँ हमारी चेतना पर भी चोट करती हैं और हमें दर्द पहुँचाती हैं।

आपकी पार्टी पहले भी ऐसे सवालों का सामना करती रही है। आपने आन्ध्र प्रदेश के 'चिन्तित नागरिकों' को खुले पत्र द्वारा जवाब दिया था। मैंने कुछ प्रसिद्ध लोगों (जैसे रामचन्द्र गुहा तथा अन्य) द्वारा उठाए गए (छत्तीसगढ़ केन्द्रित) सवालों पर आपके जवाबों को भी देखा है। उस समय भी आप लोग भूमिगत पार्टी के रूप में काम कर रहे थे। हाल में, घोषित प्रतिबन्धों तथा दमनकारी काले कानूनों की वजह से स्थितियाँ निःसन्देह आप लोगों के लिए और कठिन हो गई हैं।

अब हमारे पास कोई कानूनी जगह नहीं है जहाँ से हम आपके विचारों को जान सकें और उनका अपनी तरफ से जवाब दे सकें। हम इस तथ्य की सराहना करते हैं कि ऐसे राज्य दमन तथा घुटन भरे वातावरण का सामना करते हुए भी आप लोग

खड़े हैं। आपके आक्रोश को समझते हुए भी, आपकी कुछ गतिविधियों पर मुझे सन्देह है। मैं उन चीजों को, आप लोग जिन कठिन स्थितियों में हैं उनका खयाल रखते हुए, सामने रख रहा हूँ। आप लोगों से विनम्र आग्रह है कि इनका (आलोचनात्मक और मुश्किल निरीक्षणों का) जवाब देंगे।

आपके 'माओवादी हिंसा' नामक एक लीफलेट में कहा गया है– '...हिंसा का दृष्टिकोण वर्गीय होता है, यह कभी तटस्थ नहीं होती...सिर्फ़ सशस्त्र संघर्ष और जन-युद्ध ही जनता के जनवादी संघर्षों का विकास तथा विस्तार करेगा....हमारा काम हिंसक नहीं है, हिंसा को खत्म करने के लिए यह जनता की हिंसा है जो जन युद्ध का हिस्सा है।' (18.7.2009)

मैं इस राजनीतिक नजरिए का पक्षधर नहीं हूँ। एक वैकल्पिक राजनीतिक दृष्टिकोण के आधार पर मैं इसका विरोध भी नहीं कर रहा हूँ। इसके प्रतिकूल, मैं अपने आपको आपकी तार्किक संरचना में रखकर सवाल उठाऊँगा : कोई हिंसा की धारणा पर बातचीत कर सकता है और इसे एक सैद्धान्तिक धरातल पर लागू करेगा; क्रियान्वयन के वक्त इसमें समस्याएँ खड़ी हो सकती हैं और इससे निश्चित तौर पर एक सामाजिक प्रभाव जन्म लेता है। इसका सम्बन्ध लालगढ़ तथा अन्य लोकतान्त्रिक आंदोलन के समर्थकों के बीच उपजी गहन प्रतिक्रियाओं से है।

सिर्फ आप लोग ही क्यों, समूचे युग में ऐसे कई दार्शनिक हुए हैं जिन्होंने स्पष्टतः कहा है कि न्याय की स्थापना सिर्फ हिंसा के सहारे ही की जा सकती है। उदाहरण के लिए, सार्त्र ने लिखा है, 'हिंसा स्वीकार्य है क्योंकि सभी महान् बदलाव हिंसा पर आधारित रहे हैं।' (द आफ़्टरमथ ऑफ वार, पृ. 35) वे यह जोड़ना भूल गए कि इतिहास ने खुद साबित किया है कि हिंसक साधनों के द्वारा गढ़ा गया समाज ज्यादा समय तक नहीं टिक पाया। हिंसा के द्वारा कुछ अच्छा भी हासिल किया जा सकता है इसमें भी भारी सन्देह है। यह अवधारणा कि 'साध्य साधन को न्यायनिर्णीत साबित करेगा'। न्याय तथा नैतिकता की धारणा को खारिज करती है; और परिणाम यह होता है कि 'साधन साध्य पर भारी पड़ता है।'

आपने बड़ी ही तरल शब्दावली में घोषित किया है कि क्षेत्र (जंगल महल) की जुझारू जनता ने सीपीआई (माओवादी) के नेतृत्व में जन अदालत लगाई और उन लंपट तत्त्वों (सीपीएम के हरमदों) को वो सजा दी, जिसके पुलिस मुखबिर होने के नाते वे पात्र थे। (प्रेस विज्ञप्ति, 16.08.09)

हमारा विरोध यहाँ इस मृत्यु दण्ड के सवाल पर है। पूरी दुनिया में भारत समेत कई लोगों तथा नागरिक अधिकार संस्थाओं ने मृत्यु दंड (कानूनी हत्या) के अन्ततः उन्मूलन के लिए एक जनमत तैयार किया। परिणामस्वरूप, दुनिया के अधिकतर देशों (224 देश) में मृत्यु दंड को खत्म कर दिया गया। इसका कारण यह है कि यह प्रचलन बर्बर तथा क्रूर है। सर्वोपरि, यह किसी रोकथाम/निवारक के रूप में भी

काम नहीं करता। सर कलम करना दोषी को अपने आपको सुधारने का मौका नहीं देता। इतना ही नहीं, निर्णय में किसी चूक की भी संभावना हो सकती है। दंडित करने के बाद अगर यह पाया जाता है कि सजायाफ्ता व्यक्ति निर्दोष था तो कोई भी उसका जीवन नहीं लौटा सकता। प्रतिकूलतः ऐसी हिंसक सजाएँ समाज को और अमानवीय तथा और हिंसक बनाती हैं। बहुत समय पहले, टाम पेन ने कहा था, 'आदमी अपनी प्रकृति से हिंसक नहीं होते, वे राज्य द्वारा इस्तेमाल किए गए क्रूर तरीकों को सिर्फ पुनः आजमाते हैं।' हम राज्य द्वारा इस्तेमाल में किए जाने वाले इन क्रूर तरीकों का प्रबल विरोध करते हैं। साथ ही साथ, हम यह भी कहते हैं कि इस असमान तथा वंचित समाज में शोषित लोगों के बीच अगर 'आँख के बदले आँख' या 'जीवन के बदले जीवन' जैसी धारणाओं ने जड़ें जमा लीं तो जनता की ओर से हिंसक मानसिकता का भयंकर विस्फोट होगा; अभी यही हो रहा है। आप लोग सामाजिक रूपान्तरण के लिए संघर्ष करने वाले सर्वोच्च तत्त्वों का प्रतिनिधित्व करते हैं। नेतृत्वकारी दस्ते के रूप में आपकी क्या भूमिका होनी चाहिए? आप हिंसक भावनाओं को बढ़ावा देंगे, या सर्वोच्च लोकतान्त्रिक भावनाओं का विस्तार करेंगे और उस रास्ते पर चल रहे अपने से प्रभावित लोगों को दिशा-निर्देश देंगे?

'जन' अदालत का सांगठनिक ढाँचा क्या है? क्या यही कि आरोप लगाने वाले ही न्यायाधीश हैं और कलम करने वाले भी वे खुद ही हैं? यह याद करना जरूरी होगा कि राज्य द्वारा स्थापित की गई न्यायिक व्यवस्था में कुछ निश्चित मान्य चरण होते हैं, न्यायिक प्रक्रियाएँ होती हैं, नियमित और अलग से व्यवस्थित न्यायिक संरचना होती है, उच्च न्यायालयों में अपील करने का अधिकार होता है और राष्ट्रपति के हाथों क्षमादान का अधिकार होता है। इन सबके बावजूद, हम वैधानिक हत्या की व्यवस्था के उन्मूलन की माँग करते हैं। अतः हम कैसे और किन लोकतान्त्रिक, मानवाधिकारों अथवा न्यायसंगत मुकदमे के मूल्यों के अन्तर्गत ऐसी 'जन अदालतों' के मुकदमों तथा सजा देने के फैसले को स्वीकार कर लें?

जम्मू और कश्मीर तथा उत्तर-पूर्व में सशस्त्र बल सोचते हैं कि वहाँ रहने वाले सभी लोग 'सन्देहास्पद' हैं; वे 'सभी पर सन्देह करो' के नारे के साथ बड़ी होर्डिंग्स टाँगते हैं। क्या आप भी उसी तरह नहीं कर रहे हैं? आपके निर्णय में प्रत्येक सीपीएम समर्थक या व्यक्ति हरमद गैंग का अंग है और छद्म रूप में पुलिस बल के लिए काम कर रहा है। जब तक वे जनता के सामने आत्म-समर्पण नहीं कर देते, तब तक उन्हें मौत की सजा दी जाएगी। ऐसे तरीके आपकी सत्ता के लिए जरूरी होंगे, लेकिन ये मूल्यों की भावना से रहित हैं। आप लोगों ने कई 'मुखबिरों' को मृत्यु दण्ड दिए हैं; कोई नहीं जानता कि अभी और कितनों का ऐसा ही हश्र होगा जब तक कि बाकी लंपट लोग जनता के आगे आत्मसमर्पण नहीं कर देते। यह इसलिए क्योंकि सब कुछ इस पर निर्भर करता है कि इस बारे में आप क्या सोचते हैं। आपने

कहा है : 'उन लंपटों को खुला छोड़ देने का मतलब संघर्षशील तथा क्रान्तिकारी जनता को संयुक्त बलों के हाथों सौपना होगा।' (प्रेस विज्ञप्ति, 16.08.09) मनोवैज्ञानिक क्रिस्टोफर बोलास ने जो कहा है उसके प्रकाश में देखिए, 'जब हत्यारा किसी को मारता है तो प्रत्येक समय यह उसकी ही मौत होती है जिसे वह टालता है।' इसका मतलब है कि ऐसे आक्रमण भय तथा आशंका के चलते होते हैं। सवाल है कि अगर उस क्षेत्र में आपका सामाजिक आधार है, तो मुखबिरों को सामाजिक तौर पर अलग-थलग कर देना सम्भव है। दूसरी तरफ, अगर आपके राजनीतिक विरोधी विचारधारात्मक संघर्ष करते हैं, और ऐसे ठप्पा लगाकर आप उन्हें शारीरिक रूप से खत्म कर देते हैं, तो इससे स्पष्ट प्रतीत होता है कि आप लोगों की गतिविधियों में कहीं प्रचंड 'अतार्किकता' का समावेश है। यथार्थ में, लालगढ़ मृत्यु की घाटी हो गया है, और वहाँ से मौत का सन्देश चारों तरफ घूम रहा है। क्या जासूसों/गुप्तचरों से लड़ने के लिए उन्हें मारने के अलावा और कोई रास्ता नहीं है? आप लोगों के नेतृत्व में उन मुखबिरों को पर्दाफाश करने के लिए लोग क्या कोई तरीका नहीं अपनाते? मार्क्स ने गुप्तचरों का पर्दाफाश करने के लिए *दास कैपिटल* को लिखना छोड़ *हेर वोग्ट* नामक एक पूरी किताब ही लिख डाली थी। और माओ तो इनमें से कुछ ही को खत्म करने के पक्ष में थे।

ऐसे मामलों में, प्रचार और पर्दाफाश करने की कोशिश जहाँ एक तरफ कोई नकारात्मक सामाजिक प्रतिक्रिया नहीं उत्पन्न करेगी, वहीं दूसरी ओर, राज्य आपको खत्म करने की न सिर्फ़ किसी गैर-कानूनी कोशिश में बल्कि सामाजिक तौर पर भी सक्षम नहीं हो पाएगा। अगर यह नहीं किया जाता है, तो हम एक भयंकर स्थिति का सामना करेंगे : अचलायमान, उसी तरह के मानव जन होंगे। हिंसा, प्रति-हिंसा, दमन तथा प्रति-आक्रमण से ग्रस्त स्थितियों में लोकतान्त्रिक लोगों को गोलबन्द करना और प्रतिरोध की आवाज बुलन्द करना सम्भव नहीं होगा। हम जो तीसरी शक्ति (जो न तो राज्य के साथ हैं और विचारधारात्मक आधारों पर न तो आपके साथ) से ताल्लुक रखते हैं, अपने आपको असहाय स्थितियों में पाएँगे। एक विकल्प के रूप में, लालगढ़ में निर्मम राज्य दमन के खिलाफ लोकतान्त्रिक आंदोलनों को एकताबद्ध कर एक तूफान खड़ा करने में हम सक्षम थे, तभी तो हमने यह पाया कि हम नागरिक समाज के लोग, जो लोकतान्त्रिक भावनाओं से ओतप्रोत तथा सिंगुर तथा नन्दीग्राम में मिले सबक से प्रेरित हैं, शक्तिशालियों पर कमजोरों की विजय सुनिश्चित कर सकेंगे। प्रारम्भिक दौर (नवम्बर 08 से जून 09) में यह विजय निश्चित तौर हासिल हुई थी।

आप लोगों ने कुछ प्रसिद्ध लोगों के बारे में अपना निर्णय करते हुए उन्हें मृत्यु दण्ड देने का फैसला किया है। जैसा कि आपने कहा है, यह जनता की माँग थी। सालबनी विस्फोट में मुख्य मंत्री को जान से मारने की कोशिश की गई। यह सच

है कि मुख्य मंत्री जनसंहार का आरोपी है। यह भी सच है कि नन्दीग्राम में 14 मार्च के संहार के बाद पोस्टर और तख्तियों द्वारा 'मुख्य मंत्री को फाँसी दो' की माँग की गई थी। लेकिन हम सभी महसूस करते हैं कि ऐसा भयंकर गुस्सा तात्कालिक व्यथित भावनाओं की उपज था। लेकिन अगर उसे मारने के लिए इसे जनता की गम्भीर और तार्किक माँग के रूप में व्याख्यायित किया जाता है, तो, मैं कहने के लिए बाध्य हूँ, कि यह पूरी तरह बचकाना है। किसी पर 'तानाशाह' का ठप्पा लगा कर उसे मारने की कोशिश करना बेतुका और अराजक दर्शन का प्रतीक है। हमें ध्यान रखना चाहिए कि अराजकतावादी दर्शन को नकारकर मार्क्सवाद का दर्शन पूरी दुनिया में स्थापित हुआ है। मार्क्सवाद से लेकर माओवाद तक में दार्शनिक तथा सैद्धान्तिक स्तर पर कभी ऐसे व्यक्ति-केन्द्रित आक्रमणों को स्थापित किया गया हो, मेरी जानकारी में ऐसा नहीं है।

माओ त्से-तुंग के पसन्दीदा सैन्य रणनीतिकार कार्ल वॉन क्लॉजेवित्ज ने लिखा है, राजनीति की तरह, युद्ध का भी एक विशेष उद्देश्य होता है; लेकिन वहीं युद्ध उस समय राजनीति का निषेध करता है; सम्बन्धित पार्टियाँ अपने सैन्य बलों को परेड कराने में व्यस्त हो जाती हैं। युद्ध और उन्मूलन विध्वंस को जन्म देते हैं, लेकिन ऐसा विध्वंस न सिर्फ दुश्मन का होगा, बल्कि यह आपके पक्ष को भी कुछ नुकसान पहुँचाएगा। और इस युद्ध का कोई अन्त भी नहीं है।'

दोस्त और दुश्मन हमेशा एक दूसरे को दुष्ट शक्तियाँ ठहराते आए हैं। सवाल है कि दुष्टों से छुटकारा पाने के लिए हम खुद उसकी ताकत से प्रभावित हो जाते हैं। हमें एक चेतावनी के महान् सन्देश को नहीं भूलना चाहिए : 'जो लोग राक्षसों से लड़ते हैं, उन्हें यह ध्यान रखना चाहिए कि इस प्रक्रिया में कहीं वे खुद राक्षस न बन जाएँ (अच्छाई और बुराई से परे)।' प्रति-हिंसा, प्रति-आक्रमण—यह सभी मानव जाति की स्वाभाविक प्रतिक्रियाएँ हैं। इनके लिए किसी विशेष दर्शन की आवश्यकता नहीं होती। दर्शन, दूसरी ओर, तार्किक चिन्तन के साथ ऐसी प्रतिक्रियाओं को रोक सकता है, नीतियाँ बनाते समय नैतिकता तथा मानवीय मूल्यों की धारणाओं को अविछिन्न तत्त्व बना सकता है। मुझे लगता है कि इन मामलों पर आप, लोगों की गम्भीर सीमाएँ हैं।

अभी हाल ही में, पुलिस ने आपके दो प्रमुख सदस्यों को गिरफ्तार किया, लेकिन उन्हें समय से न्यायालय में नहीं पेश किया। अपनी प्रेस विज्ञप्ति में आपने ठीक ही दावा किया था कि पुलिस ने 24 घंटों के भीतर उन्हें न्यायालय में पेश न कर कानून का उल्लघंन किया है और नागरिक अधिकार संगठनों से हस्तक्षेप करने की अपील की थी। आपने उन्हें फर्जी मुठभेड़ में मार दिए जाने की उचित आशंका जाहिर की थी। लोगों के प्रतिरोध को देखते हुए पुलिस को उन्हें न्यायालय में पेश करने के लिए बाध्य होना पड़ा। उसके पहले, आपने बुद्धिजीवियों से अपील की थी कि

वे लालगढ़ आकर स्वयं देखें कि संयुक्त बलों ने वहाँ किस तरह का बर्बर उत्पात मचाया है।

ऐसा करते हुए आपने साबित किया है कि, अगर इस संरचना में भी 'कानून के शासन' को सही तरीकों से लागू किया जाए और अगर इसके समर्थन में लोकतान्त्रिक आवाजे बुलन्द की जाएँ तो राज्य की कुछ गैर-कानून, मानवाधिकार विरोधी तथा बुरे उद्देश्यों से संचालित गतिविधियों का प्रतिरोध किया जा सकता है। हमारी जिम्मेदारी क्या ऐसे सभी मोर्चों को मजबूत करने की नहीं है, ताकि राज्य द्वारा जनता को नागरिक अधिकारों की रक्षा के वायदे के क्रियान्वयन को सुनिश्चित किया जा सके? ऐसे दायरे जैसे ही और बढ़ेंगे, वैसे ही फर्जी मुठभेड़ों, संघर्षशील जनता की हत्याओं को रोका जा सकेगा और 'अपराध की संस्कृति, को अलग-थलग तथा परास्त किया जा सकेगा।

यह सब करने के बदले, हम किसी को अपहृत करें, उसे दमित करें और उसके बाद उसे मारकर उसकी लाश गलियाँ में फेंक दें तो हम खुद राज्य की ही तरह शोषक हो जाएँगे। आपको उन बच्चों के सदमों की जिम्मेदारी लेनी ही चाहिए जो उन्हें अपनी ही आँखों के सामने हत्या होते देखकर लगेगा। हत्याओं का यह तरीका संवेदनशील लोगों को कभी भी स्वीकार्य नहीं होगा। हम कैसे राज्य के विकृत चेहरे के बदले मानवीय मूल्यों पर टिका समाज निर्मित करने में लोगों को ख्वाब देखने में सक्षम बना पाएँगे? उसी तरह के निन्दनीय तौर-तरीकों को अपनाकर हम कैसे इन सपनों को साकार कर सकेंगे?

आपने दावा किया है कि जंगल महल ने सभी लोगों के सामने यह सवाल उपस्थिति किया है कि, 'आप लालगढ़ में संयुक्त बलों के जारी दमन अभियान का समर्थन करेंगे या हरमद वाहिनी सहित संयुक्त सशस्त्र बलों द्वारा छेड़े गए अत्याचारों के खिलाफ पुलिस दमन विरोधी जनसाधारण समिति के नेतृत्व में लालगढ़ की जुझारू जनता के साहसी प्रदर्शन तथा प्रतिरोध आंदोलनों का समर्थन करेंगे? (वक्तव्य, 16.08.09) आपने सभी लोगों से लालगढ़ आंदोलन के पक्ष में खड़े होने की अपील की है।

हममें से कई लोग पुलिसिया अत्याचारों के ख़िलाफ आंदोलन को समर्थन और लालगढ़ की जनता की माँगों को निःशर्त पूरा करने की माँग करते रहे हैं। सवाल यह नहीं है। हममें से कई लालगढ़ आंदोलन में आपके समर्थन को भी गलत नहीं मानते रहे हैं।

आंदोलन के चरित्र में रूपान्तरण के साथ ही समस्या खड़ी होने लगी। यह आपके हिंसा के अनुप्रयोग से जुड़ने लगा। कहने की जरूरत नहीं है कि, आप इसे अन्तर्विरोधों को देखने के बजाय मार्क्सवादी 'दो-युग्मी' मॉडल के खाँचे का इस्तेमाल कर रहे हैं--या तो कोई इस तरफ है या उस तरफ यानी दुश्मन की तरफ; आपमें

से कोई इस तथ्य को स्वीकार करने को तैयार नहीं है कि कोई तीसरी, चौथी या पाँचवीं जगह पर भी खड़े होकर आंदोलन के पक्ष में खड़ा हो सकता है। इसे 'देखने के इतिहास' पर विद्वानों ने काफी कुछ लिखा है।

हम लगातार जारी राज्य हिंसा तथा इस राज्य में मुख्य सत्ताधारी दल द्वारा किए जा रहे दमन की निन्दा करते हैं। साथ ही, हम यह भी महसूस करते हैं कि आप लोगों की घोषित उपस्थिति ने जनसाधारण समिति के नेतृत्व में हुए जन उभार तथा आंदोलन की दिशा को पृष्ठभूमि में धकेल दिया। वहीं दूसरी तरफ, आपके नेतृत्व में चल रहे सशस्त्र संघर्ष में कुछ ऐसे नकारात्मक तत्त्व हैं जो इस राज्य हिंसा के विरुद्ध जन-समर्थन हासिल करने के पक्ष में खड़े हैं। आप इसे महसूस करते हैं या नहीं, हम नहीं जानते। इस इक्कीसवीं सदी में—मानवाधिकारों की चेतना के युग में—किसी भी प्रतिरोध आंदोलन में, विशेषकर जो सशस्त्र हो, कुछ वैश्विक चुनौतीपूर्ण धारणाएँ उभरी हैं, जिसे हम 'न्यूनतम अमूर्तन दृष्टि' कहते हैं, जिन्हें स्वीकार किया जाना चाहिए। सैद्धान्तिक तौर पर सूत्रबद्ध करते समय इन्हें 'बुर्जुआजी' कहना सिर्फ आत्मघाती होगा।

जंगल महल से जवाब

किशन जी

बंगाल में मानवाधिकार आंदोलन की शुरुआत 1970 के दशक के प्रारम्भ में नक्सलबाड़ी आंदोलन के कमजोर पड़ने के बाद हुई। अगला कुछ दशक क्रान्तिकारी आंदोलन में रिक्तता का दौर था; मानवाधिकार आंदोलन इस सन्दर्भ में विकसित हुआ।

मानवाधिकार आंदोलन ने पिछले चार दशकों में, शोषित जनता के पक्ष में खड़े होकर एक स्वर्णिम भूमिका निभाई है। सुजातो बाबू उन्हीं दिनों से संघर्ष की अगली पंक्ति में रहे हैं। उन दशकों में नागरिक अधिकार आंदोलन ने भी कुछ ठोस आकार ग्रहण किया। यह मॉडल शोषित जनता के पक्ष में खड़े होने का मॉडल था। जब 1980 के दशक में आन्ध्र प्रदेश तथा भूतपूर्व बिहार में क्रान्तिकारी आंदोलन फिर से उठ खड़ा हुआ, नागरिक अधिकार आंदोलन अपनी सीमाओं में एक संकट से जूझनें लगा। यह वह समय था जब जनता 'शोषित जनता' की छवि से निकलने के लिए उठ खड़ी हुई और उसने 'प्रतिरोधी बहादुर जनता' के रूप में अपनी पहचान कायम की। अतः नई स्थितियों में नागरिक अधिकार आंदोलन का पुराना मॉडल उपयुक्त नहीं बैठ पा रहा था। राज्य ने आंदोलन को निर्धारित सीमाओं में बाँधने के लिए मानवाधिकार कार्यकर्ताओं पर शिकंजा कसना शुरू कर दिया। इसने मानवाधिकार आंदोलन के भीतर बहसों तथा अन्तर्विरोधों को जन्म दिया। रामनाथन आर, पुरुषोत्तम उस दौर में आन्ध्र प्रदेश में मानवाधिकार आंदोलन के बेहतरीन

प्रतिनिधि थे।

पश्चिम बंगाल का मानवाधिकार आंदोलन इन संकटों से अभी भी अछूता था। ऐसा इसलिए कि बंगाल का क्रान्तिकारी आंदोलन, अभी भी राजनीतिक परिदृश्य में अपनी प्रासंगिकता हासिल नहीं कर पाया था।

आज लालगढ़-जंगल महल के आंदोलन ने मानवाधिकार आंदोलन के सामने एक सवाल उपस्थित किया है। क्या नागरिक अधिकार कार्यकर्ता, जो 'शोषित जन' के पक्ष में अपने आप को खड़ा पाते थे, उसी तरह अपने आप को 'प्रतिरोधी बहादुर जनता' के पक्ष में खड़ा करने में सफल होंगे? लालगढ़-जंगल महल आंदोलन ने दो प्रमुख सवालों को ज्वलन्त बनाया है :

एक, अन्तिम विश्लेषण में, क्या जनान्दोलन को मुख्यधारा के नेताओं-नेत्रियों को अपना शोषण करने देने का मौका देना चाहिए? या जनता को इसे श्रेणीबद्ध करने में सक्षम होना होगा कि वे खुद अपना उत्थान कर सकें?

दो, क्या फासीवादी कानूनों के खिलाफ लड़ने वाली जनता को इन नेताओं/नेत्रियों का हाथ थामते हुए संवैधानिक रास्तों से अपनी चमड़ी बचाकर संतुष्ट हो जाना चाहिए? या फासीवादी दुर्गों को बास्तील जैसे ध्वस्त कर जनता को खुद अपनी रक्षा करनी चाहिए?

हिंसा या प्रति-हिंसा? यह भारतीय राजनीति में कभी 'मुद्दा' ही नहीं रहा। जिसे 'लोकतान्त्रिक राजनीति' कहा जाता है—उस मुख्य धारा की संवैधानिक राजनीति में हिंसा का प्रयोग क्रान्तिकारी राजनीति में हिंसा के अनुप्रयोग से कहीं ज्यादा होता है। अतः कानून की भाषा में, यह कोई मुद्दा ही नहीं, यह राज्य के नीति निर्माताओं द्वारा लालगढ़ आंदोलन से पैदा हुए दो प्रमुख मुद्दों को दफनाने के लिए आगे किया हुआ एक अ-मुद्दा (नॉन-इश्यू) है।

यहाँ तक कि बुर्जुआजी कानून में भी आत्म-रक्षा के अधिकार को मान्यता मिली है। आत्म-रक्षा के लिए आक्रमणकारी को मार देने के अधिकार को स्वीकार किया गया है, तथापि राज्य द्वारा इस अधिकार का इस्तेमाल क्रान्तिकारी जनता तथा क्रातिकारियों को मारने के बहाने के रूप में किया जाता है। लेकिन जब शोषित जन प्रतिरोधी बहादुर जनता के रूप में तब्दील होकर इस अधिकार का इस्तेमाल करते हैं, पूरा सन्दर्भ बदल जाता है।

फासीवादी शासन से क्या तात्पर्य है? यह रसूख वाले मुट्ठी भर राजनीतिक नेताओं तथा नौकरशाहों का शासन होता है। जमीनी स्तर पर, यह राज्य बलों तथा किसी पार्टी के गेस्टापो बलों द्वारा छेड़े गए संयुक्त आतंक के रूप में होता है।

हमें यह बात ध्यान में रखनी चाहिए कि फासीवाद एक अच्छी तरह से संगठित केन्द्रीकृत तन्त्र होता है। अगर कहीं कोई खामी होती है तो फासीवाद उन कमजोरियों के माध्यम से गाँवों में हत्याओं, बलात्कार तथा घरों की आगजनी करते हुए घुसता

है। जनता के आत्म-रक्षा के अधिकार की माँग है कि गाँवों में हरमद की परछाई नहीं दिखनी चाहिए, किसी किस्म की कमजोरियों को पैदा करने की अनुमति नहीं दी जाएगी जिसके माध्यम से वे किसी भी समय घुस सकें। आज हम छत्तीसगढ़ में 'सल्वा जुडुम', झारखण्ड में 'नागरिक सुरक्षा समिति', तथा बंगाल के जंगल महल क्षेत्र में 'संत्रास प्रतिरोध समिति', 'घोस्कर वाहिनी' और हरमद बलों के रूप में जनसंहार, आतंक, बलात्कार तथा घरों को जलाने वाले हिटलर की गेस्टापो शक्तियों को बल-गुच्छों की तरह उगते हुए देख रहे हैं। यह सब रोजमर्रा के जीवन का हिस्सा हो गया है। संयुक्त बलों द्वारा जंगल महल पर कब्जा करने के लिए 80 से 90 बंकरों की स्थापना, एलएमजी जैसे अत्याधुनिक हथियार तथा केशपुर तथा गोरबेटा की ओर से पुलिस सुरक्षा के साथ हरमद के बड़े शिविर स्थापित किए गए हैं। मीडिया को यह सब भलीभाँति मालूम है। वहीं दूसरी ओर, राज्य मुखबिर तथा गुप्त नेटवर्क बनाने के लिए पैसों भरे थैले लेकर एक गाँव से दूसरे गाँव में घूम रहा है, पुलिस बल भेद किए बिना लोगों को पीट-पीटकर दहशत पैदा कर रहे हैं, सभी विद्यालयों को पुलिस कैम्प में तब्दील कर दिया गया है और फलस्वरूप युद्ध जैसी स्थितियाँ उत्पन्न कर दी गई हैं। ऐसी युद्ध स्थिति में, न्यायिक सिद्धान्त के क्या वही स्तम्भ बने रहेंगे? फासीवादी शासन की स्थितियों तथा सामान्य स्थितियों दोनों में क्या एक ही तरह के स्तम्भ होंगे? गृह युद्ध तथा फासीवाद मानव जीवन में परिवर्तन ला देते हैं? अतः न्यायसंगत सिद्धान्तों के स्तम्भों तथा उसकी धारणाओं में भी उसी तरह तात्कालिक तौर पर बदलाव आ जाता है।

मुखबिरों से छुटकारा पाने के लिए, लोग कई तरह के तरीके आजमा रहे हैं। दूसरी ओर, उनके लालच का दोहन करने के लिए राज्य भी यथाशक्ति जो भी सम्भव है, वह सब कुछ करने की कोशिश कर रहा है। अतः मारे गए मुखबिरों की संख्या भी बढ़ी है। जंगल महल में एक बेहतर व्यवस्था होने के कारण मारे गए मुखबिरों की संख्या बहुत कम है। दण्डकारण्य के विभिन्न हिस्सों में मुखबिरों को जनता के कैद में गिरफ्तार कर लिया जाता है।

जब तक इस क्षेत्र में संयुक्त बल नहीं घुसे थे, जासूसों को इतने बड़े पैमाने पर खत्म करने की कोई जरूरत महसूस नहीं होती थी। संयुक्त बलों की तैनाती के बाद स्थितियाँ बदल गई हैं। जैसे आत्म-रक्षा की धारणा बदल गई है।

हम भी मृत्यु दण्ड के विरोधी हैं। हालाँकि युद्ध के समय न्यायिक सिद्धान्तों की धारणा सामान्य स्थितियों की धारणा से अलग हो जाती है। युद्ध की स्थितियों में, चिन्तन, चेतना, पहलकदमी तथा अविष्कार की आजादी का दायरा बहुत सीमित हो जाता है।

सुजातो बाबू ने कहा है : आपकी घोषित तथा सशस्त्र उपस्थिति ने जनसाधारण समिति के नेतृत्व में हुए जन उभार की गति तथा आंदोलन के केन्द्रीय ध्यान (फोकस) को पृष्ठभूमि में धकेल दिया.

सुजातो बाबू! जंगल महल में आपके खुले तौर पर जाने के हक को राज्य ने सिर्फ एक उद्देश्य से छीन लिया है। यह भ्रमित करने वाले सूचना अभियानों (डिसइनफॉर्मेशन कैंपेन) में लिप्त रहने का उद्देश्य है। अन्यथा, आप इसे देखने में जरूर सक्षम होते कि जंगल महल के हरेक कूचे और कोने से प्रत्येक दिन हजारों लोग जुलूस, रैली, घेराव, प्रदर्शन में भागीदारी कर रहे हैं। संयुक्त बलों के भयंकर दमन के बावजूद, जनसाधारण समिति द्वारा प्रारम्भ की गई व्यवस्था लोगों को प्रेरित कर रही है। छत्रधर महतो की गिरफ्तारी के बाद भी जनता की रचनात्मकता कायम है। जनान्दोलन कितना प्रतिरोधी हो गया है, आपने देखा होगा। जनान्दोलन का निरन्तर सशक्त होना, जनता की पहलकदमियाँ, उनकी गहन चेतना, सच में संघर्ष की एक गाथा लिख रही हैं। अगर आप चाहते हैं, तो हम जंगल महल में आपके आगमन की सारी व्यवस्था करने तथा सुरक्षा प्रदान करने को तैयार हैं। आइए, खुद अपनी आँखों से देखिए, उनकी जाँच-पड़ताल कीजिए, अपना नजरिया बदलिए। और मानवाधिकार आंदोलन की हदबन्दी को तोड़कर आगे निकलिए।

माओवादी आंदोलन को कुचलने के लिए तथा इसके 100 नेताओं को खामोश करने के लिए जब केन्द्रीय संयोजन के गठन का निर्णय लिया जाता है और जब सीमा सुरक्षा बल के अवकाश प्राप्त महानिदेशक प्रकाश सिंह इस बारे में खुले तौर पर अपनी नाखुशी जाहिर करते हैं, तो यह दिखाता है कि राज्य ने युद्ध छेड़ दिया है, और युद्ध कुछ खास तरीकों से लड़ा जाएगा। राज्य द्वारा 100 क्रान्तिकारी नेताओं को खामोश (पुलिसिया कोश में किसी को 'खामोश' करने का क्या मतलब होता है, प्रकाश सिंह ने खुद बताया है) करने के निर्णय के प्रतिकार के लिए राज्य के बड़े नेताओं के खिलाफ सैन्य कारवाई करने की जरूरत पड़ी।

सुजातो बाबू ने कहा है कि हिंसक तरीकों से हासिल किए गए परिवर्तन कभी दीर्घकालिक नहीं होते। हम उनके इस वक्तव्य को ज्यादा महत्त्व नहीं दे रहे हैं। हम नहीं मानते कि वे खुद इसमें गम्भीरता से यकीन करते हैं। इतिहास में अधिकतर युगीन बदलाव हिंसा के बगैर सम्पन्न नहीं हुए हैं। यह हिंसा के माध्यम से ही हुआ कि मध्य युग के सत्ताधारी रजवाड़ों का खात्मा हुआ। एक उदाहरण का जिक्र करते हुए मैं अपनी बात को समेटना चाहूँगा—यह उदाहरण अमेरिकन दासता के खिलाफ गुलाम ड्रेड स्कॉट का है, जिसकी पराजय ने गृह युद्ध को अपरिहार्य बना दिया। यह सत्ता तथा सम्पत्ति की वासना है, जिसने सभी युगों में हिंसा को अपरिहार्य बनाया है।

हिंसा तथा अ-हिंसा

अमित भट्टाचार्या

26 सितम्बर (2009) को 'माओवादियों के नाम खुला खत शीर्षक से लिखे पत्र में लेखक, मानवाधिकार कार्यकर्ता सुजातो भद्र, लालगढ़ आंदोलन के कारण और परिणाम को पूरी तरह पचा गए हैं। लालगढ़ या जंगल महल में राज्य का दमन, 'माओवादियों के सशस्त्र संघर्ष' का परिणाम नहीं है; बल्कि, इस राज्य दमन ने, वंचना और अपमान ने, सालों से चले आ रहे शोषण ने लोगों को 'जंगल पार्टी' का समर्थन करने तथा प्रतिरोध और अपनी माँगों को मँगवाने के लिए 'सशस्त्र संघर्ष' अपनाकर माओवादी होने के लिए मजबूर किया। लेखक के वक्तव्य से वास्तव में जो निकलकर आता है, वह यह कि सशस्त्र संघर्ष या प्रति-आक्रमण के प्रारम्भ ने राज्य दमन को बुलावा दिया; कभी सशस्त्र न होना ही अच्छा है।

आगे लेखक ने हिंसा तथा जन अदालतों के मुकदमें के द्वारा मृत्यु दण्ड के अनुप्रयोग की पड़ताल की है। यहाँ उन्होंने कुछ मुद्दों पर रटन्त लगाई है।

उनके वक्तव्य से जो ध्वनित होता है, वह यह है कि—और मेरा नजरिया भी कई अन्य लोगों जैसा यही है—'लोकतान्त्रिक' संघर्षों को शान्तिपूर्ण होना चाहिए, और अगर, यह 'हिंसक' मोड़ ले लेता है और 'सशस्त्र' हो जाता है, तब यह अपने 'लोकतान्त्रिक' चरित्र को खो देगा और अलोकतान्त्रिक हो जाएगा। सवाल है : क्या यह वास्तविकता कि सिर्फ शान्तिपूर्ण संघर्ष ही 'लोकतान्त्रिक' हो सकता है और अगर यह सशस्त्र और 'हिंसक' है तो 'अलोकतान्त्रिक' हो जाएगा? इतिहास और व्यावहारिक अनुभव हमें क्या बताते हैं? सामान्यतः हरेक आदमी (सत्ताधारी गिरोहों तथा उनके आज्ञाकारी चाकरों के अपवादों को छोड़कर) शान्ति चाहता है, भोजन और कपड़े चाहता है और जीवन में गरिमा चाहता है; कोई भी हिंसा या खून खराबा नहीं चाहता। यह दमनकारी राज्य है जो उन्हें सशस्त्र होने के लिए बाध्य करता है।

लालगढ़ आंदोलन की मुख्य विशेषता राज्य द्वारा छेड़े गए हिंसक आक्रमण को देखते हुए इसका (तीर-धनुष तथा परम्परागत हथियारों से) सशस्त्र होना है। वहाँ राज्य ने जनता के खिलाफ युद्ध छेड़ रखा है और जनता अपनी तरफ से सारा सामर्थ्य लगाकर प्रतिरोध कर रही है। कुछ सीपीएम कार्यकर्ता तथा हरमद वाहिनी के लोग मारे गए हैं। माओवादियों ने ऐलान किया है कि उनमें से सभी पुलिस 'मुखबिर' थे, कि उन्हें पहले चेताया गया था, लेकिन उन्होंने अनसुना किया, तो उन्हें जन अदालत में मृत्यु दण्ड दिया गया। वे पुलिस 'मुखबिर' थे या नहीं, यह इस लेखक को नहीं पता है। फिर भी, यह बहुत साफ है कि पिछले 32 वर्षों में सत्ताधारी सीपीएम तथा पुलिस प्रशासन के बीच का अन्तर हवा में झूल गया है। दो साल पहले, जब नारी मुक्ति संघ की महिला सदस्यों ने बाघा जतिन रेलवे स्टेशन में पोस्टर

चिपकाया, तो उन्हें सीटू/सीपीएम कार्यकर्ताओं द्वारा पकड़ लिया गया, पार्टी ऑफिस ले जाकर उन्हें पुलिस को सौंप दिया गया। उसी दौरान, कुछ सीपीएम कार्यकर्ताओं तथा उसकी महिला शाखा की सदस्यों ने मातंगिनी महिला समिति की जादवपुर, कोलकाता के इलाके में रहने वाली कुछ सदस्यों को पुलिस को सौंपने की कोशिश की थी। ऐसी कोशिशें प्रमाणित करती हैं कि सीपीएम के कार्यकर्ता पुलिस मुखबिर की भूमिका निभाते हैं।

लेखक मृत्यु दण्ड के खिलाफ है। मैं मानता हूँ, सिर्फ वही क्यों, कई सारे लोग सामान्यतः मृत्यु दण्ड के खिलाफ हैं। उनका सवाल है : जब 224 देशों ने मृत्यु दण्ड की सजा का उन्मूलन कर दिया है, माओवादी क्यों इसे अभी भी दण्ड के एक तरीके के रूप में बरकरार रखे हुए हैं? यहाँ लेखक ने एक बड़ी भूल की है। यह सवाल देश तथा उसकी स्थापित सरकार के लिए उपयुक्त है; लेकिन यह उनके लिए कैसे विचारणीय है जिनके पास न तो कोई देश है और न ही एक स्थापित सरकार है? यह लेखक सुजातो के साथ एक बिन्दु पर पूरी तरह सहमत है : किसी तरह की आगे की कारवाई के पहले पर्याप्त जाँच-पड़ताल जरूरी है; निर्दोष लोगों की जान का किसी भी तरह का कोई नुकसान पूरी तरह अवांछनीय है।

लेखक की राय में, 'हिंसक साधनों के सहारे बना समाज अल्पकालिक होता है।' उनसे मेरा सवाल है सभी तरह के मूलभूत सामाजिक रूपान्तरण कहाँ हुए हैं और वे दीर्घकालीन कहाँ हुए हैं? रूस तथा चीन जैसे समाज में, जहाँ हिंसक साधनों के सहारे परिवर्तन साकार हुए थे, अभी कई तरह के बदलाव आए हैं। फिर, इन समाजों के अल्पकालिक होने के लिए क्या हिंसक साधनों का अनुप्रयोग जिम्मेदार है? या नए समाज में गहराई से व्याप्त अन्तर्विरोधों की वजह से ऐसा घटित हुआ? इतिहास हमें सिखाता है कि समाज का मूलभूत रूपान्तरण कभी भी युद्ध और सशस्त्र उभार के बिना आकार नहीं लेता।

लेखक ने हिंसा के सामाजिक प्रभाव का सवाल उठाया है। वे यहाँ कुछ शहरी बौद्धिकों के बारे में ही क्यों बात कर रहे हैं? जंगल महल के लोगों पर, उन आदिवासी विद्यार्थियों पर क्या प्रभाव पड़ रहा है जो प्रतिदिन राज्य हिंसा का शिकार हो रहे हैं? क्या वे लोगों के प्रतिरोध आंदोलन के बारे में, उस क्षेत्र में रहने वाले लोगों के, जो नन्दीग्राम के लोगों जैसे ही सारी रात जाग-जागकर गुजारते हैं, और हरमद तथा संयुक्त बलों के अत्याचारों के खिलाफ खड़े रहते हैं, के बारे में बात नहीं करेंगे?

मानवाधिकार कार्यकर्ताओं के साथ समस्या यह है कि वे कभी राज्य के अस्तित्व को चुनौती नहीं देते; इसके प्रतिकूल, वे इसकी वैधानिकता को स्वीकार करते हैं और माँग करते हैं कि राज्य अपनी 'घोषित प्रतिबद्धताओं का निर्वहन करे।' उत्तर-आधुनिकतावादी चिन्तन से प्रभावित, वे सिर्फ, पेड़ देखते हैं, लेकिन जंगल को देखने में असफल होते हैं; उनके लिए, लालगढ़ आंदोलन सिर्फ राज्य दमन और

'सशस्त्र विरोधी समूहों' द्वारा किए जा रहे प्रति-आक्रमण के बीच एक तनाव है। लेकिन, साथ ही साथ लालगढ़ आंदोलन देश में विदेशी पूँजी तथा घरेलू दलाल पूँजी द्वारा जारी प्राकृतिक संसाधनों की लूट-खसोट के खिलाफ, जन-समर्थक विकास (जन पहलकदमी तथा स्वैच्छिक श्रम के द्वारा स्वास्थ्य केन्द्रों, सड़क, बाँध तथा जल संरक्षण के स्रोतो के निर्माण, निचले लोगों तक भूमि के बँटवारे के क्रियान्वयन आदि के कार्यक्रमों द्वारा) को हासिल करने के लिए एक संघर्ष है।

16 सितम्बर 2009 को कोलकाता से निकलने वाले दैनिक *द स्टेट्समैन* ने निश्चित तौर पर 'हम में से कोई माओवादी नहीं' शीर्षक से एक गोष्ठी का आयोजन किया। प्रोफेसर जी. हरगोपाल ने वहाँ अपने व्याख्यान में कहा : 'एक ग्रामीण की पत्नी को जब जमींदार उठा ले जाता है, अपने घर ले जाकर उस पर यौन अत्याचार करता है और वह ग्रामीण जब अपने दो बच्चों के साथ अपनी पत्नी को वापस करने की प्रार्थना करने जमींदार के घर जाता है तो वह उसे भाग जाने का आदेश देता है, तो उस ग्रामीण को क्या करना चाहिए? अहिंसा और शान्ति का जाप करना चाहिए? या उसे उनका विरोध करने और दुखों के सागर का अन्त करने के लिए हथियार उठा लेना चाहिए? ऐसे ही एक मामले में, आन्ध्र प्रदेश का एक नौजवान सीधे जंगल जाता है, 25,000 हजार लोगों के समूह को संगठित करता है, जमींदार को मार देता है और अन्त में उसे माओवादी बना दिया जाता है।' (द स्टेट्समैन, 17.9.09)

इतिहास हमें सिखाता है कि हिंसा, हत्या—यह सभी अतीत में मौजूद रहे हैं और वर्तमान में भी निरन्तर मौजूद हैं। व्यक्तिगत तौर पर हम सभी शान्ति चाहते हैं; कोई भी हिंसा और हत्या नहीं चाहता। बावजूद इसके, ये हमारी इच्छाओं से स्वतन्त्र होते हुए, लगातार जारी रहेंगी, और इतिहास की दिशा को प्रभावित करेंगी और रास्ते में अपना नकारात्मक तथा सकारात्मक असर पीछे छोड़ती जाएँगी।

□□□